LA
PAPAUTÉ
AU MOYEN AGE

NICOLAS Ier, GRÉGOIRE VII, INNOCENT III
BONIFACE VIII

ÉTUDES SUR LE POUVOIR PONTIFICAL

PAR

FÉLIX ROCQUAIN

PARIS
LIBRAIRIE ACADÉMIQUE
DIDIER ET Cie, LIBRAIRES-ÉDITEURS
35, QUAI DES AUGUSTINS, 35
—
1881
Tous droits réservés.

LA
PAPAUTÉ
AU MOYEN AGE

DU MÊME AUTEUR :

Études sur l'ancienne France. — 1 vol. in-12. *Paris*. Didier.

L'État de la France au 18 Brumaire. — 1 vol. in-12. *Paris*. Didier.

Napoléon Ier et le roi Louis. — 1 vol. gr. in-8°. *Paris*. Didot.

L'Esprit révolutionnaire avant la Révolution. — 1 vol. gr. in-8°. Paris. Plon. (*Ouvrage couronné par l'Académie française.*)

POUR PARAITRE PROCHAINEMENT :

La Cour de Rome avant Luther.

PRÉFACE

Les Études qui composent ce volume ne sont pas des notices biographiques. Une pensée plus générale a inspiré notre travail. Tout en nous efforçant d'indiquer avec exactitude le caractère et l'action personnelle de chacun des pontifes désignés en tête de ces Études, nous nous sommes attaché plus particulièrement à préciser le degré d'influence et la portée morale du pouvoir dont ils ont disposé. C'est dans ce dessein que nous avons de préférence dirigé notre attention sur les pontificats de Nicolas Ier, de Grégoire VII, d'Innocent III et de Boniface VIII. Ces papes ne sont pas seulement les plus grands du moyen âge ; ils personnifient les phases principales de la théocratie. A l'époque de Nicolas Ier, les fondements de cette théocratie sont visiblement dessinés. L'édifice en est achevé par Grégoire VII et, sous sa forte main, prend de telles proportions, que le nom de ce pontife se confond dans l'histoire avec celui du monument lui-même. Au temps d'Innocent III, il commence à s'ébranler, et il tombe avec Boniface VIII. Nous avons considéré à ce point de vue le rôle de ces différents papes, en relevant plus spécialement les faits que le lecteur pouvait le moins connaître. C'est ainsi que nous avons montré comment Nicolas Ier avait été, à cet égard, le précurseur de Grégoire VII ; comment, sous le pontificat d'Innocent III, la société civile tendait déjà de toutes parts à se détacher de l'Église ; comment enfin, à l'avènement de Boniface VIII, la chute de la théocratie, préparée par des causes éloignées et profondes, était devenue inévitable.

Toutefois nous ne nous sommes pas borné à apprécier dans ses effets ou à marquer, dans ses degrés successifs, la domination que ces papes ont exercée sur les gouvernements temporels. On oublie trop que, si les évêques de Rome ont été les maîtres de la société laïque, ils l'ont été plus encore de la société religieuse. En France, où l'on s'est occupé surtout des relations du Saint-Siège avec les princes, on se rend moins compte de l'ascendant qu'il a exercé sur l'Église. Nous avons cherché à mettre en lumière ce côté, imparfaitement étudié jusqu'ici, de la puissance pontificale. Nous avons montré la papauté s'avançant, dès l'époque de Nicolas Ier, à la domination de l'Église; cette domination établie plus tard par Grégoire VII, et les évêques, privés dès lors de leur indépendance, n'étant plus, sous Innocent III, que les sujets de la cour de Rome. Au reste, l'histoire des rapports du Saint-Siège avec l'Église se lie étroitement à celle de ses rapports avec les souverains séculiers. Si Boniface VIII tomba aussi promptement devant Philippe le Bel, entraînant dans sa chute la papauté elle-même, — telle du moins que ces âges l'avaient connue, — c'est que le clergé, qui aurait dû la soutenir, était de longue date affaibli par la servitude.

Ce n'était pas seulement l'Église qui était alors abaissée; la papauté avait également dévié de son caractère. A proportion que son action grandit et que s'étend son autorité, on voit qu'elle s'éloigne du rôle auquel elle avait dû sa puissance. Cette déviation, déjà sensible au temps d'Innocent III, l'est davantage à l'époque de Boniface VIII; et, de l'aveu des contemporains, l'Église de Rome, après avoir été un principe d'ordre et d'unité, devient un principe de trouble et de désorganisation. Tel est l'effet inévitable de l'excès de pouvoir. Les gouvernements spirituels, pas plus que les gouvernements séculiers, n'échappent à cette loi de l'histoire.

Dans celles de ces Études qui regardent Nicolas Ier et Innocent III, nous avons abordé incidemment plusieurs des questions qui se rattachent à l'organisation et au personnel de la chancellerie romaine. C'est là un côté peu connu du gouvernement des papes, et que nous ne croyons pas sans intérêt pour le lecteur désireux d'observer de près les procédés de leur administration. On trouvera, dans un Appendice à la fin de ce volume, une notice sur les archives pontificales et les registres des papes qui donne lieu à des considérations de même ordre. On y trouvera également un récit de la lutte qui s'éleva, sous Innocent III, entre le Saint-Siège et l'Empire, l'une des plus dramatiques du moyen âge, et que nous n'avons pu qu'indiquer dans l'Étude consacrée à ce pontife.

Pour ce qui est des éléments sur lesquels repose notre travail, nous n'avons pas seulement eu recours aux écrits les plus récemment publiés. Nous avons consulté les chroniques et les documents contemporains qui pouvaient, par quelque endroit, se rapporter à notre sujet. Nous avons aussi dépouillé, avec un soin minutieux, la correspondance de chacun des papes dont nous nous proposions de retracer l'histoire. Cette correspondance a été, en réalité, la base de notre ouvrage. En même temps qu'on y rencontre les informations les plus précieuses et les plus variées sur les évènements auxquels ils ont pris part, elle offre le guide le plus sûr pour un juge impartial. Par l'étendue même du pouvoir que ces papes ont exercé, leurs actes ont été, dans un sens ou dans un autre, l'objet d'appréciations passionnées dont doit se défier la critique. Un examen attentif de leur correspondance nous a permis, sur plusieurs points, de rétablir la vérité.

Félix ROCQUAIN.

NICOLAS Iᴱᴿ

(858-867)

NICOLAS IER

(858-867)

I

Nicolas Ier, dont le pontificat comprend la période écoulée entre le 24 avril 858 et le 13 novembre 867, peut être regardé comme le premier pape qui, avant Grégoire VII, ait posé ouvertement les bases de la théocratie. Ce pontificat, malgré son importance, n'a donné lieu de nos jours à aucun ouvrage où il ait été complètement étudié, et l'on se trouve obligé, pour apprécier le rôle de Nicolas Ier, de recourir directement aux textes contemporains. La correspondance de ce pape offre, à cet égard, un secours des plus précieux. Il est vrai qu'on ne la possède pas tout entière. Jaffé, dans son *Regesta pontificum* où sont mentionnées par ordre chronologique toutes les lettres des papes antérieurs au XIIIe siècle [1], ne signale pour ce pontife que cent

---

[1]. Voir à l'Appendice ce que nous disons de cet ouvrage dans la notice intitulée : *Les registres des papes et le Regesta pontificum de Jaffé*.

cinquante-neuf lettres, dont l'abbé Migne a donné le texte dans sa *Patrologie*[1]. Encore en est-il plusieurs dont on ne connaît que des fragments. Il n'est pas douteux que le nombre de lettres émanées de Nicolas Ier n'ait, en réalité, dépassé de beaucoup ce chiffre[2]. Tout incomplète qu'elle soit, la collection des lettres de ce pape représente un ensemble de documents des plus importants pour l'histoire; et, quand on l'étudie de près, on y découvre, avec d'intéressants détails sur l'organisation du gouvernement pontifical à cette époque, des preuves non équivoques de l'ascendant que la papauté commençait d'exercer alors sur l'Église et sur la société.

En ouvrant cette correspondance, on est d'abord frappé du mouvement considérable dont Rome est le centre. De toutes les parties de la chrétienté, on

---

1. *Patrologiæ latinæ cursus completus*, t. CXIX, in-4º, 1855. C'est à cette publication que nous renvoyons le lecteur pour toutes les lettres de Nicolas Ier qu'il nous arrivera de citer. M. Harttung, qui vient de faire paraître un nombre assez considérable de lettres inédites des papes du vIII[e] au xII[e] siècle (*Acta pontificum Romanorum inedita*, in-4º, Tübingen, 1880), ne donne aucune lettre nouvelle de Nicolas Ier. Il ne semble pas non plus que, dans la réédition du *Regesta pontificum*, qui se prépare actuellement en Allemagne sous la direction de Wattenbach, on ait signalé d'autres lettres de ce pape. Voir l'Appendice à la fin de notre volume.

2. C'est ainsi qu'on ne connaît que deux lettres de ce pape à l'archevêque de Ravenne, datées l'une et l'autre de 867, tandis que plusieurs avaient été adressées à ce prélat dès 861. Voy. Jaffé, *Reg. pontif.*, nº 2025.

voit les fidèles affluer vers le Saint-Siège[1]. Outre le grand nombre de croyants qu'attirait le désir de prier sur le tombeau des apôtres[2], des personnes de tout pays, de toute condition, se rendaient, pour des motifs divers, dans la ville de saint Pierre. Tantôt c'est un évêque qui vient solliciter du pape des privilèges pour son église[3]; tantôt c'est un prêtre ou même un simple clerc qui, se prétendant victime de quelque iniquité, vient implorer sa justice[4]. Des séculiers font également le voyage de Rome, en vue d'obtenir la protection du Saint-Siège[5]. En 862, Baudouin, qui fut plus tard comte de Flandre, et qui craignait alors le ressentiment de Charles le Chauve dont il avait enlevé la fille, vint demander à Nicolas Ier d'interposer sa médiation entre lui et ce prince[6]. Des pécheurs, des criminels, arrivant parfois de contrées fort éloignées, se présentent aussi devant le Saint-Siège, soit pour obtenir un adoucissement à la peine qu'a prononcée contre eux l'évêque de leur diocèse, soit pour s'offrir d'eux-mêmes au châtiment qu'ont mérité leurs fautes[7]. On voit enfin des ecclésiastiques, — évêques,

1. « De universis mundi partibus credentium agmina principis apostolorum liminibus properan.. » Ep. 133.
2. « Orationis causâ. » Ep. 105.
3. Ep. 29.
4. Ep. 117, 121.
5. Ep. 23.
6. Ep. 22, 23.
7. « Undique venientes admodum plurimi suorum facinorum proditores. » Ep. 136. Cf. Ep. 22, 23, 116, 119.

abbés, prêtres ou moines, — que le pape a mandés à Rome à l'occasion de certaines causes pendantes à son tribunal [1].

Cette affluence s'augmentait encore des *missi* ou *legati*, envoyés ou légats, que les princes, comme les évêques, députaient vers le Saint-Siège dans des circonstances particulières. Malgré la distance qui séparait Rome de Constantinople et les périls d'un aussi long voyage, l'empereur Michel III adressa trois ambassades (*legatio*) successives à Nicolas Ier [2]. Charles le Chauve paraît, de son côté, avoir envoyé fréquemment des députés au pape [3]. Ces députés étaient tantôt des personnages ecclésiastiques, tantôt des personnages séculiers exerçant des fonctions civiles ou militaires. La première ambassade qui vint de Constantinople était composée d'évêques, auxquels l'empereur avait associé l'un de ses gardes du corps (*illustris spatharius*), nommé Arsa; la seconde fois, ce monarque se contenta de déléguer Léon, son secrétaire (*Leo a secretis*), et, en troisième lieu, Michel, son capitaine des gardes (*protospatharius*) [4]. Les députés qu'adressaient à Rome les princes de l'Occident appartenaient d'ordinaire au clergé [5]. Néanmoins, quand Lothaire, au-

1. Ep. 14, 34, 50, 52, 53.
2. Ep. 98.
3. « Frequentibus... legatis missis erga pontificium nostrum. » Ep. 109 (lettre à Charles le Cnauve).
4. Ep. 98.
5. Ep. 45, 47. Cf. Baron. *Ann. eccl.*, XIV, 491.

torisé par les prélats de son royaume à répudier Theutberge et à épouser Waldrade, envoya demander au pape de confirmer cette décision, ce fut à deux comtes de ses États qu'il confia cette mission [1]. Parlant de ce concours d'étrangers que Rome voyait de toutes parts arriver dans ses murs, Nicolas Ier pouvait dire, non sans quelque raison, que la cité des apôtres était le rendez-vous de l'univers [2].

La papauté était instruite des affaires de la chrétienté, non seulement par les envoyés des princes et des évêques et par toutes les personnes que des intérêts particuliers amenaient à conférer directement avec le pontife, mais aussi par les fidèles que conduisait à Rome un motif de dévotion. Nicolas Ier avoue que, plusieurs fois, il connut par cette voie des évènements qui se passaient en Europe [3]. Lui-même, comme ses prédécesseurs, avait ses *missi* ou *legati*, qui se rendaient en son nom dans les pays éloignés. A plusieurs reprises, il envoya des légats en France, en Allemagne, dans le royaume des Bulgares et à Constantinople. Quelques-uns joignent au titre de *missi* ou de *legati* la qualification *a latere* [4], qualification donnée parfois aussi aux délégués des princes [5].

1. Ep. 155.
2. « Pene totus orbis undique... ad sedem apostolicam confluens. » Ep. 56.
3. « Fidelium relatione, qui ad sanctorum apostolorum limina orationis causa veniunt, agnovimus... » Ep. 105. Cf. Ep. 41, 56, 117.
4. Ep. 11, 17.
5. Parlant des ambassadeurs de l'empereur de Constantinople,

Les envoyés ou légats du pape étaient soit des évêques suffragants du siège de Rome, soit des prêtres ou des diacres appartenant à l'Église romaine proprement dite. Les deux légats qui, au début de l'affaire Photius, se rendirent à Constantinople, étaient Radoald, évêque de Porto, et Zacharie, évêque d'Anagni[1]. Une autre légation que le pontife envoya à la même destination était composée de Donat, évêque d'Ostie, et de Léon et de Marin, le premier prêtre et le second diacre de l'Église romaine[2]. L'évêque Radoald, qui vient d'être nommé, et Jean, évêque de Fondi, allèrent également, en qualité de légats du Saint-Siège, assister au synode de Metz de 862[3]. Arsène, qui se rendit en France au même titre en 865, était évêque d'Horta[4]. Un seul prélat étranger, Ansgaire, archevêque de Hambourg, fut nommé sur place légat du Saint-Siège pour les Suèves, les Danois et les Slaves[5].

Nicolas les nomme, dans une de ses lettres, *aulici a latere*. Ep. 86. Cf. Du Cange au mot *Legatus*.

1. Ep. 4. Cf. Ep. 11, 46, 86.
2. Ep. 100.
3. Ep. 17. Il y a deux leçons sur ce Jean, qu'on a fait tantôt évêque de Cervia (*episcopus Ficolensis*), tantôt évêque de Fondi (*episcopus Fundensis*). Jaffé adopte la première leçon; nous préférons la seconde, par la raison que l'évêque de Fondi était suffragant du siège de Rome, tandis que l'évêque de Cervia dépendait de la province de Ravenne. Ughelli, dans son *Italia sacra*, t. II, p. 468, qualifie ce Jean d'évêque de Cervia; mais, au t. I, p. 721, il le fait évêque de Fondi.
4. Ep. 79.
5. Ep. 62. Cf. Baron. *Ann. eccl.* XIV, 477, 478.

Indépendamment de ce mouvement de personnes, qui se produisait entre Rome et les différentes parties de la chrétienté, s'échangeait une active correspondance. Par les seuls noms des princes auxquels Nicolas Ier adressa plusieurs des lettres qui nous ont été conservées, on voit combien déjà s'étendait au loin l'action de la papauté. A diverses reprises, il écrivit à Charles le Chauve, à Louis le Germanique, à Lothaire, au roi des Bretons, au roi de Danemark, au roi des Bulgares, enfin à Michel, empereur de Constantinople. De même il écrivit fréquemment aux évêques de France, d'Allemagne, d'Italie et de Grèce. Les lettres qu'il recevait n'étaient pas moins nombreuses. Parmi les souverains de l'Occident, Charles le Chauve paraît être celui qui écrivit le plus souvent au pape[1]. Nicolas Ier reçut aussi plusieurs lettres d'Ermentrude, femme de Charles le Chauve[2], et de Theutberge, l'épouse répudiée de Lothaire, qui, dans des pages pleines de désespoir et de larmes, implorait son appui[3]. Inutile de dire que de la part des évêques provenaient le plus grand nombre des communications adressées au Saint-Siège.

On peut se demander comment, de part et d'autre, ces lettres arrivaient à destination. Les unes étaient portées par les *missi* ou *legati;* les autres étaient confiées à des personnes de moindre importance,

---

1. « Frequentibus vel litteris vel legatis. » Ep. 109.
2. Ep. 49.
3. « Lacrymosis litteris. » Ep. 21. Cf. Ep. 20.

désignées sous le simple nom de *portitores*[1]. Quelle que fût leur condition, ces « portitores » devaient être des hommes recommandables à certains titres; car Nicolas Ier, adressant une fois à Charles le Chauve et à Louis le Germanique une lettre dont il dut charger un messager (*gerulus*) qui lui était inconnu, jugea prudent de n'insérer, dans cette lettre, qu'une partie de ce qu'il se proposait de mander à ces deux princes[2]. En général, la personne qui apportait une lettre remportait la réponse. Aux trois fois que l'empereur de Constantinople envoya des ambassadeurs à Nicolas Ier, ces ambassadeurs remirent des lettres au pape, lequel, de son côté, les chargea de porter sa réponse à leur maître. Dans l'une de ces circonstances, le pontife, qui était malade et eût désiré ajourner sa réponse, dut cependant la donner plus tôt qu'il ne l'eût souhaité, parce que l'hiver approchait et que l'envoyé de l'empereur, craignant pour lui et son escorte les périls de la traversée, avait hâte de repartir[3]. Il était rare qu'un messager (*portitor*) ou même un légat se déplaçât pour une seule affaire. Au départ, comme au retour, on le chargeait de lettres ou de commissions di-

---

1. Ep. 27, 82 et *passim*. Parfois le pape se contente de dire : « hominem epistolam deferentem (Ep. 85) », ou « cum aliquem miseris ad apostolicam sedem (Ep. 158) ».
2. Ep. 83.
3. Ep. 86. Cet envoyé quitta même Rome sans avertir le pape, et c'est à peine s'il consentit à s'arrêter quelques jours à Ostie pour y attendre la lettre pontificale.

verses. Un exemple de ce fait nous est fourni par Eudes, évêque de Beauvais, que Charles le Chauve avait envoyé vers le pape à l'effet d'obtenir des privilèges pour certains monastères. Avec des lettres de ce prince, ce prélat apportait des lettres de l'archevêque de Reims, Hincmar, et de l'abbé de Saint-Martin, Hubert, ainsi qu'une lettre collective des évêques qui avaient assisté au synode de Senlis; il était chargé en outre de faire au pape diverses communications verbales, tant de la part de l'abbé de Corbie que de celle de Charles le Chauve et de ses fils; enfin lui-même se proposait de solliciter des privilèges concernant son église. A son départ de Rome, il rapporta plusieurs lettres du pontife en réponse à celles qu'il lui avait présentées [1].

Les *missi* ou *legati,* comme les *portitores,* ne portaient pas uniquement des lettres. Léon, secrétaire de l'empereur Michel, remit à Nicolas Ier, avec des lettres de ce monarque, l'acte de déposition d'Ignace que Photius venait de remplacer sur le siège de Constantinople [2]. Le pape, de son côté, envoie, par ses légats, tantôt la copie d'anciennes décrétales propres à résoudre certains points de discipline [3], tantôt le texte des décisions d'un synode qu'il a tenu à Rome [4]. Avec des lettres, on portait aussi des

---

1. Ep. 28, 29, 33, 35, 39, 40, 45.
2. « Duo volumina, quorum unum depositionis Ignatii gesta continebat... » Ep. 106.
3. Ep. 66; cf. Ep. 4.
4. Ep. 15.

livres. Nicolas Ier fit parvenir aux Bulgares, par l'entremise de ses *missi*, plusieurs ouvrages (*libros*) qu'il jugeait utiles à leur récente conversion à la foi catholique[1]. Lui-même manda à Charles le Chauve de lui adresser la traduction latine faite par Jean Scot du livre de Denys l'Aréopagite[2]. D'autres objets étaient également transmis par la même voie. Louis le Germanique, en 864, ayant envoyé à Rome l'évêque de Constance, Salomon, chargé de faire à Nicolas Ier quelque communication, le roi de Danemark profita du voyage de ce prélat pour adresser des présents au pontife[3].

Telle était déjà la quantité d'affaires qui s'imposaient aux soins de la papauté, que Nicolas Ier n'y suffisait qu'avec peine. Il fait souvent allusion, dans sa correspondance, aux embarras que lui cause la multiplicité de ses occupations[4]. Parfois, faute du loisir nécessaire, il répond à la hâte et, pour ainsi dire, en courant (*cursim*) aux lettres qu'il reçoit ; le plus ordinairement, il se voit obligé d'abréger sa réponse[5]. Il y a telles affaires importantes dont il est contraint, par la même raison, de différer l'examen[6]. « Lorsque vous nous adresserez quelque

---

1. « Libros, quos vobis ad præsens necessarios esse consideramus,... concedimus, et plures, Deo largiente, præstare desideramus. » Ep. 97.
2. Ep. 115.
3. Ep. 63 ; cf. Ep. 64.
4. Ep. 17, 21, 27, 46, 66, 79, 82, 85, 158.
5. Ep. 27, 66, 82.
6. Ep. 17, 158.

messager, écrit-il à l'archevêque d'Arles, veuillez l'avertir qu'il ne doit point se montrer pressé d'opérer son retour; car, ainsi que vous le savez, la nécessité de répondre aux nombreux fidèles qui affluent vers le Saint-Siège, jointe à la sollicitude que nous devons à toutes les églises de Dieu, nous absorbe de telle manière que nous ne pouvons donner aux intérêts de chacun qu'une attention tardive, tandis que nous voudrions répandre également sur tous les marques de notre bienveillance et de notre libéralité[1]. » Dans plusieurs de ses lettres, il renouvelle cette recommandation. Il lui arrive même de demander que la personne envoyée vers lui soit munie de tout ce que peut nécessiter un séjour à Rome d'au moins un mois[2]. Encore cette limite ne lui semble-t-elle pas toujours suffisante. « Toutes les fois que vous nous écrirez, mande-t-il au roi des Bretons, remettez vos lettres à un homme (*hominem*) qu'aucun autre intérêt ne presse, et qui puisse demeurer auprès de nous tout le temps qu'exigera un attentif examen de l'affaire sur laquelle vous nous aurez consulté[3]. »

Nicolas Ier n'était pas, il est vrai, chargé seul du fardeau de ces nombreuses occupations. Trois prélats que nous avons eu occasion de nommer, Radoald, évêque de Porto, Jean, évêque de Fondi, et

---

1. Ep. 158.
2. « Ut saltem triginta valeat demorari diebus. » Ep. 85.
3. Ep. 85. Cf. Ep. 86.

Arsène, évêque d'Horta, paraissent avoir rempli auprès de lui l'office de conseillers (*consiliarios nostros*)[1]. Ce dernier exerçait en outre les fonctions de chancelier de l'Église romaine (*apocrisiarius*). Quatre notaires, Pierre, Léon, Sophronius et Zacharie, avec un primicier du nom de Tibère, se trouvent également mentionnés dans la correspondance de Nicolas Ier. On sait qu'une des attributions du primicier était de délivrer certaines pièces de chancellerie, telles que les lettres de privilège accordées à des églises ou à des monastères, lettres que les notaires avaient, de leur côté, pour mission de rédiger[2]. Les notaires étaient aussi chargés d'expédier les actes par lesquels le pape concédait le pallium aux métropolitains[3]. Bien que les noms des notaires ne figurent expressément que sur les pièces de cette catégorie, il y a lieu de penser que le pape se servait de la main de ces fonctionnaires pour sa correspondance générale. Ce qui est certain, c'est qu'une lettre de Nicolas Ier adressée, en 865, à l'empereur de Constantinople, et l'une des plus longues de la collection, fut écrite en triple exemplaire par les notaires Pierre, Léon et Zacharie[4]. Il y avait toutefois des circonstances où le pape employait d'autres mains que celles de ses notaires. A la fin

1. Ep. 21, 79.
2. Ep. 2, 28, 29, 30, 32, 113.
3. Ep. 3, 62; cf. Ep. 77, 87.
4. Ep. 86. Dans les lettres de Nicolas Ier, ces fonctionnaires sont toujours désignés sous le nom de *scriniarii*.

d'une lettre qu'il envoyait à Charles le Chauve et à Louis le Germanique, Nicolas Ier dit qu'il n'a point fait écrire cette lettre dans les formes accoutumées, parce qu'il n'a pu recourir au service de ses notaires, absents pour la célébration des fêtes de Pâques[1].

On a lieu de conjecturer que le pape tantôt dictait ses lettres, tantôt se contentait d'exposer sommairement à ses notaires ce qu'il fallait écrire[2]. Il était d'ailleurs des actes dans la rédaction desquels il n'avait pas besoin d'intervenir, comme les bulles de privilège ou les actes de concession du pallium. Quelquefois une lettre était écrite et non envoyée. Le pontife se disposait un jour à faire parvenir à l'empereur Michel une lettre déjà écrite et toute préparée (*jam parata*), lorsqu'il reçut de ce monarque une épître pleine de blasphèmes et d'injures. La lettre fut mise de côté et remplacée par une autre[3]. A l'égard des lettres que plusieurs personnes avaient intérêt à connaître, les scribes apostoliques ne faisaient néanmoins qu'une seule expédition. S'agissait-il, par exemple, d'une circulaire ou d'une lettre importante qu'il convenait de rendre publique, la première personne aux mains de qui elle parvenait

1. Ep. 83.
2. « Tanta nos Pater cœlestis... ægrotatione corripuit, ut non solum quæ ad respondendum propositionibus vestris idonea esse perspeximus (non) valeremus exponere, verum etiam eadem ipsa qualiter dictarentur nulli, ægritudine nimia pressi, quiverimus edicere. » Ep. 86; cf. Ep. 26.
3. « Mutavimus stylum. » Ep. 86.

avait ordre de la communiquer à d'autres après l'avoir lue, et d'en prendre des copies qu'elle envoyait ensuite de différents côtés. En 866, Nicolas Ier adressait à tous les prélats d'Occident une lettre où il déclarait la concubine de Lothaire, Waldrade, frappée d'excommunication. Cette lettre se terminait par ces mots : « Que celui d'entre vous qui recevra cet écrit ait soin de le faire passer aux évêques métropolitains, après en avoir tiré des copies qu'il répandra dans les pays avoisinants[1]. » Écrivant l'année suivante à Charles le Chauve au sujet de la même affaire : « J'ai adressé une lettre aux évêques du royaume de Lothaire, disait-il. Veillez à ce que cette lettre parvienne; ayez soin aussi d'en faire prendre des copies que vous distribuerez aux évêques de votre royaume[2]. » Ces injonctions du pape n'étaient pas toujours observées. Une lettre que, dans une occasion grave, il avait adressée à Hincmar, avec l'ordre formel de la communiquer aux évêques de sa province, fut, pendant près de quatre mois, tenue secrète par ce prélat[3].

On ne saurait dire si Nicolas Ier lisait ordinairement lui-même les lettres qu'il recevait. Il en était du moins dans le nombre quelques-unes qu'il se faisait lire[4]. Les signes propres à établir l'authen-

---

1. « Exemplaria per vicinas regiones dispergat. » Ep. 93.
2. Ep. 148; cf. Ep. 150.
3. Ep. 73, 74.
4. « Epistolam quam legi jubentes cognovimus. » Ep. 13.

ticité des écrits adressés au Saint-Siège attiraient particulièrement l'attention du pontife. En diverses circonstances, il reprocha à Salomon, roi des Bretons, à Festinian, évêque de Dol, et à l'archevêque Hincmar de lui avoir envoyé des lettres où manquait l'impression du sceau (*impressio sigilli*)[1]. Parfois aussi il se plaint que, contrairement à l'usage, des lettres lui parviennent ouvertes : « En voyant que la lettre qui nous a été apportée de votre part n'était ni close ni scellée, écrit-il au roi Salomon, nous avons un moment douté de son authenticité[2]. » Il avait lieu, en effet, de se défier des falsifications, fait alors des plus communs et qui se produisait aussi bien pour les actes émanés du Saint-Siège que pour ceux qui lui étaient adressés. Nous savons par Nicolas Ier que l'archevêque de Mayence reçut un jour d'un abbé une lettre que celui-ci disait provenir du pape et qui était fausse de tous points[3]. Une autre fois, c'est un clerc qui se prévaut auprès de l'archevêque de Vienne d'une lettre supposée du Saint-Siège, et d'après laquelle il se prétendait autorisé à contracter mariage[4]. Quand, à la suite du synode de Metz, réuni par Nicolas Ier pour juger de nouveau l'infortunée Theut-

---

1. Ep. 91, 92, 108.
2. « Apertio ipsius scripti et impressio sigilli quæ paginæ deerat nos ambiguos reddidit. » Ep. 85.
3. « Epistola quam vobis... obtulit abbas nunquam nostro est scrinio scripta,.. sed omnimodis falsitatis argumento plena. » Ep. 26.
4. Ep. 59.

berge, les archevêques Theutgaud et Gonthaire allèrent faire connaître à Rome les décisions de l'assemblée, ils communiquèrent au pape un texte altéré où, à l'aide d'un canif (*cultello*), ils avaient effacé certains mots [1]. Hincmar lui-même ne craignait pas de recourir à de semblables moyens, lorsqu'il les croyait propres à servir ses intérêts [2]. Les Grecs surtout étaient passés maîtres en ce genre de fraude. Une lettre que Nicolas Ier avait adressée à l'empereur Michel fut, à un endroit important, falsifiée de telle sorte qu'elle exprimait tout le contraire de ce qu'avait dit le pontife [3]. Celui-ci leur reprochait hautement ces procédés coupables, et ce fut pour en prévenir l'effet qu'il envoya en triple exemplaire à Constantinople cette longue épître dont nous avons parlé [4].

Au reste, Nicolas Ier, à l'exemple de ses devanciers, usait d'un moyen de contrôle que devaient également, après lui, employer ses successeurs. Il conservait dans ses archives [5] non seulement les

1. Ep. 155.
2. Ep. 107, 108.
3. Nicolas Ier avait écrit : « A quibus (sanctis Patribus) deliberatum qualiter, absque romanæ sedis romanique pontificis consensu, nullius insurgentis deliberationis terminus daretur. » Les Grecs remplacèrent *absque* par *cum* et arrangèrent la phrase de telle sorte, — mandait le pape à l'empereur Michel, — qu'elle exprimait ceci : « Deliberatum fuerat a sanctis Patribus ut, cum sedis apostolicæ et ecclesiæ vestræ consensu, omnis rei finis debeat omnino proferri. » Ep. 4, 98.
4. Ep. 86. Voy. ci-dessus p. 14.
5. « In archivis sanctæ romanæ Ecclesiæ. » Ep. 25. Parfois le

lettres qu'il recevait, mais les copies de celles qu'il expédiait, et, selon le besoin, recourait soit aux unes, soit aux autres. Écrivant à l'archevêque Hincmar au sujet d'ecclésiastiques que celui-ci avait dépossédés de leur office : « Nous avons recherché avec soin dans les archives de la sainte Église romaine, disait-il, s'il n'y avait pas quelque lettre qui fît mention de leur ordination ou de leur personne à un titre quelconque [1]. » Plus tard il mandait à ce prélat qu'à l'occasion de cette affaire il avait consulté un certain nombre d'actes adressés à l'Église de Rome ou expédiés par le Saint-Siège à diverses époques [2]. C'était sur des registres que, conformément à un usage établi de longue date par ses prédécesseurs, Nicolas Ier faisait transcrire les lettres qu'il envoyait. Ce même Hincmar avait adressé à Rome une lettre du pape Benoît III, altérée ou tronquée en plusieurs endroits. Le pontife lui écrivit : « Lorsque vous saviez que, selon une ancienne coutume de l'Église romaine, nous conservons dans des registres la copie des actes expédiés par le Saint-Siège, et que vous pouviez penser que nous avions vu de nos propres yeux une lettre émanée de notre prédécesseur, comment n'avez-vous pas craint de nous faire parvenir un titre ainsi mutilé ou

---

pape se sert du mot *scrinium;* c'est ainsi qu'il dit dans la même lettre : « In scrinio nostro reperimus. »
1. Ep. 89.
2. Ep. 108.

falsifié¹ ? » Il est d'ailleurs certain que ni les lettres de Nicolas Iᵉʳ, ni celles de ses devanciers n'étaient toutes transcrites sur ces registres. En différentes circonstances, Nicolas Iᵉʳ mande, soit à des prélats, soit à des princes, de lui adresser des lettres qu'ils pourraient avoir conservées de lui ou de ses prédécesseurs et qu'il n'avait pas lui-même en ses archives².

Pour ce qui est des lettres de papes qui se trouvaient alors dans les archives du Saint-Siège, Nicolas Iᵉʳ déclare expressément avoir consulté, avec les lettres de Léon IV et de Benoît III, ses prédécesseurs immédiats (847-858), celles de Séverin et d'Adrien Iᵉʳ, pontifes des vɪɪᵉ et vɪɪɪᵉ siècles³. On ne saurait douter qu'il ne possédât les registres de trois autres papes de ces deux derniers siècles, Honorius, Grégoire III et Zacharie, registres dont le cardinal Dieudonné, contemporain de Victor III (1085-1087), dit avoir fait usage⁴. Il devait aussi avoir entre les mains la correspondance de Grégoire le Grand (590-604), qui est parvenue jusqu'à nous et de laquelle il reproduit fréquemment des passages⁵. La

---

1. « Sic mutilatum et depravatum. » Ep. 108.
2. Ep. 85, 89, 91, 92.
3. Ep. 89, 90, 91, 108.
4. Jaffé, *Regesta,* Præfatio. Cf., dans la correspondance de Nicolas Iᵉʳ, Ep. 26, 97.
5. Ep. 35, 82, 86, 97, 98. Il n'avait pas seulement la correspondance de ce pape, mais ses œuvres, qu'il cite souvent. Voy. ci après p. 22 la fin de la note 3.

citation qu'il fait d'une lettre adressée par Pélage Ier, en 557, au roi des Francs, Childebert, permet de conjecturer qu'il avait également en sa possession des lettres de ce pape[1]. Il fait en outre de nombreux emprunts à la correspondance des pontifes qui, de Sirice à Hormisda, c'est-à-dire de la fin du IVe siècle au commencement du VIe (384-523), se succédèrent sur le Saint-Siège. A la vérité, il avait sous les yeux le *Codex canonum* ou la collection Adrienne[2], de laquelle il a tiré beaucoup de ces citations[3]. Mais, comme plusieurs des passages qu'il rapporte ne se trouvent ni dans le *Codex canonum,* ni dans le Pseudo-Isidore dont il sera parlé ci-après et qui, en dehors de ce recueil, paraît être la seule collection d'où il ait pu les extraire, on est en droit de supposer qu'il possédait des lettres d'un certain nombre de ces pontifes[4]. En ce qui concerne Léon

---

1. Ep. 86. La seule lettre de Pélage Ier insérée dans le Pseudo-Isidore est adressée à un évêque.
2. Ep. 32; cf. Ep. 75. On sait que cette collection contenait des décrétales de Sirice, Innocent Ier, Zosime, Boniface Ier, Célestin Ier, Léon le Grand, Gélase Ier, Anastase, et, dans un appendice ajouté ultérieurement, des décrétales des papes Hilaire, Simplice, Félix III, Symmaque, Hormisda et Grégoire II.
3. Pour peu que l'on rapproche du *Codex canonum* ces diverses citations, le fait est évident. D'ailleurs Nicolas Ier désigne parfois lui-même les chapitres du *Codex* d'où il tire ces citations. Voy. Ep. 4, 66, 75, 131.
4. Nommément de Boniface, Célestin, Gélase, Félix III et Hormisda. A l'égard de Gélase, cette conjecture se trouve confirmée par la découverte qui a été faite récemment au British Museum d'un recueil manuscrit du commencement du XIIe siècle, lequel paraît avoir été composé à Rome même d'après les pièces conser-

le Grand (440-461), le fait est d'autant plus probable qu'un recueil considérable de lettres de ce pape était encore, au viiie siècle, conservé dans les archives romaines[1]. Ajoutons que Nicolas Ier fait allusion à diverses lettres de Damase (366-384) qu'il aurait consultées, sans que l'on puisse préciser absolument de quelle source il les tient[2]. Enfin il cite un passage d'une lettre de Jules Ier (337-352), qu'il semble avoir empruntée à une minute qu'il aurait eue sous les yeux, ou peut-être aux œuvres d'Athanase, qui, selon toute vraisemblance, étaient connues à Rome[3].

vées dans les archives pontificales, et qui contient des fragments de lettres de ce pape inconnues jusqu'ici. On y rencontre également plusieurs lettres inédites de Pélage Ier. Voir, à l'Appendice, ce que nous disons de ce recueil à la fin de notre notice sur *Les registres des papes.*

1. Murat., *Rer. ital.*, III, p. 119.

2. « Sicut ejus (Damasi) ad diversos epistolæ missæ indicant. » Ep. 86. Peut-être a-t-il consulté ces lettres dans l'historien Théodoret qu'il avait entre les mains (Ep. 86), et qui contient plusieurs lettres de ce pape. Cf. Jaffé, *Regesta,* nos 56, 57, 59.

3. Ep. 73. Cette lettre de Jules Ier est en effet rapportée par Athanase (*Apol. contra Arianos,* c. xxi, opp. I, iii. Cf. Jaffé, *Reg.*). Ajoutons que le passage dont il s'agit ne se trouve pas dans le Pseudo-Isidore. Voy. Hinschius, *Decret. Pseudo-Isidor.*, p. ccv, in-8o, 1866, Berolini. Il résulte de la correspondance de Nicolas Ier qu'avec les lettres des papes que nous venons de citer et le *Codex canonum,* ce pontife possédait encore, dans ses archives ou sa bibliothèque, l'Ancien et le Nouveau Testament, les Actes des Apôtres, les Épitres de Pierre, de Jacques et de Paul, l'Apocalypse de Jean, la collection de canons de Jean d'Antioche, un certain nombre de lettres adressées au Saint-Siège par les empereurs d'Occident ou d'Orient (ve, viie et viiie siècles), les œuvres de saint Ambroise, de saint Jean Chrysostome et de Grégoire le Grand, les Histoires ecclésiastiques de Rufin et de Théodoret, et le Code de Justinien.

II

Que si, après avoir constaté le mouvement considérable dont la papauté est le centre au milieu du ixe siècle, on examine attentivement la nature de ses rapports avec l'Église, on est surpris de l'ascendant qui déjà lui appartient. Tout indique qu'on approche de ce moment décisif où la constitution de l'Église va passer de la forme aristocratique à la forme monarchique, où le gouvernement de la papauté va remplacer celui de l'épiscopat. Ce n'est pas que les vieilles traditions, les règles primitives soient déjà méprisées ou tombées en désuétude. On retrouve encore cette hiérarchie que décrivait, en 631, Isidore de Séville, et qu'après lui, en 789, rappelait l'abbé espagnol Beatus. Comme à l'une et à l'autre époque, patriarches, primats, métropolitains, évêques représentent les degrés divers de l'épiscopat, et le pape ne semble être lui-même que le premier des patriarches[1]. Les « canons des apôtres »,

---

1. Nicol. I, Ep. 97.

les décrets des anciens conciles, les écrits des Pères, invoqués à tout moment par les contemporains, apparaissent comme la loi générale de l'Église[1]. On ne voit plus, il est vrai, se rassembler ces conciles œcuméniques qui étaient comme les assises de la catholicité. Mais les synodes provinciaux, où sont débattus les intérêts des églises locales, ne laissent pas de se réunir. Les principes qui président aux élections ecclésiastiques ne diffèrent non plus de ceux qui étaient observés aux époques antérieures. L'évêque est nommé, dans chaque diocèse, par le libre choix du clergé et du peuple (*clerus et plebs ecclesiæ*), sous la seule condition que l'élection n'offre rien de contraire aux canons[2]. Loin d'intervenir dans ce choix, comme le fera plus tard Grégoire VII par voie de conseil et quelquefois par voie d'autorité, Nicolas Ier entend qu'aucune influence extérieure, même celle d'un évêque, ne pèse sur les suffrages[3].

Les anciennes règles paraissent également observées pour tout ce qui tient à la sage administration du diocèse et à l'indépendance des fonctions épiscopales. Tandis que, dans les âges ultérieurs, on verra trop souvent, à la tête des églises, des prélats étrangers aux populations et incapables par conséquent d'en connaître les véritables besoins, le

---

1. Toute la correspondance de Nicolas Ier en fait foi.
2. Ep. 41, 43. Pour l'élection des abbés, voy. Ep. 44.
3. Ep. 61.

principe, au temps de Nicolas Ier, est que l'évêque à élire sorte de l'église même qu'il doit administrer. En 866, l'abbé Egilon ayant été élu archevêque de l'église de Sens à laquelle il n'appartenait pas [1], le pape ne lui octroya que par faveur le pallium qu'il était d'usage d'accorder aux métropolitains. « On ne doit, lui mandait-il à cette occasion, chercher un évêque dans une église étrangère qu'autant que, dans celle où se produit une vacance, il ne se trouve pas de clerc propre aux fonctions de l'épiscopat; or, dans un diocèse aussi étendu que celui de Sens, on eût pu aisément rencontrer un ecclésiastique capable de cette dignité. Nous ne souffrirons pas qu'à l'avenir pareil abus se renouvelle [2]. » Écrivant sur le même sujet à Charles le Chauve : « Il n'est ni convenable ni juste, disait-il, de s'attribuer le commandement d'une armée dans les rangs de laquelle on n'a point combattu [3]. » Au XIe siècle, la papauté s'arrogera le droit de transférer les évêques d'un siège à un autre et de les déposer de sa seule autorité [4]. A l'époque de Nicolas Ier, on voit, conformément aux canons, l'évêque, une fois élu, rester en possession de son siège, à moins d'incapacité physique ou d'indignité reconnue. En ce qui regarde l'incapacité physique, l'évêque seul en est juge, et

1. Egilon était abbé du monastère de Flavigny, diocèse d'Autun.
2. Ep. 94.
3. « Indecorum, quin, potius illicitum... quemquam venientem in castra, inter quæ non militavit, ducatum arripere. » Ep. 95.
4. Voy. les *Dictatus* de Grégoire VII.

l'on ne peut, sur ce chef, lui choisir un successeur que si, dans une lettre souscrite de sa main[1], il a informé de sa situation le métropolitain et déclaré qu'il renonce à l'épiscopat. Nicolas Ier apportait une telle attention à cette règle que, consulté sur le remplacement d'un prélat à qui la paralysie avait ôté depuis longtemps l'usage de la parole, il signifia que, dans le cas où la maladie empêcherait celui-ci de délivrer l'écrit exigé par les canons, on ne pouvait le dépouiller de son office, et qu'il fallait le suppléer par un évêque que désignerait le métropolitain à titre d'intérimaire[2]. Quant au fait d'indignité, il doit être établi, par jugement contradictoire, dans un synode de douze évêques que préside le métropolitain, ou affirmé par soixante-dix témoins ayant qualité pour accuser (*testes idonei*) et prêtant serment sur les quatre évangiles de dire la vérité[3]. Dans la déposition des évêques Zacharie et Radoald, qui, envoyés comme légats à Constantinople, avaient trahi leur mandat, Nicolas Ier se montra lui-même un strict observateur de ces formalités. L'un et l'autre ne furent déposés qu'après que leur conduite eut été examinée dans un synode convoqué spécialement à Rome pour cet effet, et où ces deux prélats avaient été entendus[4].

1. « Scripto et propriæ manus subscriptione. » Ep. 61.
2. Ep. 61.
3. Ep. 25. Une garantie analogue était donnée aux abbés. Voy. Ep. 44.
4. Ep. 46. Le pape poussa même le scrupule jusqu'à réunir suc-

On voit, par ce qui précède, combien l'épiscopat était encore fortement institué, et ce que, sous la seule condition de se conformer aux canons, le haut clergé avait d'indépendance. Mais déjà on aperçoit les brèches par où passera la papauté pour dominer les évêques et substituer sa volonté aux lois générales de l'Église. Si elle s'abstient de diriger les élections, elle tend du moins à s'attribuer le droit de les ratifier. En 867, Nicolas Ier signifiait à l'archevêque de Ravenne que, conformément au décret d'un synode tenu à Rome en 862, il ne devait consacrer aucun évêque dans sa province, avant que le choix du nouveau titulaire eût été notifié au siège apostolique et sanctionné par lui[1]. Bien que ce décret, promulgué dans une circonstance particulière, se rapportât uniquement à la province de Ravenne[2], il n'en constituait pas moins un précédent dont pouvait par la suite se prévaloir la papauté ; et, de fait, à l'époque où elle commença de s'immiscer dans la nomination des évêques, on voit ce décret inséré dans un de ces recueils de canons qui précédèrent le livre de Gratien et concoururent, avec cet ouvrage, à modifier l'ancienne législation de l'Église[3].

---

cessivement deux synodes, parce que ces deux évêques ne s'étaient pas trouvés ensemble à Rome lors du premier synode, et qu'il eût considéré comme contraire aux canons de condamner un absent.

1. Ep. 144. Cf. Jaffé, *Regesta,* nov. 862.
2. Labb. *Concil.* VIII, 257.
3. Ivonis *Decr.* X, c. 19. « De Oleoberti. » Il convient de rapprocher de ce décret une lettre (Ep. 58) où Nicolas Ier défend expres-

Quant au métropolitain, la papauté en confirme déjà l'élection, d'une manière implicite, par le don du pallium. Ce pallium, que, dans les trois mois qui suivaient son élection, l'archevêque devait solliciter du pontife, était considéré comme le signe de sa dignité[1]. En demandant cette marque de son office, le nouvel élu était obligé de souscrire un acte qui attestât son orthodoxie, et dans lequel il promettait d'obéir aux décrets apostoliques[2]. En outre, à partir de Nicolas Ier, la règle paraît s'établir que le métropolitain ne puisse exercer aucune de ses attributions avant d'avoir reçu ce vêtement symbolique[3]. Il se trouve ainsi tenir sa dignité autant de la faveur du Saint-Siège que du fait de l'élection. Encore, à cette époque, n'est-il pas contraint d'aller à Rome solliciter le pallium. A la fin du XIe siècle, on exigera qu'il se déplace pour cet objet, et à l'écrit témoignant de son orthodoxie on substituera un serment de fidélité qu'à la manière d'un vassal il prêtera entre les mains du pape[4].

sément qu'on nomme aux sièges de Cologne et de Trèves avant d'en référer à Rome. Cette lettre se trouve également reproduite dans les collections canoniques de l'époque grégorienne. Voy. Ivonis *Decr.* V, c. 357 et Gratiani *Decr.* I, dist. 63, c. IV.

1. Nicolas Ier se montre très attentif à lui conserver ce caractère. Malgré les instances réitérées de l'évêque de Dol, il refusa constamment de lui attribuer le pallium, alléguant qu'aucun acte authentique n'avait donné jusqu'ici à l'église de Dol le titre de métropole. Ep. 85, 91, 92.
2. Ep. 62. Cf. Grat. *Decr.* dist. 100, c. 1.
3. Ep. 97.
4. Voy. Baron. *Ann. eccles.* XVIII, 140, 142.

En même temps que, par ce don du pallium aux métropolitains et par la sanction exercée sur le choix de certains évêques, la papauté se prépare les moyens de dominer les élections, on voit poindre cette autorité des légats qui dépassera un jour celle de l'épiscopat. A la vérité, tandis que Grégoire VII ordonnera d'obéir aux délégués du Saint-Siège comme s'ils étaient envoyés par l'apôtre lui-même, et menacera des foudres ecclésiastiques quiconque s'opposera à leur mission, Nicolas Ier se contente d'exhorter les évêques à les soutenir dans l'exécution de leur mandat[1]. Néanmoins il est visible qu'ils ont déjà dans l'Église une importance particulière. En France, certains synodes sont convoqués et présidés par eux[2]. Les premiers légats que Nicolas Ier dirigea vers Constantinople étaient chargés, selon les termes mêmes de la lettre pontificale, de mettre fin aux désordres qu'avait causés la déposition d'Ignace et « de ramener toutes choses dans les voies de la rectitude[3] ». Dans des écrits destinés à être rendus publics et qu'il enjoint expressément de communiquer aux évêques, il donne à ses envoyés des qualifications qui suffisent à leur attribuer un caractère de supériorité sur les autres prélats; il les appelle « les fidèles de

---

1. Ep. 79. Voir ci-après notre Étude sur Grégoire VII, p. 111.
2. Ep. 24.
3. « Legatos qui... errata corrigerent, depravata quæque ad rectitudinis tramitem perducerent. » Ep. 11.

l'Église romaine, les colonnes du Saint-Siège¹, » et l'on prévoit que, parlant plus tard au nom de la papauté devenue plus puissante, ces légats demanderont aux évêques, non plus leur concours, mais leur obéissance.

De quelque importance que puissent paraître les faits qui viennent d'être signalés, c'est par des actes plus éclatants et d'une portée plus générale que la papauté, au ix⁰ siècle, commença d'établir son entier ascendant sur l'Église. On sait comment, dans l'affaire de l'évêque Rothade, Nicolas Iᵉʳ soutint ce principe de l'appel au Saint-Siège qui devait être l'un des plus sûrs fondements du pouvoir pontifical. Ce Rothade était, depuis près de trente années, évêque de Soissons, quand, en 863, il fut déposé au synode de Senlis par l'archevêque de Reims Hincmar. Il avait appelé de cette sentence au Saint-Siège ; mais Hincmar, sans tenir compte de cet appel, avait enfermé le prélat dans un monastère. Nicolas Iᵉʳ enjoignit à Hincmar de réintégrer Rothade, sinon de se présenter à Rome où Rothade se rendrait de son côté, et suspendit jusque-là l'expédition de lettres de privilèges que cet archevêque avait sollicitées. « Vous nous demandez de confirmer les privilèges de votre église, lui écrivait-il, et néanmoins vous vous efforcez d'affaiblir ceux du Saint-Siège ! De quelle solidité peuvent être les privilèges dont

---

1. « Apostolicæ sedis columnæ. » Ep. 157.

vous sollicitez la confirmation, si les nôtres sont annulés[1]? » Aux évêques qui, de concert avec Hincmar, avaient déposé Rothade, il ordonna également d'accompagner celui-ci à Rome ou d'envoyer des délégués (*vicarii*)[2], déclarant qu'il n'avait pas plus de faveur pour Rothade que pour tout autre chrétien, mais qu'il défendrait jusqu'à la mort (*usque ad mortem*) les privilèges apostoliques. « Ces privilèges sont les armes tutélaires de l'Église universelle; l'évènement qui atteint aujourd'hui Rothade, d'où savez-vous qu'il n'atteindra pas l'un d'entre vous; et si, comme lui, vous êtes frappés, vers qui chercherez-vous un refuge[3]? »

On a dit que, dans cette circonstance, Nicolas Ier avait voulu grandir le siège apostolique au détriment des métropolitains. L'animation généreuse dont témoignent les lettres écrites par lui sur cette affaire proteste contre cette accusation. Voyant que ni Hincmar, ni les évêques n'exécutaient ses ordres et qu'ils empêchaient même Rothade de se rendre à Rome, il s'adresse à Charles le Chauve et le « conjure de toutes ses forces[4] » d'aider au départ de ce prélat. Il lui insinue que les princes eux-mêmes ont intérêt à soutenir les privilèges du Saint-Siège. « Si vous souffrez que ces privilèges soient amoin-

---

1. Ep. 33.
2. Inutile de dire que Nicolas Ier avait également autorisé Hincmar à se faire représenter par un légat.
3. Ep. 35.
4. « Quantis possumus viribus exoramus. »

dris dans vos États, comment, par quels moyens pourrons-nous, au besoin, secourir votre royaume et vous devenir un bouclier contre vos ennemis [1] ? » Il écrit également à Rothade, l'exhorte à braver tous les obstacles pour venir à Rome [2]. Il se montre, de son côté, d'autant plus résolu, que Charles le Chauve semblait d'abord favoriser Hincmar. La reine Ermentrude écrivit deux fois au pontife pour le prier d'abandonner Rothade. La réponse de Nicolas Ier est très digne. Il déclare que, malgré tous les soucis que lui donne cette affaire, il ne désertera pas la cause qu'il a embrassée. « Si, dans votre royaume, un infortuné, se disant victime de l'injustice, criait vers vous, vous ne repousseriez pas son appel. Comment donc semblez-vous nous exhorter à rester sourd à la voix de notre frère [3] ? »

Commencé au lendemain du synode de Senlis, ce débat ne se termina qu'en 865. Après avoir usé de tergiversations, de mensonges même pour éluder les injonctions du pape, l'archevêque de Reims laissa enfin Rothade venir à Rome. Celui-ci demeura huit mois dans la ville de saint Pierre, sans que ni Hincmar, ni personne en son nom se présentât pour l'accuser. Cette absence d'accusateurs fut considérée par le pontife comme un témoignage indirect de l'innocence de Rothade. Il le déclara ré-

---

1. « Contra adversarios protectionis clypeum. » Ep. 36. Cf. Ep. 37, 48.
2. Ep. 38, 47.
3. Ep. 49.

tabli dans sa dignité épiscopale, et, par diverses lettres, notifia cette sentence à Hincmar, à Charles le Chauve, aux évêques du royaume de France et aux fidèles du diocèse de Soissons [1]. Muni de toutes ces lettres, Rothade retourna en France, où il reprit possession de son siège, qu'il garda jusqu'à sa mort en 868.

L'ardeur persistante qu'en cette occasion déploya Nicolas Ier, non moins que la résistance opposée à ses efforts, prouve que ce droit d'appel au Saint-Siège était alors contesté. Le pontife sentit lui-même la nécessité de s'appuyer sur l'autorité des textes canoniques. Il le fit dans trois lettres, une aux prélats qui avaient condamné Rothade, une autre à Charles le Chauve, et une circulaire qui fermait le débat et qu'il adressa à tous les évêques de France. Dans la première, il cite un décret du concile de Sardique, qui attribue à l'évêque déposé le droit d'appeler au pape, et à celui-ci le droit de provoquer un nouveau jugement en présence de ses légats [2]. Dans la seconde, il se prévaut d'un canon du concile de Chalcédoine, aux termes duquel un évêque ou un clerc, qui aurait à se plaindre de son métropolitain, peut en référer au primat du diocèse ou au siège de Constantinople ; et de là il conclut *à fortiori* pour le droit d'appel au siège de Rome [3].

1. Ep. 72, 73, 74, 75.
2. Ep. 35.
3. « Quod nulli dubium est multo magis apud Romulcam urbem,

Enfin, dans la lettre adressée aux évêques de France, il invoque une autre décision du concile de Sardique, d'après laquelle les « affaires majeures de l'Église (*res majores, majora negotia ecclesiæ*) » doivent être déférées au pape. « Comment ne vous attribuez-vous pas toutes les affaires, leur dit-il, puisque vous vous réservez les jugements des évêques ? Serait-ce que la condamnation d'un prélat vous parût de peu de gravité ? N'est-il pas contraire à la raison (*absurdum*) que, chaque jour, vous adressiez vous-mêmes à notre justice, tantôt les plus humbles d'entre les clercs de vos diocèses, et tantôt des séculiers, et que vous réserviez à la vôtre les évêques qui sont les membres principaux de l'Église[1] ? »

Nous ne mentionnerons l'affaire du clerc Wulfade, — dans laquelle Nicolas Ier soutint une seconde fois le droit d'appel au Saint-Siège,—que pour montrer, par une autre preuve, les sentiments dont il était animé en défendant sur ce point les privilèges apostoliques. Quelques années avant l'avènement de Nicolas Ier, ce Wulfade et d'autres clercs avec lui avaient été condamnés par Hincmar dans un synode. Après avoir appelé, à diverses reprises, du jugement qui les avait frappés, ils furent enfin reconnus innocents au concile de Soissons réuni sur l'ordre de ce pape. Instruit de cette sentence, le pontife écrivit à Wul-

quam apud Constantinopolitanam, esse penitus observandum. » Ep. 73.

1. Ep. 75.

fade et à ses collègues ces paroles mémorables :
« Rendez grâces à Dieu de sa miséricorde envers vous; mais oubliez les injustices dont vous avez souffert, et ne vous élevez pas contre ceux qui en ont été les auteurs. Montrez pour Hincmar la révérence qui lui est due ; et, parce qu'il vous a frappés, ne cherchez point à lui attirer de disgrâce. Sachez qu'en travaillant à vous relever, nous n'avons désiré l'abaissement de personne, et que nous n'avons pas voulu sauvegarder les intérêts d'une partie pour diminuer les droits ou la dignité de l'autre [1]. »

Ainsi fut institué ou plutôt affermi dans l'Église ce principe de l'appel, que Grégoire VII introduira plus tard dans ses célèbres *Dictatus*, et dont l'application inconsidérée, en ruinant l'autorité de l'épiscopat, devait porter à un si haut degré celle de la papauté. Dans une lettre à l'empereur Michel, Nicolas Ier dit un mot qui laisse prévoir à quelles conséquences abusives ce principe donnera lieu dans l'avenir : « Aux termes des canons, écrit-il, on peut appeler au Saint-Siège de toutes les parties de la terre, et il n'est permis à personne d'appeler de ses jugements [2]. » Mais ce ne sont pas là les seuls faits qui, à cette époque, préparent ou annoncent la toute-puissance des pontifes. A Rome se tiennent de fréquents conciles dans lesquels le pape semble déjà siéger comme le chef de la catholicité. On compte

1. Ep. 110. Pour toute cette affaire, voy. Ep. 96 et 107 à 110.
2. Ep. 86.

huit conciles ou synodes réunis par Nicolas Ier dans le seul intervalle compris entre les années 861 et 864. A celui de 863, où Photius fut frappé d'anathème, assistaient des prélats venus de divers points de l'Europe[1]. Nicolas Ier, à l'occasion de cette affaire, eut même la pensée de convoquer dans un grand concile à Rome tous les évêques d'Occident[2]. Nul doute qu'il n'exerçât sur les résolutions de ces assemblées une influence presque souveraine. Cette influence apparut dans le synode où fut promulgué le décret relatif aux monastères du royaume de Charles le Chauve. Les évêques n'y eurent d'autre rôle que d'approuver les statuts présentés par le pontife[3]. Ce fait, encore nouveau, deviendra un jour la règle; et, dans les conciles ainsi réunis par le Saint-Siège, les prélats ne seront plus que les auditeurs muets de ses décisions[4].

Tandis que la papauté tend à imposer sa volonté dans les assemblées qu'elle préside, elle ne laisse aux synodes qui se tiennent en dehors d'elle qu'une indépendance nominale. Les décrets de ces synodes doivent être notifiés au Saint-Siège et soumis à son approbation[5]. Lorsque Nicolas Ier eut connaissance

---

1. « Convocato multarum provinciarum occidentalium regionum episcoporum cœtu. » Ep. 46.
2. Ep. 152.
3. « Universi episcopi responderunt : Libertati monachorum congaudemus, et *quæ de his statuit beatitudo vestra firmamus.* » Ep. 44.
4. Voir le concile général de Latran de 1123, sous Calliste II.
5. Ep. 89.

du concile de Constantinople qui avait déposé Ignace, il se plaignit qu'on eût osé y prendre une aussi grave décision sans le consulter (*sine consultu Romani pontificis*), et il refusa de la ratifier avant d'avoir procédé à une enquête par ses légats et entendu leur rapport [1]. Dans certains cas, il se réserve de provoquer de nouvelles délibérations. Écrivant aux prélats du synode de Metz réuni par son ordre : « Ayez soin, leur dit-il, de nous transmettre sans retard la relation détaillée de tout ce qui aura été fait et résolu dans le concile. Si vos décisions sont conformes à l'équité, nous remercierons Dieu ; dans le cas contraire, nous vous enjoindrons de recommencer les délibérations [2]. » Il y a plus ; il refuse de reconnaître le caractère synodal aux assemblées dont il n'a point sanctionné les résolutions. « C'est à votre tribunal, écrit-il à Hincmar au sujet du concile de Senlis, et non à un synode qu'a comparu Rothade ; car on ne peut qualifier de ce nom une assemblée à laquelle a manqué notre assentiment [3]. » Il a enfin sur les conciles un mot qui résume sa pensée, comme il en a un sur l'appel : « Les synodes et les conciles, dit-il, tirent du pouvoir et de la sanction du Saint-Siège leur force et leur stabilité [4]. » C'était

1. Ep. 4.
2. « Ut... ea renovare summopere jubeanus. » Ep. 21.
3. « Synodus dici non potest, ubi noster nullus præbetur assensus. » Ep. 74.
4. Ep. 12. Ce mot, il paraît même l'appliquer aux anciens synodes œcuméniques, en disant que, de tous les décrets promul-

affirmer implicitement que l'autorité du Saint-Siège était supérieure à celle des conciles; principe qui, au lendemain de la mort de Grégoire VII, sera proclamé ouvertement par les papes [1].

Devançant, sur un autre point, les doctrines de l'époque grégorienne, Nicolas Ier déclare que les décrétales ou les constitutions (*decretalia, constitutiones*) émanées du siège apostolique ont pour toute l'Église force obligatoire. A la vérité, c'est surtout aux décrétales des anciens papes que s'applique cette déclaration. Il les met sur le même rang que les canons des synodes œcuméniques [2]. Lors des débats relatifs à l'affaire Rothade, quelques évêques objectant au pontife que plusieurs des décrétales alléguées par lui n'étaient pas dans le *Codex canonum* et manquaient, par cette raison, de caractère légal : « D'après cet argument, répondit Nicolas Ier, il ne faudrait donc pas admettre les constitutions de Grégoire le Grand qui ne sont pas dans ce recueil; il faudrait donc repousser aussi l'Ancien et le Nouveau Testament qui ne s'y trouvent pas davantage [3]. » Il mandait de même à Photius : « Si vous n'avez pas entre vos mains les décrétales de nos prédécesseurs, vous êtes coupable d'incurie; si vous les avez et que

gués par ces synodes, ceux-là seuls qui ont obtenu l'adhésion du Saint-Siège se sont affermis et perpétués dans l'Église. Ep. 46. Cf. Ep. 86.
1. Notamment sous Paschal II.
2. Ep. 5, 32.
3. Ep. 75.

vous ne les observiez pas, vous êtes coupable de témérité [1]. » Au reste, tout en insistant plus particulièrement sur le respect dû aux constitutions des anciens pontifes, il n'entend pas excepter celles d'une date plus récente, et ses déclarations à cet égard sont assez explicites pour qu'à l'époque où la volonté du pape fait enfin loi dans l'Église, on les trouve insérées dans les recueils canoniques [2].

Il ne suffit pas à Nicolas Ier que les constitutions du Saint-Siège soient observées ; il veut qu'en toutes choses les évêques s'inspirent de son esprit et demeurent en constante communion avec Rome. Écrivant en 858 à l'archevêque de Sens : « Continuez, lui dit-il, à vous éclairer des lumières du siège apostolique ; soyez toujours uni de pensée avec lui, marchez dans ses voies, et tenez comme coupable toute direction qui ne serait pas la sienne [3]. » Dans une lettre à l'archevêque de Vienne, il dit de même que, « sous peine de scandale pour les peuples, il ne faut point de divergence entre les Églises, et que le seul moyen de garder l'unité, c'est de suivre fidèlement les voies de l'Église romaine [4]. » Loin que ces théories soient repoussées, au moins en Occi-

---

1. Ep. 12.
2. C'est ainsi qu'on trouve reproduit dans Gratien, Dist. 11, c. II, ce passage d'une lettre de Nicolas Ier à l'empereur Michel : « Quod a Sedis apostolicæ rectoribus plena auctoritate sancitur, nullius consuetudinis occasione removeatur. »
3. Ep. 1.
4. « Oportet hoc sequi quod ecclesia Romana custodit. » Ep. 69.

dent, on voit des évêques écrire au pape pour s'excuser d'avoir été un moment en désaccord avec lui, et protester de leur volonté de demeurer unis au siège apostolique [1]. Nombre de prélats s'adressent au pontife en vue de connaître son opinion sur tel ou tel sujet. Les questions portent sur des points de discipline, sur le mariage, sur la liturgie, sur l'administration des diocèses [2]. A l'époque d'Innocent III et dès le pontificat d'Alexandre III, les questions adressées par les évêques étaient si nombreuses, que les papes s'en trouvaient parfois comme accablés. Au temps de Nicolas Ier, cette attitude du haut clergé était encore nouvelle, et le pontife se montre très sensible à ces marques de condescendance. « Nous rendons de nombreuses grâces à Dieu, mandait-il aux prélats du synode de Senlis, de ce que vous vous reconnaissez obligés d'en référer à la chaire apostolique, non seulement pour toutes les choses qui peuvent offrir des doutes ou soulever des contestations, mais pour toutes les affaires importantes de l'Église [3]. »

Sans prétendre, ainsi que le fera Grégoire VII dans ses *Dictatus,* que l'Église romaine, en matière de foi, ne s'est jamais trompée et ne se trompera jamais, Nicolas Ier considère le Saint-Siège comme le gardien, l'interprète de la doctrine. Il adresse à

---

1. Ep. 67, 68.
2. Ep. 16, 59, 66, 69, 82, 122, 125, 130, 131.
3. Ep. 35. Cf. Ep. 26, 32.

Constantinople les actes d'un concile qu'il a tenu à Rome et dans lequel a été fixée la question de foi sur l'état des deux natures en Jésus-Christ au moment de la Passion [1]. Les livres, les traités ecclésiastiques ne peuvent également devenir canoniques qu'après approbation du pape. Quand, en 867, Nicolas Ier demandait à Charles le Chauve de lui envoyer la traduction faite en latin par Jean Scot du livre de Denys l'Aréopagite, c'était afin de l'examiner, disant qu'une fois admise par le siège apostolique, cette traduction pourrait être reçue par tous [2]. Au reste, il exprimait hautement sa pensée sur ce point : « L'universalité des croyants, écrivait-il, s'adresse à l'Église romaine pour connaître la doctrine, et c'est d'elle qu'ils attendent la conservation de la foi dans sa pureté [3]. »

A côté de ces diverses déclarations, Nicolas Ier émet des maximes générales qui méritent d'être notées. « Aucune autorité n'est au-dessus du pape, écrit-il à l'empereur Michel, et personne ne peut le juger. » Dans la même lettre, il ajoute : « Les privilèges que possède la chaire apostolique lui ont été conférés par Dieu, et non par les synodes qui n'ont fait que les notifier [4]. » A un autre endroit de sa

1. Ep. 46. Cf. Ep. 14.
2. Ep. 115.
3. « Universitas credentium ab hac Romana ecclesia... doctrinam exquirit, integritatem fidei deposcit. » Ep. 12.
4. « Privilegia huic sanctæ ecclesiæ a Christo donata, a synodis non donata, sed solummodo celebrata. » Ep. 86.

correspondance, il insinue que, si la papauté laisse certains pouvoirs en dehors d'elle, c'est par condescendance. « Fort du secours de Dieu, écrit-il à Charles le Chauve, le Saint-Siège règle et dispose toutes choses en ce monde, et ce qu'il peut faire de sa seule autorité, il lui arrive souvent de l'accomplir avec le consentement de nombreux ecclésiastiques [1]. » C'était presque dire que les pouvoirs exercés dans l'Église n'étaient qu'une émanation de celui de la papauté. Enfin, dans une lettre à l'archevêque de Bourges, il dit ces paroles remarquables : « Lisez les canons, parcourez les actes des conciles; vous y verrez que, de tout temps, le siège apostolique a eu droit de justice sur l'universalité du clergé, et que, par un effet de sa prérogative spéciale, il a le pouvoir de rendre des sentences, de promulguer des décrets et d'établir des lois dans toute l'Église du Christ. Et ne croyez pas que, sans souci de la vérité, nous alléguons ici ce qui nous convient; tout ce que nous vous disons dans cette lettre, vous le trouverez en vos archives [2]. »

Les principes invoqués par Nicolas Ier impliquaient, comme un fondement nécessaire, la primauté de l'Église de Rome. Aussi n'a-t-il cessé de la proclamer. A ses yeux, le Saint-Siège est la tête de toutes les églises (*caput omnium ecclesiarum*), mot qu'il répète à tout moment dans sa correspondance, la

---

1. Ep. 18.
2. « Quæ... scribimus, vos in archivis vestris possidere. » Ep. 65.

tête de la religion (*caput religionis*), la tête et le sommet de l'épiscopat (*caput et apex episcopatus*), la pierre angulaire (*lapis angularis*) de la catholicité. C'est de saint Pierre, dont les papes sont les successeurs, que le siège de Rome tient cette suprématie. Bien que les apôtres fussent égaux en honneur, ils ne l'étaient pas en pouvoir, et la prééminence fut donnée à l'un d'eux sur tous les autres[1]. C'est parce que le siège apostolique a le « principat » sur toutes les églises (*primatum ecclesiarum*), que ses décisions doivent être reçues avec obéissance[2]. C'est aussi en signe de cette suprématie que les évêques sont obligés, dans leurs lettres au pape, d'inscrire son nom le premier[3]. A la vérité, cette prééminence de Rome était contestée, non en Occident, mais par les Grecs. Les empereurs disaient que la primauté appartenait au siège de Constantinople, par cela seul que l'Empire romain avait été transféré dans cette ville. Nicolas Ier répondant qu'elle appartenait au siège de Rome comme héritier de saint Pierre, c'était dire que la prétendue primauté de Constantinople n'était que l'œuvre des hommes, tandis que la primauté de Rome était l'œuvre de Dieu[4]. Il y a plus ; il déniait à l'évêque

---

1. « In similitudine honoris fuit quædam discretio potestatis. » Ep. 75.
2. Ep. 12.
3. Ep. 91. « In fronte paginæ vestræ vestrum nomen apostolico nomini non veriti estis præponere (lettre à l'évêque de Dol). »
4 Ep. 152.

de Constantinople le droit de s'appeler patriarche. « On nomme de ce titre, disait-il dans sa lettre aux Bulgares, les chefs des Églises instituées par les apôtres, tels que les évêques de Rome, d'Alexandrie et d'Antioche. Or aucun apôtre n'a institué l'Église de Constantinople, et c'est parce que cette ville a reçu de la faveur des princes le nom de *nouvelle Rome* qu'est venu l'usage, qui n'a rien de rationnel, d'attribuer le titre de patriarcat au siège de Constantinople. Quant à la qualification de patriarche donnée à l'évêque de Jérusalem, c'est un honneur rendu à de divins souvenirs, car la vraie Jérusalem a été détruite de fond en comble, et elle est maintenant aux cieux [1]. »

Bien que Nicolas Ier fût loin de posséder, dans ses rapports avec l'Église, la réalité du pouvoir absolu, il en revendiquait, comme on le voit, les diverses prérogatives. On a prétendu que, dans cette revendication, il s'était appuyé sur la collection du Pseudo-Isidore, collection mise au jour en France entre 847 et 853, et que des textes y désignent explicitement dès 857 [2]. Plusieurs savants, dont le sentiment mérite considération [3], ne doutent pas que ce pontife n'ait fait usage des pièces apocryphes qui abondent en ce recueil, et dans lesquelles sont énoncées

---

1. Ep. 97.
2. Voy. Hinschius, *Decret. Pseudo-Isid.* Berolini, 1866.
3. Voy. Dollinger dans *Le Pape et le Concile*, et plus récemment Gregorovius dans *Storia della città di Roma*, t. III, p. 193.

toutes les maximes de la souveraineté papale. Mais
les raisons sur lesquelles se fonde cette opinion sont
loin d'être probantes. On sait que cette collection,
dans une première partie, contient des décrétales,
au nombre de cinquante-neuf, attribuées à trente
papes, — de Clément Ier à Melchiade, — et que,
dans une autre partie, se trouvent, avec les gestes
de Silvestre, les décrétales de ses successeurs jusqu'à Grégoire le Grand, parmi lesquelles on compte
encore trente-cinq pièces supposées [1]. Or Nicolas Ier
ne cite aucune des décrétales renfermées dans la
première partie, ce qui déjà est un point important
à noter, attendu qu'elles lui pouvaient offrir plus
d'un argument à l'appui de ses prétentions. A la vérité, il invoque fréquemment les papes dont les décrétales composent l'autre partie de cette collection.
Mais il convient de remarquer que tous les fragments
qu'il en cite ont un parfait caractère d'authenticité.
Il suffit, pour s'en convaincre, de rapprocher ces citations soit du *Codex canonum*, soit des lettres authentiques qui nous ont été conservées [2]. On a dit
aussi que, si Nicolas Ier n'avait rien cité des docu-

1. Cette dernière partie contient en outre une décrétale de Grégoire II. Entre ces deux parties de la collection, ont été insérés, comme on sait, des actes de conciles.
2. Nous avons fait nous-même ce rapprochement pour toutes les décrétales citées dans la correspondance de Nicolas Ier. Ajoutons que, sauf quelques mots dont on ne saurait tirer de conclusion positive, Hinschius n'a, de son côté, découvert aucun passage qu'on puisse dire emprunté textuellement aux pièces falsifiées du Pseudo-Isidore.

ments apocryphes du Pseudo-Isidore, il s'en était inspiré¹, et qu'il avait sans doute ces documents en vue lorsque, dans l'affaire Rothade, opposant aux évêques de France des décrétales émanées des anciens papes et non insérées au *Codex canonum*, il ajoutait qu'il possédait ces décrétales en ses archives². Or nous avons montré que Nicolas Iᵉʳ avait entre les mains des décrétales qui ne faisaient point partie du *Codex canonum*, appartenant soit à des papes nommés dans ce recueil, soit à d'autres que ce recueil n'a pas mentionnés. Nous avons montré également qu'il avait sous les yeux des lettres de papes, tels que Damase et Jules, antérieurs aux plus anciens pontifes désignés dans le *Codex*, et il n'est pas déraisonnable de supposer qu'il ait possédé d'autres lettres de cette date reculée, quand on voit, en 419, Boniface Iᵉʳ parler lui-même de lettres de ses prédécesseurs conservées dans ses archives³.

---

1. Tel est le sentiment d'Hinschius, ou du moins celui qui semble résulter de ses considérations.

2. Voici ce passage (Ep. 75) qui fournit à Hinschius un de ses principaux arguments : « Absit ut cujuscumque (pontificis)... vel decretalia constituta, vel de ecclesiastica disciplina quælibet exposita... non amplectamur opuscula, quæ duntaxat et antiquitus Romana ecclesia conservans, nobis quoque custodienda mandavit, et penes se in suis archivis... recondita veneratur. »

3. « Ut scrinii nostri monimenta declarant, » Bonif. Ep. Jaffé, *Reg.* nº 142. Cette lettre de Nicolas Iᵉʳ aux évêques de France contient un autre passage dont Hinschius tire un argument qui lui semble péremptoire. C'est celui où le pape, signifiant aux prélats qu'ils n'auraient pas dû, sans le consulter, déposer Rothade, *alors même que celui-ci n'eût pas appelé à Rome*, déclare cet évêque réin-

Non seulement on ne peut établir par aucune preuve certaine que Nicolas Ier ait fait usage en quelque manière des pièces falsifiées de la collection pseudo-isidorienne, mais on ne peut pas même affirmer qu'il ait eu cette collection entre les mains. Le seul point qu'on soit en droit d'admettre, c'est qu'il en connaissait l'existence [1]. Quant à l'opinion que ce recueil lui aurait été apporté par Rothade, elle ne repose sur aucun fondement solide ; et ce n'est que sous le pontificat d'Adrien II (867-872) [2], ou même

---

tégré dans sa dignité « au nom de Dieu, des apôtres, des papes ses prédécesseurs et du *concile de Nicée* ». Ce concile, remarque Hinschius, n'ayant promulgué aucun canon qu'on pût alléguer sur ce sujet, tandis que de fausses décrétales de Jules et de Félix II supposent, au contraire, des décisions de cette assemblée qui s'y peuvent rattacher, Nicolas Ier a dû avoir ces décrétales sous les yeux. Mais Hinschius n'a pas pris garde que, quelques lignes plus loin, Nicolas Ier vise un canon du concile de Nicée statuant que « chaque église doit conserver ses privilèges » ; que, dans d'autres lettres (Ep. 60), il se prévaut de ce canon pour défendre les privilèges du Saint-Siège, et qu'en invoquant le concile de Nicée dans le passage dont il s'agit, il avait sans aucun doute ce même canon en vue. D'ailleurs comment admettre que ce pape eût allégué frauduleusement le concile de Nicée, quand les prélats auxquels il s'adressait pouvaient eux-mêmes vérifier dans le *Codex canonum* les actes de ce concile ?

1. C'est du moins ce qu'on peut conclure d'une lettre de Loup de Ferrières à Nicolas Ier (Migne, *Patr. lat.*, CXIX, Ep. 130).

2. D'après une découverte faite par le Dr Maassen, en 1872, à la bibliothèque Ambrosienne de Milan, on devrait croire que les Fausses Décrétales étaient introduites à Rome dès 869. Il s'agit d'un manuscrit contenant le texte d'un discours prononcé à cette date dans un concile à Rome, et dont Muratori n'avait publié que la première partie. Or, dans la seconde partie qu'a mise au jour M. Maassen, se trouvent plus de trente-deux passages extraits des Fausses Décrétales et tous relatifs aux prérogatives du Saint-Siège.

sous celui de Jean VIII (872-882), que l'on constate d'une façon positive l'introduction des Fausses Décrétales à Rome.

Au reste, nous ne croyons pas que l'œuvre du Pseudo-Isidore ait exercé sur la constitution de l'Église l'influence décisive qu'on lui attribue com-

Mais cette seconde partie nous paraît offrir tous les caractères d'une addition faite après coup. Elle n'a aucun lien avec la première; la transition de l'une à l'autre est des plus maladroites. D'ailleurs cette première partie présente un ensemble complet et parfaitement défini, et il y a en outre ceci de remarquable que, dans celle-ci, l'orateur s'appuie sur des textes qui sont *tous* authentiques, tandis que, dans l'autre, il ne cite que des textes apocryphes. Ajoutons que ce manuscrit date, selon M. Maassen, du xe siècle, et, selon M. Bethmann, du xie, d'où l'on pourrait conclure que l'addition a été faite à l'une ou l'autre époque. (Voir dans la *Revue des questions historiques*, avril 1880, un travail très bien fait du P. Lapôtre, qui démontre, contre M. Maassen, que ce discours n'a pas été prononcé par Adrien II, mais qui, par une réserve regrettable, a laissé de côté la partie relative aux Fausses Décrétales et n'a point porté sa discussion sur l'âge et l'authenticité du manuscrit.) Un document plus important à nos yeux est une lettre d'Adrien II, adressée, en 871, aux prélats du synode de Douzi, et qui renferme une citation de saint Antère tirée manifestement du Pseudo-Isidore. Toutefois, si l'on n'a pas ici de raisons suffisantes pour affirmer qu'il y ait eu interpolation, est-on en droit de concevoir certains doutes. Et d'abord on ne trouve, dans la correspondance d'Adrien II, aucune autre lettre faisant allusion au Pseudo-Isidore. Le successeur d'Adrien, Jean VIII, dont il nous reste plus de trois cent cinquante lettres, se tait de même absolument sur les Fausses Décrétales. Il y a donc là une singularité difficile à expliquer. A un autre point de vue, l'insertion du passage dont il s'agit ne s'explique pas davantage. On sait qu'Adrien II n'invoque l'autorité d'Antère que pour justifier la translation de l'évêque Actard du siège de Nantes à celui de Tours. Or cette translation était demandée au pape par Charles le Chauve, par les prélats du synode de Douzi, par le clergé et le peuple de Tours. Adrien II n'avait conséquemment aucun besoin de la justifier. D'un autre côté, en

munément[1]. En ce qui regarde le droit d'appel à Rome, lequel est formulé à tout moment dans les Fausses Décrétales, Nicolas Ier n'avait pas besoin, pour en soutenir le principe, de recourir à ces pièces apocryphes, ni même aux lettres authentiques de ses prédécesseurs[2], ce droit étant expressément reconnu par le concile de Sardique. D'ailleurs, à l'époque de Nicolas Ier, ce droit résultait, en quelque sorte, de la force des choses. On voit, en effet, ecclésiastiques de tout ordre, séculiers de toute condition, de tout pays, se disant victimes de l'injustice ou de la violence, s'adresser au pape comme au juge suprême de la chrétienté[3]; et, si le droit d'appel

même temps qu'il écrit aux prélats du synode de Douzi, il adresse, sur ce sujet, une lettre à Charles le Chauve. Or ces deux lettres sont identiques en plusieurs points, et la citation d'Antère, qui se trouve dans l'une, ne se trouve pas dans l'autre. Enfin c'est d'après un manuscrit de l'abbaye de Saint-Rémi de Reims que nous possédons la lettre aux prélats du synode de Douzi dans les termes où elle nous a été transmise (Labb. *Concil.*, VIII, 932); mais Baronius, qui a vu la même lettre à Rome, n'en a trouvé qu'un texte mutilé, et, par une particularité digne de remarque, la mutilation a été opérée à l'endroit où commence, dans le manuscrit de Reims, le fragment emprunté à Antère (Baron., *Ann. eccl.*, XV, 249, 250). Que si l'on écarte, au point de vue qui nous occupe, et la lettre d'Adrien de 871 et la seconde partie du discours de 869, ce serait dans une *Vie de saint Grégoire*, dédiée au pape Jean VIII par le diacre Jean, que se rencontrerait la première preuve positive de l'introduction des Fausses Décrétales à Rome.

1. Cette opinion, soutenue par plus d'un érudit, est aussi celle de l'éminent professeur à l'École des Chartes, M. Ad. Tardif.

2. C'est ainsi que ce mot de Nicolas Ier sur l'appel, que nous avons rapporté ci-dessus (p. 35), est tiré textuellement d'une lettre de Gélase.

3. Nicol. I, Ep. 23; cf. Ep. 75.

n'eût pas été déjà établi par les canons, il fût sorti de l'opinion. Les doctrines professées par Nicolas Ier à l'endroit des conciles et qu'on rencontre également dans les Fausses Décrétales peuvent donner lieu à des considérations de même sorte. Ces doctrines avaient été formulées longtemps avant lui. Il ne les trouvait pas seulement dans les lettres de ses devanciers [1]. Au VIe siècle, l'auteur de l'*Histoire tripartite* écrivait que « c'était une règle de l'Église qu'aucun concile ne pût se réunir sans l'assentiment du pape [2]. » Plus anciennement, les historiens grecs Socrate et Sozomène avaient émis une maxime analogue [3]. Enfin la lettre des Pères du concile de Chalcédoine à Léon le Grand était la reconnaissance formelle du droit qu'avait le pape de confirmer leurs statuts [4]. Ajoutons que si, au IXe siècle, ce droit était contesté à Constantinople, il ne l'était pas en Occident; en plusieurs circonstances, les évêques de France et Hincmar lui-même demandèrent expres-

1. Pélage Ier dit dans une lettre : « Nullam synodum generalem ratam esse, quæ sedis apostolicæ non fuerit auctoritate congregata vel fulta. Hæc autoritas testatur canonica, hæc historia ecclesiastica roborat, hæc sancti patres confirmant. » Jaffé, *Regesta*, n° 634. Cette lettre est attribuée par Baluze (*Misc.* III, 3) à Pélage II. Cf. des lettres de Léon le Grand et de Gélase dans Jaffé, *ibid.*, n°s 268, 313, 382.
2. « Non oportere præter sententiam Romani pontificis concilia celebrari. » *Hist. trip.*, IV, c. IX.
3. Socr., l. II, c. v; Sozom., l. II, c. IX.
4. Voy. cette lettre dans les œuvres de Léon le Grand, Migne, *Patr. lat.*, Ep. 98; cf. *ibid.*, Ep. 100, la lettre de l'empereur Marcien au même pontife.

sément à Nicolas Ier de ratifier de son autorité les décisions prises par eux dans des synodes [1].

Pour tous les autres principes exposés par Nicolas Ier, on pourrait de même alléguer des précédents. En somme, il faut bien le reconnaître, ce pontife ne faisait que s'appuyer sur des doctrines établies ou exprimées avant lui, sinon généralement acceptées. A la vérité, il n'empruntait au passé que les doctrines favorables à la puissance du Saint-Siège, forçant même, en certains cas, l'interprétation des textes qu'il invoquait [2]. Mais, dans cette interprétation, comme dans le choix de ses arguments, il subissait lui-même l'effet d'une tendance universelle. Un mouvement d'opinion, qui remontait déjà à une date éloignée, poussait de tous côtés l'Église à la monarchie. Dès le milieu du ve siècle, l'historien Socrate constatait que le siège de Rome avait passé du sacerdoce à une sorte de royauté [3]. Et il ne faudrait pas croire que ce fût là uniquement un résultat de l'ambition ou de la témérité de cer-

---

1. Nicol. I, Ep. 32, 35.
2. C'est ainsi que, dans une lettre (Ep. 68) à l'évêque de Metz, il disait : « Le concile d'Antioche ayant déclaré que le métropolitain gouverne toute la province, le Saint-Siège doit donc gouverner l'Église tout entière. » Il écrivait de même à l'empereur Michel que si, aux termes du concile de Chalcédoine, on pouvait appeler du métropolitain au primat du diocèse, à plus forte raison pouvait-on appeler au pape, primat de tous les diocèses. Ep. 86.
3. Socr. l. VII, c. xi. Il ajoutait qu'il en était de même du patriarcat d'Alexandrie, et il y a lieu de penser qu'un fait semblable s'était produit dans les autres patriarcats.

tains pontifes. Vers la même date, les évêques des Gaules, écrivant à Léon le Grand, louaient Dieu d'avoir préposé un pape d'une aussi rare vertu au siège apostolique, lequel, disaient-ils, était la source et l'origine de la foi [1]. Dans une autre lettre adressée à ce pontife, les prélats de la province d'Arles déclaraient que l'Église de Rome avait reçu de saint Pierre la souveraineté sur toutes les églises de la terre [2]. Les Pères du concile de Chalcédoine voulurent même déférer à Léon le titre de patriarche œcuménique ou d'évêque universel [3]. Il serait aisé de relever des faits analogues dans les siècles suivants. Pour revenir aux temps voisins de Nicolas Ier, un trait caractéristique nous est fourni par la *Vie* de Wala, abbé de Corbie. Le pape Grégoire IV, étant venu en France, en 833, à l'occasion des dissentiments élevés entre Louis le Pieux et ses fils, se montrait alarmé de l'hostilité que lui marquaient certains évêques. L'abbé de Corbie et le moine Ratbert raffermirent son courage en mettant sous ses yeux « des écrits des Pères et des décrétales de ses prédécesseurs, qui prouvaient manifestement qu'en vertu de l'autorité qu'il avait reçue de Dieu et de saint Pierre, il avait le pouvoir d'aller ou d'envoyer

---

1. Leo M., Ep. 99 (Migne).
2. « Per B. Petrum apostolorum principem ecclesia Romana teneret supra omnes totius mundi ecclesias principatum. » Labb., *Concil.* III, 1443.
3. Greg. M., Ep. ad. Mauric. imperat. Labb., *ibid.* V.

vers toutes les nations pour la paix des églises et l'enseignement de la vérité, et qu'il avait le droit de juger tout le monde, sans qu'il pût lui-même être jugé par personne [1]. » Le mouvement qui portait l'Église vers la monarchie était tel que, si Rome ne se fût attribué la royauté, Constantinople s'en serait emparée. Dès la fin du VIe siècle, le patriarche de Constantinople revendiquait pour lui-même le titre d'évêque universel [2]. Ce titre, il le revendiquait encore au IXe siècle, sous Nicolas I[er][3]; et ce fut, non, comme on l'a cru généralement, une question de doctrine, mais une question d'autorité, question sur laquelle les Grecs ne voulurent pas céder, qui consomma le schisme entre Rome et Constantinople [4].

1. Vita Walæ, l. II, c. XVI. Voy. Jaffé, *Regesta*, n° 1956. Il est superflu de faire remarquer que les Fausses Décrétales, en proclamant le principe de la toute-puissance papale, étaient elles-mêmes un indice de l'opinion.
2. Gregor. M. *loc. cit.*
3. Nicol. I, Ep. 152.
4. Voir, sur ce schisme, un ouvrage ou plutôt un mémoire de M. Laemmer, intitulé : *H. Papst Nicolaus I u. d. byzantinische Staatskirche seiner Zeit*. Berlin, 1857, in-8°.

III

Le pontificat de Nicolas Ier ne marque pas seulement, dans l'histoire de la papauté, l'époque où celle-ci s'arroge ouvertement la souveraineté sur l'Église; il marque aussi le moment où elle commence à dominer les rois. Comme l'a fait observer un illustre écrivain[1], l'épiscopat l'avait, en quelque sorte, précédée dans cette voie. Ce fut une assemblée d'évêques qui, en 833, imposa une pénitence publique au fils même de Charlemagne, Louis le Pieux, et, le dépouillant du baudrier militaire, entendit le rendre, par cette humiliation, incapable de remonter sur le trône. Ce fut une assemblée d'évêques qui, en 842, prononça la déchéance de l'empereur Lothaire, et investit d'une partie de ses États ses deux frères Charles et Louis. Or, par cela seul que la papauté commençait à se rendre maîtresse de l'épiscopat, elle devait hériter de l'ascendant que

1. Voy. dans le *Journal des Savants*, janvier 1861, le travail de M. Mignet sur *la Lutte des papes et des empereurs de la maison de Souabe*.

celui-ci était parvenu à s'attribuer sur les souverains séculiers. Elle-même d'ailleurs n'avait-elle pas déjà paru disposer des couronnes, en conférant à Pépin la dignité royale dont fut dépossédé le dernier prince mérovingien, et en rétablissant ensuite, dans la personne de Charlemagne, l'Empire romain d'Occident? Ce n'est pas qu'au temps de Nicolas Ier les prétentions du Saint-Siège à l'égard des princes se manifestent encore très ouvertement; elles ne se révèlent, au contraire, que par un petit nombre de faits et ne ressortent guère qu'indirectement des déclarations de ce pontife. Il était naturel, en effet, que la papauté eût assuré, en une certaine mesure, sa suprématie sur l'Église, avant d'avouer ses prétentions à dominer les rois. Néanmoins, quand on étudie attentivement les relations de Nicolas Ier avec la société laïque, on constate des tendances qui mènent droit aux doctrines que proclamera Grégoire VII.

Un but que paraît d'abord s'être proposé Nicolas Ier, et qui devait attirer plus tard les principaux efforts de Grégoire VII, c'est d'affranchir l'Église de toute sujétion envers les pouvoirs temporels. Depuis la restauration de l'Empire d'Occident, l'usage était qu'une fois élu par le clergé et le peuple de Rome, le pape transmît à l'empereur le décret d'élection et qu'il ne fût consacré qu'en présence des légats impériaux. En se conformant à une coutume qu'ils avaient longtemps observée à l'égard des souverains de Constantinople[1], les pontifes n'entendaient, au moins à cette époque, qu'obtenir une protection qui assurât leur avènement. Cette idée ressort clairement d'un décret que promulga Étienne V dans un synode tenu à Rome en 816[2]. Les empereurs, au contraire, se prévalaient de cet usage comme d'un droit qui leur appartenait de ratifier l'élection et au besoin de s'y opposer[3]. C'est ainsi que l'empereur Louis II, hostile à la nomination de Benoît III, prédécesseur de Nicolas Ier, avait envoyé des légats en présence desquels fut consacré l'antipape Anastase. Nicolas Ier n'avait pas eu besoin de se soumettre à ces formalités. Louis II, se trouvant à Rome lors de son élection, avait lui-même assisté à la consécration du pontife, auquel d'ailleurs il était favorable. Mais, d'après les dispositions que nous avons observées chez Nicolas Ier, on ne saurait douter qu'il ne pensât de ces formalités ce qu'en pensait Étienne V. Il y a plus ; dans un concile qui eut lieu à Rome en 862, il

1. On sait que l'élection des papes était notifiée aux exarques de Ravenne qui représentaient les empereurs grecs en Italie. Voy sur ce point le *Liber diurnus*, E. de Rozière, in-8, 1869.
2. Voici les termes de ce décret : « Quia sancta Romana ecclesia a pluribus patitur violentias pontifice obeunte — quæ ob hoc inferuntur quia absque imperiali notitia et suorum legatorum præsentia pontificis fit consecratio, nec non canonico ritu et consuetudine ab imperatore directi intersunt nuntii qui scandala vetent fieri — volumus ut, cum instituendus est pontifex, convenientibus episcopis et universo clero eligatur, præsente senatu et populo, qui ordinandus est; et sic ab omnibus electus præsentibus legatis imperialibus consecretur. » Voy. Jaffé, *Regesta*.
3. Prudentii Trecens. Annal. ap. Pertz M. G. Scr. I, p. 440.

déclara anathème quiconque s'opposerait désormais à l'élévation du pape élu par les Romains. Selon toute apparence, il voulait, par ce décret, empêcher le retour des scandales qui s'étaient produits sous son prédécesseur ; mais c'était aussi dénier implicitement aux empereurs carolingiens le droit de confirmation auquel ils prétendaient. Ajoutons que, dans ce décret, Nicolas Ier rappelle le synode tenu par Étienne V, sans rien dire de la présence des légats impériaux[1]. D'où l'on pourrait conjecturer que ce fut là une première tentative pour dégager l'élection des papes de l'influence des empereurs, et que, sur ce point encore, Nicolas Ier aurait devancé Grégoire VII[2].

Quoi qu'on puisse penser de la valeur de ces conjectures, ce que du moins on ne saurait méconnaître, c'est la constante attention de Nicolas Ier à protéger le clergé contre les entreprises ou les violences des princes séculiers. Il veut que les biens de l'Église soient respectés non moins que la personne de ses

---

1. Le texte de ce décret, qu'il convient de rapprocher de celui d'Étienne V, est ainsi conçu : « Si quis sacerdotibus, seu primatibus, nobilibus, seu cuncto clero ejus sanctæ Romanæ ecclesiæ electionem Romani pontificis contradicere præsumpserit, sicut in concilio beatissimi Stephani papæ statutum est, anathema sit. »
2. Nous ne mentionnons que pour mémoire la prétendue donation de Louis le Pieux, où il est dit qu'à l'avenir on n'attendrait pas la présence des légats impériaux pour procéder à la consécration du pape. Cet acte, dans les termes où il nous est parvenu, ayant été composé à la fin du xie siècle, on n'en peut tirer aucun éclaircissement sur le point dont il s'agit.

ministres, et menace les spoliateurs des foudres apostoliques. « Celui qui dérobe quelque objet dans le palais d'un souverain, écrit-il aux nobles de l'Aquitaine, ne reste pas impuni ; combien plus ne mérite pas d'être châtié celui qui commet un larcin dans la demeure du roi des rois[1] ! » Mais c'est principalement pour les offenses faites à la dignité du sacerdoce et au libre exercice des fonctions ecclésiastiques qu'il se montre rigoureux. En 862, Étienne, comte d'Auvergne, ayant expulsé l'évêque Sigon de son siège pour y placer un clerc, nommé Adon, qu'il favorisait, le pape lui enjoignit de réintégrer sur-le-champ le légitime titulaire, sans quoi il serait excommunié jusqu'à ce qu'il vînt à Rome rendre compte de sa conduite[2]. Il ne témoigna pas une moindre sévérité à l'égard du roi Lothaire qui, prolongeant à dessein la vacance du siège épiscopal de Cambrai et empêchant le clergé et le peuple d'y pourvoir par l'élection, avait enfin, de son autorité, placé le clerc Hilduin à la tête du diocèse. Le pontife écrivit à ce prince, dont les violences envers l'infortunée Theutberge étaient alors notoires : « Nous apprenons que vous venez d'ajouter par de nouveaux excès à ceux dont vous vous êtes rendu coupable. Nous ne pouvons supporter plus longtemps de semblables forfaits, et, si vous ne vous hâtez d'y

---

1. Ep. 111.
2. « Quoadusque Romæ in nostra speciali præsentia districtam positurus rationem assistas. » Ep. 24.

mettre un terme, nous vous frapperons du glaive ecclésiastique[1]. »

On doit dire que, moins soucieux que le pape de la dignité du clergé, les évêques toléraient plus d'une fois eux-mêmes ces empiétements des pouvoirs séculiers sur les libertés de l'Église. Aussi Nicolas Ier s'adressait-il tout ensemble aux prélats et aux princes pour réprimer ces usurpations. Dans la circonstance que nous venons de rappeler, il écrivit à tous les évêques du royaume de Lothaire, et, les blâmant de leur indulgence, leur ordonna de déterminer ce souverain par leurs démarches personnelles à respecter les droits de l'église de Cambrai. « Si vous n'exécutez pas nos injonctions, ajoutait-il, sachez que, pour votre désobéissance et aussi pour les conseils empoisonnés dont vous avez infecté l'esprit de ce prince, vous serez totalement séparés de notre communion[2]. » Un trait qui mérite d'être cité nous est révélé par une correspondance échangée entre Nicolas Ier et l'archevêque de Vienne. Celui-ci, adressant une lettre au pontife, lui en recommandait le porteur, qu'il appelait « le prêtre de l'illustre comte Gérard[3] ». Le pape répondit qu'il ne savait ce que signifiait une pareille

---

[1]. « Noveris te citissime mucrone ecclesiastico feriendum. » Ep. 42.

[2]. Ep. 41.

[3]. C'est Gérard, gouverneur de Provence, que M. Longnon (*Revue historique*, 1878) a démontré avoir servi de prototype à la chanson de Girard de Roussillon.

dénomination. « Serait-ce que le comte Gérard a consacré ce prêtre ? Voulez-vous dire que ce prêtre est du diocèse auquel ce comte appartient ? Mais où avez-vous lu, où avez-vous appris un semblable langage ? Serait-ce enfin que les clercs, désertant les autels, fussent à ce point mêlés aux séculiers, qu'on pût dire d'eux qu'ils sont, non les prêtres de Dieu et les ministres de telle ou telle église, mais les prêtres de tel ou tel comte[1] ? »

C'est surtout dans l'affaire Photius que Nicolas Ier se montra l'ardent défenseur des libertés de l'Église. On connaît l'origine des célèbres débats qui aggravèrent les divisions entre les Églises grecque et romaine et consommèrent le schisme. Ignace, patriarche de Constantinople, ayant déplu par sa sévérité à Bardas, oncle de l'empereur Michel, avait été dépouillé de sa dignité, remplacé par Photius et déposé dans un synode. Aux yeux du pape, ainsi que nous l'avons dit, les décisions de ce synode étaient nulles, tant qu'elles n'avaient pas été approuvées par le Saint-Siège. En outre les ecclésiastiques appelés à cette assemblée étaient tous ou des suffragants d'Ignace ou ses subordonnés. Or, aux termes des canons, Ignace ne pouvait être jugé que par son supérieur hiérarchique, c'est-à-dire par le pontife de Rome. Telle était la thèse que, par nombre d'arguments, soutenait Nicolas Ier, et que ne vou-

---

1. « Ut non jam Dei et ecclesiæ cujuslibet, sed illius comitis atque illius ducis (presbyteri) dicantur ? » Ep. 81.

laient admettre ni Photius ni la cour de Constantinople. A ce point de vue, ces débats intéressaient d'une manière directe les privilèges du siège apostolique et spécialement sa primauté. Mais, à d'autres égards, ils intéressaient les droits de l'Église tout entière. C'était l'empereur Michel qui, à l'instigation de Bardas, avait conduit toute cette affaire. C'était lui qui, de son autorité, avait dépossédé Ignace. Le synode qui avait ensuite déposé ce patriarche avait été réuni par l'ordre de l'empereur et, délibérant sous son influence, avait rendu une sentence de complaisance. Ajoutons que, dans l'acte de déposition, ce monarque avait signé le premier et avant tous les évêques. Non content d'assister à l'assemblée et de peser ainsi sur ses résolutions, il y avait introduit nombre de séculiers (*millia sæcularium*). Enfin Photius, premier secrétaire de l'empereur, avait, au mépris de toutes les règles, passé en six jours de l'état laïque aux fonctions de patriarche. Que si l'on considère en outre qu'Ignace n'avait été privé de son siège que parce qu'il s'était élevé contre les mœurs déréglées de Bardas, et que Photius avait reçu la consécration des mains d'un évêque jadis déposé par Ignace, on voit par combien de côtés étaient atteintes et les lois canoniques et la dignité de la religion.

En somme, — et abstraction faite des questions qui touchaient à la primauté du siège de Rome, — ce qui ressortait de ces évènements, c'était l'oppression et on peut dire l'avilissement de l'Église par les pouvoirs séculiers. En refusant de reconnaître Photius, en persistant à voir dans Ignace le patriarche légitime de Constantinople, Nicolas Ier prenait en main les plus hauts intérêts du clergé. La dignité du sacerdoce, le droit, la morale étaient avec lui. On sait ce que fit le pontife. Deux évêques, Radoald et Zacharie, qu'il avait envoyés à Constantinople pour procéder à une enquête, et qui, s'étant laissé corrompre par l'argent de l'empereur, avaient confirmé la déposition d'Ignace, se virent eux-mêmes, à leur retour à Rome, déposés dans un synode. Le pape prononça également la déposition de Photius et la réintégration d'Ignace. Il envoya des légats notifier ces sentences à Constantinople, et, dans une lettre particulière adressée à Photius, lui signifia que, s'il persistait dans son usurpation, il serait excommunié jusqu'à la mort[1]. Il écrivit de même aux évêques d'Orient, au clergé et au sénat de Constantinople, à Bardas, à Théodora, mère de l'empereur Michel, à Eudoxie, son épouse, enfin à l'empereur lui-même. Aux évêques il disait : « C'est à vous qu'il appartient d'élever la voix pour dénoncer les crimes ; sachez remplir votre mission[2]. » A Bardas il écrivait : « Vous êtes le premier auteur de ces désordres ; revenez, mon fils, à de justes sentiments, et Dieu,

---

1. Ep. 99. Pour toute cette affaire, voir, avec les lettres indiquées ci-après, les lettres 11, 12, 13, 86, 98.
2. Ep. 46.

qui est miséricordieux, vous accueillera avec les bras de sa clémence[1]. » Il mandait à Eudoxie : « Oubliez la faiblesse de votre sexe ; insinuations, prières, supplications, usez de tous les moyens pour obtenir de l'empereur ce qu'exigent les droits et la dignité de l'Église, et montrez-vous, dans l'accomplissement de cette œuvre, ferme comme un homme[2]. »

Les lettres que Nicolas Ier adressa, dans cette circonstance, à l'empereur Michel sont remarquables à d'autres titres. Elles abondent en arguments à l'aide desquels le pontife attaque point par point ce qui s'est fait à Constantinople. En ce qui regarde la question spéciale que nous envisageons, Nicolas Ier a les plus claires et les plus fortes paroles. Il demande à l'empereur comment seront désormais maintenus les droits de l'Église, si l'un de ses membres les plus élevés peut être ainsi frappé avec cette facilité et sans qu'aucune règle soit observée dans le choix des juges et la forme du jugement. Il lui déclare qu'Ignace n'a pu être privé de sa dignité par une sentence impériale, et qu'il n'appartient pas aux souverains séculiers « de lier ou de délier » les ministres de Dieu. Il lui dit qu'en se prononçant contre Ignace, il a entrepris sur l'office du sacerdoce, qu'il a quitté le trône des Césars pour

---

1. Ep. 100.
2. Ep. 103. « Deponite cunctam muliebrem infirmitatem,... nec deficiatis... quasi virili fortitudine in constantia continua decertare. »

monter sur une chaire où il n'avait pas le droit de s'asseoir. « Vos prédécesseurs, ajoute-t-il, ont pu assister à des assemblées dans lesquelles étaient traitées les matières de foi, qui n'intéressent pas seulement les clercs, mais les laïques ; mais ont-ils jamais été présents à des conciles où étaient jugés des ecclésiastiques ? » A un autre endroit, il fait cette énergique déclaration : « Abstenez-vous de nous adresser des menaces ; nous ne les craignons pas, et elles n'auront aucun effet sur nos résolutions. Nous sommes prêt à répandre notre sang pour la vérité, et croyez que ni à vous, ni à personne des vôtres nous ne livrerons l'Église[1]. »

On voit, par les faits qui viennent d'être rapportés, avec quelle fermeté Nicolas Ier repoussait l'intervention des pouvoirs temporels dans le domaine de l'Église. Il ne se borne pas à revendiquer ou à maintenir vis-à-vis de ces pouvoirs l'indépendance du clergé. Comme le fera plus tard Grégoire VII, il déclare les lois de l'Église supérieures à celles qui régissent la société civile et met le sacerdoce au-dessus de la royauté. Dans l'affaire de l'évêque Rothade, les prélats du synode de Senlis objectant à Nicolas Ier que, d'après les lois des empereurs, cet évêque ne pouvait appeler de la sentence qui l'avait frappé, le pape répondit : « Les droits de l'Église ne peuvent être infirmés par les décrets des empereurs.

---

1. « Plebem divinitus nobis commissam, nec vobis, nec ulli vestrum trademus. » Ep. 86. Cf. Ep. 98.

Ce que la loi humaine concède, souvent la loi divine l'interdit. Nous n'entendons pas dire qu'il faille repousser absolument les lois impériales, dont l'Église se sert quelquefois à l'égard des hérétiques et qui la protègent elle-même contre la violence ou la tyrannie ; mais elles ne doivent, en quoi que ce soit, porter préjudice aux lois canoniques qui leur sont supérieures[1]. » Déjà, avant lui, Grégoire IV, écrivant, en 834, aux évêques de France, disait : « Sachez que l'autorité du pontife passe avant toutes les autres, et que le gouvernement des âmes l'emporte sur le pouvoir impérial, qui n'est que temporel[2]. » Conformément à ces idées, Nicolas Ier exige que les princes, dans leurs lettres au pape, inscrivent son nom le premier. « Avant de répondre à l'objet de votre lettre, mandait-il au roi Salomon, il serait convenable que nous vous fissions des remontrances sur ce que vous n'avez pas inscrit notre nom à la place qui lui est due. Mais, comme la chaire apostolique est clémente et que d'ailleurs nous voyons là le fait d'un scribe négligent, nous nous abstiendrons de vous réprimander[3]. »

Par cela seul que Nicolas Ier mettait l'Église au-dessus de la société civile et le pape au-dessus des rois, il tendait à s'établir juge de la conduite des princes et de l'usage qu'ils faisaient de leur pouvoir.

1. « Apostolicis et canonicis decretis postponendæ. » Ep. 35.
2. D. Bouquet, *Rec. des hist. de Fr.*, t. VI, p. 352.
3. Ep. 92.

Il montra ces dispositions d'une manière non équivoque dans l'affaire du divorce de Lothaire. On sait comment, malgré toutes les instances de ce prince, il refusa de ratifier son union avec Waldrade et prit contre lui la défense de l'épouse répudiée. Ce n'étaient pas seulement les malheurs immérités de Theutberge qui émouvaient sa sollicitude. C'étaient aussi les principes supérieurs du droit et de la morale qu'il prétendait sauvegarder[1]. Il écrivait aux évêques du royaume de Lothaire : « Par Jésus-Christ, nous vous en conjurons, songez aux devoirs que vous impose votre ministère, secouez toute inertie, rejetez toute crainte servile, ayez l'indépendance qui convient à des évêques, et par prières, conseils, menaces même, tantôt montrant la fragilité des biens de ce monde, tantôt montrant les joies de l'éternité, parlez au roi, parlez-lui souvent et ramenez-le dans les voies de la justice[2]. » Au synode de Metz, réuni par son ordre et qu'il s'était flatté d'associer à ses vues, les prélats, tous dévoués à Lothaire, confirmèrent la sentence déjà rendue contre Theutberge. Le pape cassa les décisions du synode. En outre, les archevêques de Trèves et de Cologne, Theutgaud et Gonthaire, qui s'étaient fait remarquer entre tous les prélats de l'assemblée par leur coupable complaisance, furent déposés dans un concile à Rome[3]. Quant à Lothaire,

---

1. Voir la lettre remarquable (Ep. 146) de Nicolas Ier à Theutberge.
2. Ep. 80.
3. Ep. 155 ; cf. Ep. 154.

le pontife ne se borna pas à le frapper dans ses affections en excommuniant Waldrade ; il refusa de recevoir ce prince à Rome et d'entendre ses explications, tant qu'il ne se serait pas amendé. « Empêchez-le de se rendre vers le Saint-Siège, mandait-il à Louis le Germanique ; s'il avait l'audace de venir nous trouver contre notre volonté, loin d'être reçu avec l'honneur qu'il désire, il repartirait sur-le-champ[1]. » Il écrivait de même aux évêques du royaume de Louis : « S'il ose se présenter à Rome avant d'avoir fait satisfaction, il se verra, à sa grande confusion, chassé comme un lépreux de l'asile du Seigneur[2]. »

Ce n'étaient là, il est vrai, que des menaces d'excommunication ; mais, dans la vivacité des débats, Nicolas Ier se laissa entraîner à émettre des déclarations d'une portée plus grave et qu'il importe de signaler : « Est-il digne du titre de roi, écrivait-il aux évêques de Germanie, celui qui, comme Lothaire, ne sait pas régler ses sens et cède à ses passions criminelles[3] ? » A l'évêque de Metz, qui s'excusait de sa complaisance pour Lothaire, il disait en termes plus nets : « Voyez s'ils sont vraiment rois et princes les princes et les rois auxquels vous vous dites soumis. Voyez s'ils se gouvernent bien eux-mêmes et ensuite s'ils gouvernent bien leurs peuples ; car comment serait-il bon à autrui, celui qui ne l'est

---

1. « Hinc profecto regredietur. » Ep. 156.
2. « Ne leprosorum more de castris Dominicis... pellatur. » Ep. 155.
3. Ep. 56.

pas à lui-même? Voyez enfin s'ils sont régis par la justice, sans quoi il faut les tenir plutôt pour des tyrans que pour des rois, et, loin de leur être soumis, nous devons leur résister et nous élever contre eux[1]. » On ne pouvait dire plus clairement que le pouvoir des princes n'était légitime qu'autant qu'il s'exerçait conformément aux principes de morale reconnus par l'Église. C'est déjà le langage de Grégoire VII. Appuyée sur ces doctrines, la papauté n'a plus qu'un pas à faire pour s'attribuer le droit de déposer les rois.

Ainsi Nicolas Ier, qui a revendiqué ouvertement la suprématie sur les évêques, tend également à se déclarer le maître des princes. C'était s'arroger la souveraineté sur la société entière. S'il fut loin de posséder en sa plénitude cette autorité suprême, on ne saurait nier qu'il ne l'ait exercée en une certaine mesure. Comment, dans quel but se servit-il d'un pouvoir dont aucun pape, avant lui, n'avait encore disposé? On peut affirmer qu'il en usa pour le bien, la justice, la vérité, telle du moins qu'elle apparaissait aux esprits élevés de cette époque. On l'a vu, dans l'affaire Lothaire, prendre en main la cause de la morale contre les rois; on l'a vu, dans l'affaire Photius, défendre également contre eux la dignité de l'Église. Nous avons montré aussi que ce ne sont pas seulement les princes, mais les évêques qu'il

---

1. « Alioquin potius tyranni... quam reges habendi, quibus magis resistere... quam subdi debemus. » Ep. 68.

rappelle à leurs devoirs. Aux uns comme aux autres, ses conseils sont tous élevés et dignes. Il dit aux rois de donner aux peuples l'exemple des vertus : « Le crime est d'autant plus grand, écrit-il, qu'il part de plus haut[1]. » Il dit aux évêques de s'éloigner de tout souci profane, afin de se consacrer sans réserve à leur mission pastorale[2]. Il leur défend de compromettre dans le tumulte des camps la gravité du sacerdoce. Charles le Chauve lui notifiant que les prélats de son royaume n'avaient pu se rendre à un concile à Rome, parce qu'ils étaient occupés chaque jour à repousser les Normands, il répond que les soldats du Christ doivent s'adonner à la prière, et non pas combattre comme les soldats du siècle[3]. Ce n'est pas qu'il interdise aux évêques les actes de courage. Écrivant à un évêque dont le diocèse était infesté par les Normands, il lui défend de déserter son église. « Faites, dit-il, comme le commandant d'un navire, lequel n'abandonne pas son vaisseau dans les temps calmes, et l'abandonne encore moins quand sévit la tempête[4]. »

Un soin auquel semble surtout s'attacher Nicolas Ier, c'est à étouffer les divisions et les guerres qui troublent la société. Dans ses lettres aux princes, il ne cesse de les exhorter à des sentiments de paix

---

1. « Majora facit crimina sublimitas dignitatum. » Ep. 150.
2. Ep. 118.
3. Ep. 83. Cf. la lettre 127, dans laquelle il prohibe aux évêques et aux clercs les occupations de la chasse.
4. Ep. 9.

et leur rappelle les paroles de l'Évangile qui prêchent la douceur et la clémence [1]. A cette œuvre de pacification il convie les évêques : « Unissez-vous à nous, leur dit-il, pour détruire les discordes, extirper les haines, et répandre partout l'esprit de conciliation et de paix [2]. » Lui-même apparaît, dans une certaine mesure, comme le médiateur des princes et le tuteur des peuples. Lorsque, dans l'affaire Rothade, il soutient le droit d'appel au Saint-Siège, il entend que ce droit serve de bouclier non seulement aux ministres de l'Église, mais aux rois et aux populations mêmes. On a vu également que, si les évêques et les puissants du siècle sont appelés à son tribunal, les petits, les humbles viennent aussi vers lui réclamer sa justice. Il n'accueille pas uniquement les faibles qu'a frappés l'iniquité, mais les pécheurs que charge le poids du remords. « Des diverses parties de la terre, écrit-il, des personnes de tout âge, de toute condition, redoutant la violence de leurs seigneurs ou coupables de quelque crime, viennent vers l'Église romaine comme vers la mère universelle, et lui demandent le salut de leurs corps et de leurs âmes [3]. » Il fait enfin de la papauté cette magistrature suprême et tutélaire dont l'idée s'incarnera un jour dans Grégoire VII avec plus de force et d'éclat.

---

1. Ep. 78; cf. Ep. 39.
2. « Sicut boni commilitones, vitia nobiscum expugnate. » Ep. 79.
3. « Non solum animæ sed et corporis salvationem. » Ep. 23.

Résumant tout ce que nous avons exposé, soit des rapports de Nicolas Ier avec l'Église, soit de ses rapports avec les princes, on peut dire que trois grandes affaires occupent son pontificat. Dans l'affaire Photius, il établit l'indépendance du clergé à l'égard des pouvoirs séculiers et proclame la primauté du siège de Rome; dans l'affaire Rothade, il fonde ou plutôt affermit le droit d'appel qui fait du pape le maître de l'Église; enfin, dans l'affaire Lothaire, il se place au-dessus des rois. Que si, en outre, on considère ce caractère de magistrature suprême et universelle qui, dès cette époque, semble appartenir à la papauté, et que d'ailleurs on observe que tout concourt alors à faire de Rome la capitale de la chrétienté, on voit que les principaux traits de la théocratie sont déjà dessinés. Elle naît au sein des premiers désordres qui accompagnent le démembrement de l'Empire de Charlemagne; elle s'achèvera, deux siècles après, lorsque, ces désordres étant parvenus à leur comble et enveloppant la société entière, la papauté sera, malgré son abaissement, le seul pouvoir moral resté debout au milieu de l'anarchie. Il est toutefois un trait inhérent à la théocratie, et qu'on ne trouve point indiqué sous Nicolas Ier. A aucun endroit de sa correspondance, le pape n'exprime la pensée que les princes doivent mettre au service des volontés apostoliques la puissance dont ils disposent. Loin d'invoquer l'aide du bras séculier, il réprouve, comme contraire à l'esprit de l'Église, tout recours à la force. Dans sa lettre aux Bulgares, il déclare expressément qu'il ne faut pas user de violence pour amener les infidèles à la religion du Christ [1]. Écrivant à un prélat qui l'avait consulté au sujet des châtiments que devaient entraîner certains crimes : « L'Église, lui dit-il, ne possède à son usage qu'un glaive spirituel et divin [2]. » Principe salutaire, qui sera un jour oublié par les pontifes, et qui, au dommage de la société et de la papauté elle-même, échappera à la grande âme de Grégoire VII.

Quant aux particularités qui, en dehors des actes de ce pontificat, peuvent aider à préciser davantage la figure de Nicolas Ier, c'est vainement qu'on les chercherait dans les écrits de ses biographes. On sait seulement par eux que, fils d'un notaire apostolique, il avait reçu toute l'instruction que comportait son temps, et qu'il était principalement versé dans la littérature ecclésiastique [3]. On sait également que, nommé par Léon IV diacre de l'Église romaine, il

---

1. Ep. 97. Il veut même qu'on ne se consacre à l'Église qu'avec une entière liberté, et un jeune moine ayant, en sa présence, affirmé sous serment qu'on l'avait contraint, malgré lui, à revêtir l'habit monastique, il le délia de ses vœux. Ep. 117.

2. « Sancta Dei ecclesia gladium non habet nisi spiritualem ac divinum. » Ep. 26.

3. *Vita Nicolai I,* Mansi, *Concil.*, XV. Cf. Murat., *Rer. ital.*, III, pars 2, p. 298, 301. Le père de Nicolas Ier se nommait Théodore et est qualifié de *regionarius*. C'est vraisemblablement le même qu'on voit figurer, sous les pontificats de Léon IV et de Benoit III, avec le double titre de *notarius* et de *scriniarius*. Voy. Jaffé, *Regesta*.

avait été associé par Benoît III, successeur de Léon, à l'administration des affaires générales de l'Église [1]. A l'égard de son caractère, on est réduit aux indications que fournit sa correspondance. Son style net et toujours égal, son argumentation serrée et fortement conduite, dénotent un esprit lucide et maître de lui-même. Rarement ses lettres s'animent; plus rarement elles atteignent à l'éloquence. Le sentiment élevé qu'il avait du rôle de la papauté semble surtout s'être traduit chez lui par une ferme disposition à exercer avec équité, avec sagesse, cette magistrature supérieure dont il se croyait revêtu. Les historiens modernes, qui l'ont accusé d'avoir fait usage des Fausses Décrétales, lui ont attribué une ambition mêlée de duplicité [2]. On a vu combien peu était fondée une telle accusation. Ce qui paraît avoir le plus frappé les hommes de son temps, c'est qu'il s'adressait aux princes de ce ton impérieux qu'eût pu prendre un maître du monde [3]. Peut-être a-t-il prévu que sur les débris de l'Empire Carolingien s'édifierait un jour la toute-puissance du Saint-Siège. L'un de ses biographes a dit avec raison qu'il était le plus grand pape qui, depuis Grégoire Ier, eût occupé la chaire apostolique [4]. Toutefois cette grandeur,

1. « Benedictus suæ illum administrationi conjunxit. »
2. Voy. une note de Migne, *Patr. lat.*, CXIX, col. 688, 689.
3. « Regibus ac tyrannis imperavit eisque ac si dominus orbis terrarum auctoritate præfuit. » Regin., *Chronic.*, apud Migne, *ibid.*, CXXXII.
4. Regin., *Chronic.*

qu'on ne saurait méconnaître, n'a rien qui impose à l'imagination. Il a été la figure dominante de son époque, sans que néanmoins il ait marqué cette époque de sa personnalité ; et l'on peut dire que l'ascendant qu'il exerça sur ses contemporains ne vint pas uniquement de lui-même, mais du prestige attaché à la papauté et que rehaussait alors le spectacle de la faiblesse ou de la désorganisation naissante des gouvernements séculiers [1].

1. M. Roy, professeur à l'École des Chartes, qui a soutenu jadis à cette école une thèse intéressante sur *le Gouvernement pontifical de Nicolas Ier*, prépare en ce moment sur ce pape un volume qui sera prochainement publié.

GRÉGOIRE VII

(1073-1085)

GRÉGOIRE VII

(1073-1085)

I

Le rôle de Grégoire VII ne date pas uniquement de son pontificat. Lorsqu'il fut élevé au Saint-Siège, le 22 avril 1073, il exerçait déjà dans l'Église, sous le nom d'Hildebrand, une influence considérable. C'est dire que l'étude de sa vie dans les temps antérieurs à son pontificat s'impose à l'historien. Cette étude ne laisse pas de présenter plus d'une difficulté. Hormis de rares secours que fournissent les lettres de Grégoire, on se trouve, pour cette période, réduit à des chroniques qui, reflétant les passions de l'époque où elles ont été écrites, offrent des différences et parfois des contradictions entre lesquelles il est malaisé de se déterminer. Des savants d'une grande autorité se sont efforcés de tracer une voie sûre au milieu de ces obscurités. Mais, s'il est des points qu'on peut considérer aujourd'hui comme élucidés, il en est d'autres sur lesquels planent encore certains doutes. Avant d'aborder l'histoire du pontificat de Grégoire, nous allons essayer de fixer les principaux traits de sa vie durant les années qui précédèrent son avènement.

On ne sait au juste à quelle date naquit l'homme extraordinaire qui devait résumer en lui toutes les grandeurs, toutes les audaces de la papauté; et, à moins de nouvelles ressources offertes à la critique, il n'est pas à espérer qu'on puisse donner, à cet égard, autre chose qu'une approximation. Les Bollandistes[1] ont proposé l'année 1020, sans que cette hypothèse, qui s'écarte probablement assez peu de la vérité, soit fondée sur rien de positif. Baronius[2] a laissé la question pendante. Voigt[3], qu'ont suivi, depuis qu'il a été traduit en notre langue, la plupart des écrivains français, a de même jugé plus sage de ne fixer aucune date. Jaffé, à qui l'on doit une excellente édition des lettres de Grégoire sous le titre de *Monumenta Gregoriana*[4], propose de placer entre les années 1013 et 1024 la naissance de ce pape. Mais les raisons sur lesquelles il appuie son argumentation nous semblent plus ingénieuses que sûres. On peut toutefois tirer une indication,

---

1. *Act. Sanct. Maii*, VI, p. 107.
2. *Ann. eccl.* XVII, p. 108.
3. *Grégoire VII et son siècle.* Trad. Jager, éd. 1842, Paris.
4. *Monumenta Gregoriana.* In-8°, Berolini, 1865.

qui n'est pas sans valeur, d'un document qu'il a cité et qu'avait, avant lui, cité M. Schirmer dans un judicieux travail consacré aux premiers temps de la vie de ce pontife[1]. Dans ce document, contemporain de Grégoire, il est dit expressément que ce pape, « élevé à Rome dès l'enfance », y avait vécu « sous le pontificat de dix de ses prédécesseurs[2]. » Or, si l'on exclut, comme il convient, les papes non reconnus par les Grégoriens, — c'est-à-dire les antipapes qu'avant sa propre élévation combattit Hildebrand[3], — on doit admettre que les dix prédécesseurs de Grégoire, mentionnés dans ce passage, sont Benoît IX (1033-1044), Silvestre III, Grégoire VI, Clément II et Damase II, avec les cinq autres pontifes sous lesquels Hildebrand commença d'être mêlé aux affaires générales de l'Église, savoir : Léon IX, Victor II, Étienne X, Nicolas II et Alexandre II[4]. Ainsi interprété, le texte, d'ailleurs

1. Julius Schirmer. *De Hildebrando subdiacono ecclesiæ Romanæ.* Berolini, 1860.
2. « Illi sedi (apostolicæ) nostro tempore Deus... Gregorium papam imposuit, qui, sub decem suis antecessoribus, a puero Romæ nutritus et eruditus. » *Microlog. de eccl. observ.*, c. XIV, in *Max. Bibl. Patrum*, Lugduni, 1677, XVIII, p. 475.
3. Benoît X (Jean de Velletri) et Honorius II (Cadaloüs).
4. Dans une lettre datée du 22 janvier 1075 (Ep. II, 49, in Jaffé, *Mon. Greg.*), Grégoire dit : « Romæ, quam coactus, Deo teste, jam *a viginti annis* inhabitavi. » Vingt années comptées en deçà du 22 janvier 1075 nous reportent au 22 janvier 1055. Or il est constant que Grégoire habitait Rome avant cette date, puisque, de son aveu, il quitta cette ville en 1047 à la suite de Grégoire VI, déposé par l'empereur Henri III, pour y revenir plus tard avec Léon IX (Ep. VII, 14 a). De là Jaffé conclut que, dans la lettre ci-dessus, Gré-

digne de foi, que nous rapportons, autorise à conclure qu'en 1033, première année du pontificat de Benoît IX, Hildebrand n'avait pas encore atteint l'âge d'homme et approchait au plus de celui de l'adolescence.

Il est hors de doute qu'Hildebrand avait été initié de bonne heure à la vie du cloître[1]. On peut croire qu'il fut moine, durant quelque temps, à l'abbaye de

goire a entendu signifier qu'il avait commencé d'habiter Rome à l'*âge de vingt ans*. Combinant cette interprétation avec l'indication tirée du microloge, Jaffé établit que, de 1033 à 1044, le futur pontife était âgé de vingt ans, ce qui met sa naissance entre 1013 et 1024. Quant aux mots « a puero » employés par l'auteur du microloge, Jaffé les traduit selon les idées canoniques, d'après lesquelles l'âge de l'enfance « pueritia » était supposé ne cesser qu'à la vingt-cinquième année (Gratiani, *Decr.* P. l. D. 77, c. 7). Ces diverses interprétations ne nous semblent pas acceptables. Et d'abord nous regardons comme inadmissible la traduction proposée par Jaffé des mots « a viginti annis », et nous aimons mieux, avec Giesebrecht (cité par M. Schirmer), admettre, de la part de Grégoire, une inexactitude d'expression, qu'explique d'ailleurs l'émotion qui règne dans la lettre où ces mots sont écrits. Nous repoussons de même le sens que Jaffé attribue à l'expression « a puero ». Plusieurs fois, dans sa correspondance, Grégoire use de ce terme « a puero, a pueritia », à propos de son éducation à Rome ; la même expression reparaît chez ses biographes (Murat., *Rer. ital.*, III, p. 315) ; et il n'est guère supposable que, dans tous ces passages, on ait détourné ce terme de son sens habituel pour lui appliquer une signification spéciale. Une fois même, Grégoire se sert du mot « infantia » (*Ep.* III, 10 a), qui, s'entendant ordinairement d'un âge plus tendre, ferait croire que Grégoire était à Rome dès ses premières années. Au dire d'un chroniqueur, dont l'autorité n'est pas à dédaigner, Grégoire serait même né à Rome d'une famille bourgeoise de cette ville (Hug. Flavin. in *Chron. Virdun.* Pertz. *Mon. germ.* SS. VIII, p. 422). Il paraît toutefois plus vraisemblable que c'est à Saone, en Toscane, que naquit Grégoire. (Voigt, p. 1 ; Schirmer, p. 27.)

1. Murat., *Rer. ital.*, III, p. 314, 315.

Cluny[1]. Sur la foi d'un chroniqueur[2], on l'a fait prieur de ce monastère[3]. Rien n'est plus contestable. L'auteur du *Liber ad amicum*, Bonizo, évêque de Sutri, contemporain et apologiste de Grégoire, se borne à rapporter qu'après avoir quitté Rome à la suite de Grégoire VI, que venait de déposer Henri III, Hildebrand entra, comme moine, à l'abbaye de Cluny[4]. Ce qui a vraisemblablement donné lieu à cette version du priorat, c'est que, vers l'époque à laquelle vécut Hildebrand, un personnage du même nom fut prieur (*præpositus*) à ce monastère[5]. Un chroniqueur a même fait visiblement confusion entre les deux personnages[6].

Sorti de Rome en 1047 avec Grégoire VI, Hildebrand y revint, deux ans après, avec Léon IX. Ce pape l'emmena avec lui, soit de Cluny, soit plutôt de Worms[7], où il avait eu sans doute occasion de

1. M. Schirmer nie le fait, sans fonder sa négation sur des preuves suffisantes.
2. Otto Frising., l. vi, c. 33.
3. Voigt, p. 5.
4. Bonitho (*sive* Bonizo), *lib. ad am.* l. v, apud Jaffé in *Mon. greg.*, p. 631. Hildebrand paraît avoir été attaché à Grégoire VI en qualité de chapelain.
5. « Hic (Hildebrannus), cum esset (Cluniacensis) monasterii præpositus, bis invitatus est ut officium abbatiæ susciperet. » *Act. sanct. Maii*, II, 686, *in vita S. Majoli, abb. Cluniac.* Saint Maïeul mourut en 994.
6. « Cluniacensis monasterii pater S. Majolus fertur illud B. Johannis baptistæ adaptasse : iste puer (Gregorius sive Hildelbrandus parvulus) magnus erit coram Domino. » Paul. Bernried., l. i, c. ii.
7. Ce retour à Rome avec Léon IX, mentionné par Grégoire lui-

deviner son génie[1], et le fit sous-diacre de l'Église romaine. C'est de ce retour à Rome que date la vie publique d'Hildebrand. Si l'on en croit l'auteur du *Liber ad amicum*, il jouissait déjà d'un tel crédit sous Léon IX, que ce pape, se voyant mourir, à Rome, au mois d'avril 1054, lui remit solennellement le gouvernement de l'Église. L'inexactitude de ce récit a été justement relevée par M. Schirmer et par Jaffé, car il est constant qu'Hildebrand était alors en France[2]. Ce n'est guère qu'à partir du pontificat de Victor II (1054-1057), successeur de Léon, que se montre clairement l'influence d'Hildebrand, dont le nom se lit au bas de plusieurs privilèges concédés par ce pape à divers monastères[3]. Sous le même pontife se passa un évènement qui nous semble devoir être considéré comme le point de départ de la renommée et de l'autorité d'Hildebrand. Nous voulons parler d'un concile tenu en France,

même (Ep. VII, 14 a), l'est aussi par ses biographes. Ceux-ci ne sont en désaccord que sur le lieu où le pape et Hildebrand se rencontrèrent. Voyez, sur ce point, la discussion de Pagi (dans Baron., *Ann. eccl.*, XVII, p. 20 et 21), et Schirmer, p. 32-37. M. Ch. Giraud estime que cette rencontre eut lieu à Besançon, où Léon IX, venant de Worms, aurait reçu l'abbé de Cluny, accouru avec le moine Hildebrand pour lui rendre hommage (*Grégoire VII et son temps*. Revue des Deux-Mondes, mars-mai 1873).

1. Bruno Signiens., *in vita Leonis IX;* Murat., *Rer. ital.* III, secunda pars, p. 348.

2. Bonitho, *Lib. ad am.*, l. v. — Berengarii *De sacra cœna adversus Lanfrancum liber*, edit. Vischer, p. 53. — Jaffé, *Mon. greg.*, p. 636. — Schirmer, p. 45.

3. Voy. Jaffé, *Regesta pontificum*, p. 379, où ces privilèges sont notés sous les nos 3291, 3292, 3293, 3294, 3297, 3311 et 3312.

en 1055, et qu'il présida comme légat du Saint-Siège. Il y convainquit publiquement un archevêque de simonie, et déploya en cette occasion une telle force de parole, qu'à sa voix plusieurs prélats, s'avouant spontanément coupables du même crime, se démirent de leurs fonctions. L'évènement fit assez de bruit pour que l'on ait vu là un miracle[1].

Depuis ce moment, l'influence d'Hildebrand ne fit que croître. Des affaires graves étaient remises si complètement à sa décision, durant le pontificat d'Étienne X (1057-1058), qu'elles se trouvaient suspendues par son absence[2]. Il paraît avéré, malgré les doutes élevés à ce sujet, que, dans un synode tenu à Rome en 1058, Étienne défendit que, dans le cas où il viendrait à être surpris par la mort, on procédât à l'élection d'un nouveau pape avant le retour d'Hildebrand, alors en mission auprès de l'impératrice Agnès, veuve de Henri III[3]. L'autorité d'Hildebrand ne put que grandir encore sous Nicolas II (1059-1061), qui fut redevable de la tiare à son

1. Bonitho, *Lib. ad am.*, l. VI. — *Desiderii miracula S. Benedicti*, ap. Mabillon, *Acta Sanct.*, IV, II, 458. — Labb., *Concil.* IX, 1077. — Jaffé, *Mon. Greg.*, p. 640, n. 5. D'après diverses chroniques qu'ont suivies Baronius et Voigt, soixante et douze prélats auraient avoué spontanément le crime de simonie. Bonizo, qui ne se fait pas faute d'exagération, ne parle que de dix-huit évêques. M. Schirmer n'en compte que six, sans indiquer le document sur lequel il s'appuie.
2. Voir une lettre d'Étienne X à Gervais, archevêque de Reims, sept.-oct. 1057. Labb., *Concil.* IX, 1083. — Jaffé, *Regesta*, p. 382.
3. Labb., *Concil.* IX, 1087. — Jaffé, *Regesta*, p. 383. — Voigt, p. 41. — Schirmer, p. 38.

initiative et qui le fit archidiacre. Telle était l'importance du nouvel archidiacre, que Pierre Damien, écrivant à Nicolas II, ne les séparait pas l'un de l'autre dans les témoignages de son obéissance[1], et que Nicolas II, de son côté, envoyait dans ses lettres le salut d'Hildebrand avec le sien[2]. Sous Alexandre II (1061-1073), successeur de Nicolas, l'ascendant d'Hildebrand, devenu chancelier de l'Église romaine, paraît être sans limites[3]. Une lettre de Sigefroi, archevêque de Mayence, adressée, sur la fin de ce pontificat, à l'archidiacre Hildebrand, nous montre que les affaires passaient ordinairement par ses mains et que leur succès dépendait de sa protection[4]. Grégoire mentionne d'ailleurs le fait dans sa correspondance[5]. On connaît le distique de Pierre Damien sur Alexandre et Hildebrand[6]. Ce qui n'est pas moins significatif, ce sont des lettres où celui-ci, devenu pape, rappelle que, n'étant encore qu'archidiacre, il recevait ou envoyait en son nom lettres et légats[7]. Enfin, de l'aveu même de Grégoire, ce fut

1. Voy. *Ep. Petr. Dam.* in Baron., *Ann. eccl.* XVII, p. 150.
2. Lettre de Nicolas à l'archevêque de Reims. Labb., *Concil.* IX, p. 1091.
3. Labb., *ibid.*, p. 1114.
4. Plurimum gratiæ vestræ referimus caritati, pro eo quod omnibus et legationibus et rationibus nostris, quas ad sedem apostolicam direximus, semper dexter stetistis. » Labb., *Concil.* IX, 1232.
5. Ep. II, 77 ; VII, 23.
6. « Papam rite colo, sed te prostratus adoro ;
Tu facis hunc Dominum, te facit ipse Deum. »
Petr. Dam. in Baron., *Ann. eccl.* XVIII, p. 194.
7. Ep. I, 13 ; II, 51. Ep. coll. 14. Cf. Ep. IV, 1.

lui, qui, dans le conseil des cardinaux, décida, malgré une vive opposition, un des plus grands évènements du siècle, l'expédition de Guillaume en Angleterre[1].

Ces témoignages positifs de la renommée et de l'influence d'Hildebrand doivent faire croire à la spontanéité des suffrages qui l'appelèrent au Saint-Siège[2], spontanéité sur laquelle s'accordent tous ses biographes, — sauf toutefois les écrivains qui lui sont manifestement hostiles[3], — et que Grégoire de son côté atteste dans ses lettres[4]. On peut s'étonner qu'avec une renommée et un ascendant qui le désignaient d'avance au trône pontifical et lui permettaient de tout oser, Hildebrand soit devenu pape aussi tard[5]. Si l'on ajoute foi aux lettres écrites par

---

1. Ep. VII, 23.
2. Comment. electionis, Mon. Greg., p. 9 et 10.
3. Citons notamment le cardinal Bennon (De vita et gestis Gregorii VII, in Goldasti Apologia pro Henrico IV, et in Ort. Grat. Fasciculo rer. expetend., t. I, 78-88), lequel, en cette occasion, accuse Grégoire de violence et de simonie. Ce Bennon, attaché au parti de Henri IV, était l'un des adversaires les plus ardents de Grégoire. Ce qu'il a écrit de ce pape n'est qu'un tissu de mensonges et d'accusations absurdes. Nous sommes d'accord avec la généralité des historiens pour refuser toute autorité à ses assertions (Voy. Papir. Masson. De episcopis, ed. 1586, p. 184 ; Baron., Ann. eccl. XVII, p. 16 et suiv., 356, 473 et passim ; Fleury, Hist. ecclés., t. XIII, p. 439-442). M. Schirmer, qu'on ne saurait considérer comme favorable à Grégoire, repousse de même l'autorité de Bennon.
4. « Ortus est magnus tumultus populi et fremitus, et in me quasi vesani insurrexerunt. » Ep. I, 1, 2, 3, 4.
5. Au dire des Grégoriens (Bonitho, Lib. ad am., l. v), les Romains auraient voulu élire Hildebrand pape à la mort de Léon IX.

lui au lendemain de son élection, on est autorisé à penser qu'avec l'idée qu'il se faisait des devoirs attachés au pontificat, il redoutait d'en assumer sur lui la responsabilité[1]. A la vérité, une règle de bienséance imposait à ceux qui se voyaient promus à de hautes fonctions dans l'Église de s'en déclarer indignes et de témoigner un pieux effroi de la mission à laquelle ils étaient appelés[2]. Pour savoir que penser au juste de ces déclarations de Grégoire, il faudrait connaître l'homme en même temps que le pontife, chose difficile si l'on ne prend pour guides que les biographes contemporains ou voisins de son époque; car ceux-ci, comme les historiens modernes, lui ont prodigué, selon leurs passions particulières, l'admiration ou l'outrage, et le représentent tantôt comme un saint, dont les vertus étaient, de son vivant même, attestées par des miracles[3], tantôt comme un ambitieux, un fourbe, et quelquefois un sorcier[4]. C'est dans sa correspondance, genre d'écrits où, malgré tout, l'homme intime se révèle, qu'il convient de chercher le caractère et les sentiments véritables de Grégoire[5]. On sait que l'impor-

1. Ep. I, 3, 6, 7, 9.
2. Voy. Rémusat, *Saint Anselme*, Paris. 1853, in-8°, p. 156.
3. Paul Bernried.
4. Bennon.
5. Voigt n'a pas négligé cette source d'informations. Mais son ouvrage, qui est moins une étude spéciale de Grégoire VII qu'une histoire des relations de ce pape avec l'Allemagne, offre par cela même des lacunes inévitables.

tante édition qu'en a donnée Jaffé est la reproduction d'un registre conservé au Vatican, le seul monument qui nous soit resté des actes de ce célèbre pontife. Il est vrai que ce registre présente plus d'une lacune. Alors qu'il devrait embrasser les douze années qui s'étendent du 22 avril 1073 au 24 mai 1085, date de la mort de Grégoire, il ne contient guère que la correspondance des huit premières années; encore a-t-on lieu de croire qu'elle n'y est pas tout entière. A l'égard des quatre dernières années, on ne possède qu'environ cinquante lettres, que Jaffé a recueillies de différents côtés. Si regrettables que soient ces lacunes, les *Monumenta gregoriana* ne laissent pas d'offrir, sur le point dont il s'agit, les plus précieuses indications et doivent être médités par quiconque, désireux de porter sur Grégoire un jugement équitable, ne veut pas se borner aux conclusions, trop souvent inexactes, qu'on peut tirer de ses actes extérieurs[1].

Or de l'étude attentive de cette correspondance il ressort que, dans l'esprit de Grégoire, était la conviction absolue, — quelle que fût d'ailleurs la légitimité des principes sur lesquels se fondait cette conviction, — qu'au pape, successeur de l'apôtre Pierre et représentant de Dieu en ce monde, avait été conférée la mission de diriger les sociétés humaines[2].

1. Voir, à l'Appendice, ce que nous disons du registre de Grégoire VII.
2. Le mot « pasce oves », adressé par Jésus à Pierre et appliqué

Pour une âme émue de cette conviction et qui, par une suite des mêmes idées, se croyait comptable devant Dieu des charges qu'elle acceptait, un rôle de cette nature avait de quoi paraître redoutable. A l'époque où vivait Grégoire, ce rôle devait sembler particulièrement difficile. Aux désordres nés du démembrement de l'Empire Carolingien avait succédé alors une complète anarchie. La guerre continuelle, guerre générale ou partielle, publique ou privée, tel était le spectacle qui frappait d'abord les yeux, si l'on considérait en son ensemble la société laïque[1]. Presque partout tombé sous la sujétion des princes, recevant même de leurs mains, au mépris des canons, l'investiture spirituelle, le clergé offrait, de son côté, l'exemple de tous les dérèglements[2]. Il n'était pas jusqu'à la papauté qui, avilie par ses propres excès, n'eût attiré sur elle le poids de la servitude, et on avait pu voir, à diverses reprises, les empereurs d'Allemagne disposer en maîtres du siège apostolique. Grégoire, comme tous les esprits élevés de ce temps, était douloureusement frappé

par Grégoire à lui-même comme successeur de Pierre, est un de ceux qui reviennent le plus fréquemment dans sa correspondance. A l'aide de citations extraites des lettres de Grégoire, Voigt (p. 172-176) a résumé les idées de ce pape sur le rôle du Saint-Siège et de l'Eglise. Nous renvoyons le lecteur à ces citations.

1. *Histoire littéraire de la France*, t. VII, p. 1-6. — Rémusat, *Saint Anselme*, p. 20.

2. Cf. sur ce point les lettres de Pierre Damien dans Voigt (p. 57-61), qui en a donné l'analyse, et aussi dans Baron., *Ann. eccl.* XVII, ann. 1060 et 1061.

de cet état de choses[1]. Les preuves de son affliction abondent en sa correspondance; et, avec les seuls extraits de ses lettres, on pourrait tracer un dramatique tableau d'une époque qu'il appelle lui-même une époque de fer[2]. En présence d'une société qu'il jugeait déviée de ses voies véritables[3], il croyait que du Saint-Siège devait partir l'initiative d'une indispensable réforme[4]. De là son hésitation à prendre un rôle qui le poussait inévitablement au travers des orages[5]. Ainsi s'expliquent les regrets que lui causa son élévation au Saint-Siège. Ce sont plus que des regrets : dans les lettres qui suivent son élection, on découvre les signes d'une véritable anxiété[6]; et, deux jours après l'évènement, on le voit au lit, malade de trouble et d'angoisse[7]. Dans nombre de lettres écrites durant son pontificat, Grégoire répète qu'il a été, malgré lui, promu au Saint-Siège[8]. Il est difficile de ne pas croire à la sincérité

1. Voir, à ce sujet, ce que dit éloquemment M. Mignet, *Journal des Savants*, janvier 1861, p. 20.
2. Voir notamment : Ep. I, 5, 32, 65, 67; II, 2, 10, 14, 20; III, 16; V, 20; VI, 37, 39; VIII, 53; Ep. coll. 12, 16.
3. Ep. II, 45.
4. C'était l'idée des hommes pieux du temps. « Il faut que la réforme parte de Rome », disait P. Damien.
5. « Veni in altitudinem maris, et tempestas demersit me. » Ep. I, 1.
6. Ep. I, 3, 6, 7, 9, et *passim*.
7. Le 24 avril 1073, il écrit à Didier, abbé du Montcassin : « Sed quoniam, lecto jacens valde fatigatus, satis dictare nequeo, angustias meas enarrare supersedeo. » Ep. I, 1.
8. Notamment dans Ep. I, 13; II, 49; III, 10 a.

d'un sentiment exprimé si souvent et parfois avec une émotion éloquente. « Vous le savez, bienheureux Pierre, s'écriait-il encore sept ans plus tard, vous m'avez assis sur votre trône, malgré moi, en dépit de ma douleur et de mes larmes; je n'ai point été vers vous; c'est vous qui m'avez appelé; c'est vous qui, malgré mes gémissements, avez placé sur moi le poids terrible de votre Église [1] ! »

Il est permis de conjecturer que les idées de réforme suggérées à Hildebrand par le spectacle de la société n'arrivèrent à se préciser tout à fait dans son esprit que vers l'époque de son pontificat. Toutefois il ne serait pas admissible que des desseins de cette nature n'eussent pas, avant cette date, occupé sa pensée et qu'il n'eût point employé à leur réalisation une partie de l'ascendant que nous avons signalé. De bonne heure, en effet, il paraît s'être attaché à un double objet, qui s'offrait naturellement à une intelligence pénétrée comme la sienne de la dignité du sacerdoce, et qu'a noté Giesebrecht dans un savant mémoire consacré au pontificat de Grégoire VII[2]. Nous voulons parler de l'amélioration des mœurs du clergé et de l'indépendance de l'Église à l'égard des pouvoirs temporels. On a vu Hildebrand, sous Victor II, s'élever avec force contre les évêques simoniaques; il s'éleva de même

1. Ep. VII, 14 a.
2. Giesebrecht : *Die Gesetzgebung der römischen Kirche zur Zeit Gregors VII* (Annuaire historique de Munich, 1856).

contre les clercs concubinaires, et ce fut à son impulsion que cédèrent sans aucun doute Nicolas II et Alexandre II en suscitant, dans les églises d'Italie, la question périlleuse du célibat ecclésiastique. En ce qui regarde l'indépendance de l'Église, son action consista à soustraire peu à peu l'élection des papes à l'influence des empereurs. Ce second point, assez mal connu, malgré son importance, et incomplètement traité par MM. Schirmer et Giesebrecht, mérite quelques éclaircissements.

Les premiers efforts d'Hildebrand au sujet de l'élection des papes datent de l'élévation même de Léon IX au siège apostolique. Ce pape, au dire de tous les chroniqueurs, aurait été nommé à Worms par l'initiative ou tout au moins par l'ascendant de l'empereur Henri III. De l'argumentation de M. Schirmer, qui a essayé de préciser les circonstances de cet évènement, comme des textes comparés entre eux, il résulte que, pris de scrupules sur la validité de sa nomination, le nouveau pontife se rendit à Rome, où il sollicita l'assentiment du clergé et du peuple. Comme, d'une autre part, il est constant que Léon IX emmena Hildebrand avec lui à Rome, on peut croire que celui-ci ne fut point étranger aux scrupules du pontife ni à la démarche qui en fut la conséquence. Plusieurs biographes[1] notent même

---

1. Cf. Wibert. *in vita Leonis*; Bruno Signiens. *in vita Leonis*; Bonitho, *Lib. ad amic.*, l. V ; Leo Ostiens. l. II, c. 81 ; Otto Frisingens., l. VI, c. 33 ; Pagi in Baron., *Ann. eccl.* XVII, p. 21 ; Voigt,

le fait expressément, ne différant que sur le degré d'influence qui, en cette conjoncture, marqua l'action d'Hildebrand. Le rôle de l'empereur, prépondérant dans la nomination de Léon IX, s'amoindrit visiblement dans celle de son successeur, Victor II. Suivant l'auteur du *Liber ad amicum*, l'empereur, en cette occasion, aurait, à la persuasion d'Hildebrand, renoncé désormais à toute intervention dans l'élection des papes. Mais le mensonge est ici manifeste, et il suffit de le signaler, sans qu'il soit besoin de le démontrer par des preuves positives. Néanmoins il semble certain que, cette fois, ce fut Hildebrand, soit seul, soit de concert avec les évêques, mais en tout cas mandataire des Romains, qui désigna le nouveau pape au choix de l'empereur et obtint son consentement[1]. Victor étant mort prématurément à Arezzo, on élut aussitôt Étienne X à Rome. Hildebrand, retenu auprès du pontife mourant, ne paraît pas avoir pris part à l'élection de son successeur ; il alla seulement demander, au nom de celui-ci, l'as-

p. 11 ; Schirmer, p. 35-37. Il va sans dire que nous repoussons, avec M. Schirmer, la scène arrangée par les Grégoriens et d'après laquelle Léon IX se serait laissé persuader par Hildebrand de quitter ses insignes pontificaux pour aller, sous un appareil plus humble, demander le consentement des Romains.

1. Cette initiative, attestée par les textes en dépit de leurs différences, n'a pu être niée tout à fait par M. Schirmer, malgré son évidente propension à diminuer l'influence d'Hildebrand. Cf. Bonitho, *Lib. ad am.*, l. V ; Leo Ost. l. II, c. xc ; Anonym. Haserens. c. xxxviii ; Baron., *Ann. eccl.* XVII, p. 108 ; Labb., *Concil.* IX, p. 1077 ; Voigt, p. 24-25.

sentiment de l'empereur ou plutôt de l'impératrice, veuve de Henri III. M. Schirmer s'étonne qu'avec l'autorité dont jouissait Hildebrand, on ne l'eût pas attendu pour procéder à l'élection d'Étienne ; mais il ne remarque pas que cette élection, faite à Rome sans la participation de l'Allemagne, était déjà pour la papauté un commencement d'indépendance et devait être, par cela même, conforme aux idées d'Hildebrand.

A la mort d'Étienne X, auquel succéda Gérard, évêque de Florence, sous le nom de Nicolas II, un pas de plus fut tenté par Hildebrand vers le but qu'il poursuivait. M. Schirmer se borne à établir que, lors du retour d'Hildebrand en Italie, Nicolas II se vit élu avec l'approbation de l'impératrice ; et il ajoute que ce pontife, conduit à Rome par le marquis Gottfried, vassal de l'Empire, y fut intronisé à la place de l'antipape Benoît qu'une faction militaire (*capitanei*) avait élevé sur le Saint-Siège. Cette assertion est tout à la fois incomplète et inexacte. Il ressort des textes, — et Giesebrecht reconnaît de son côté, — que, rentré en Italie et informé de l'usurpation de Benoît, Hildebrand convoqua aussitôt les cardinaux et les principaux Romains (*magnates*) à Florence ou à Sienne, fit élire Nicolas II par l'assemblée et notifia ce choix à l'impératrice ; après quoi, l'élection de Benoît ayant été cassée par le concile de Sutri, — auquel assistaient le chancelier impérial Guibert et le marquis Gottfried, — le nouveau pape se rendit, escorté de celui-ci, dans la ville de saint Pierre[1]. Au lendemain de ces évènements, était promulgué le fameux décret du 13 avril 1059, par lequel Nicolas II, fixant le droit public sur l'élection des papes, prescrivait qu'à l'avenir cette élection appartiendrait d'abord aux cardinaux et serait ensuite soumise à l'approbation du clergé et du peuple; il établissait en outre que le pontife serait choisi de préférence dans le sein de l'Église romaine[2].

1. Leo Ost., l. III, c. xii.—Bonitho, *Lib. ad amic.*, l. VI.—Baron., *Ann. eccl.* XVII, p. 143, 148. — Labb., *Concil.* IX, 1090. — Voigt, p. 41, 42. — Giesebrecht, ouvrage cité, p. 108.

2. Voici le texte de ce décret, d'après la chronique d'Hugues de Flavigny, chronique que son auteur, mort dans les premiers temps du xii° siècle, a portée, comme on sait, jusqu'à l'année 1102. Nous soulignons à dessein, dans ce texte, les endroits importants :

« Statuimus ut, obeunte hujus Romanæ ecclesiæ universalis pontifice, imprimis cardinales episcopi, diligentissima simul consideratione tractantes, mox sibi clericos cardinales adhibeant, sicque reliquus clerus et populus ad consensum novæ electionis accedant; ut nimirum, ne venalitatis morbus qualibet occasione subripiat, religiosi viri præduces sint in promovendi pontificis electione, reliqui autem sequaces. (Ici une citation du pape Léon Ier.) Eligant autem de ipsius ecclesiæ gremio, si reperitur idoneus; vel, si de ipsa non invenitur, ex alia assumatur, *salvo debito honore et reverentia dilectissimi filii nostri Heinrici, qui in præsentiarum rex habetur et futurus imperator, Deo concedente, speratur, sicut jam sibi, mediante ejus nuntio Longobardiæ cancellario Wiberto, concessimus, et successorum illius qui ab hac apostolica sede personaliter hoc jus impetraverint.* Quod si pravorum atque iniquorum hominum ita perversitas invaluerit, ut pura, sincera atque gratuita electio fieri in Urbe non possit, cardinales episcopi, cum religiosis clericis catholicisque laïcis, licet paucis, jus potestatis obtineant eligere apostolicæ sedis antistitem, ubi congruentius judicaverint. Planè, etc... »

Dans ce décret, il y a, comme on le voit, deux parties bien distinctes, l'une transitoire et se rattachant aux circonstances critiques où il fut rendu, l'autre indépendante de ces circonstances et fixant pour

C'était porter un coup décisif à l'influence allemande. A la vérité, un article de ce décret semblait réserver le droit d'intervention de l'empereur et contredire ainsi aux efforts dirigés jusque-là par Hildebrand. Mais, dans cet article, — rédigé en termes vagues, obscurs, et qui, présenté comme une faveur personnelle accordée à Henri IV, ne devait

l'avenir un mode d'élection qui prévalut en effet et qui, à peu de chose près, est encore aujourd'hui en vigueur. La première partie, de laquelle seule nous avons à nous occuper ici, se comprend aisément. La papauté était encore trop peu solide pour proclamer ouvertement son indépendance à l'égard des empereurs, alors surtout qu'elle venait d'être protégée par l'Allemagne contre la faction de Benoît. D'un autre côté, la cour d'Allemagne n'entendait pas renoncer à son droit d'intervention dans l'élection des pontifes ; mais, affaiblie par la minorité de Henri IV et obligée de ménager le pape en vue du futur couronnement de ce prince, elle devait ne pas se montrer trop rigoureuse sur l'expression de ce droit. De là entre le Saint-Siège et l'Empire une transaction, laquelle se révèle dans les termes mêmes du passage qui concerne Henri IV (*mediante Wiberto*). Pour ce qui est de la date et du lieu où se décida cette transaction, on pourrait admettre que ce fut en janvier 1059, au concile de Sutri, auquel assistaient, avec le chancelier Guibert et le marquis Gottfried, les évêques Toscans et Lombards. Que si l'on analyse le passage dont il s'agit, on trouve : 1° Que le privilège de Henri IV est présenté par l'habile rédacteur du décret comme une concession particulière du pape, et non comme un droit incontestable et préexistant ; 2° que ce droit n'est point spécifié et que conséquemment il demeure incertain s'il s'agit, à l'égard de l'empereur, d'un consentement à obtenir ou d'une notification à faire ; 3° que la concession faite à Henri IV lui est personnelle et que ses successeurs ne pourront jouir d'un semblable privilège qu'à la condition de le recevoir à nouveau du Saint-Siège. Considéré de ce point de vue, le décret de 1059 nous paraît offrir un fidèle reflet des circonstances où il fut promulgué ; et, bien que, par l'incertitude ou l'obscurité des termes, il laissât la voie ouverte à toutes les prétentions de l'Allemagne, il était en somme très favorable au Saint-Siège.

A la vérité, il y a une autre version de ce décret que Pertz nous

avoir par cela même qu'un effet temporaire, — il faut voir, selon nous, une concession moins réelle qu'apparente faite par Nicolas II. Le pontife ou plutôt Hildebrand voulait se ménager, du côté de l'Allemagne, une protection dont il s'était servi contre Benoît, et que de nouvelles circonstances pouvaient rendre nécessaire.

a fait connaître d'après un manuscrit du Vatican (*Mon. germ.*, Leg. ii, app., p. 176, 177), et qui offre avec celle-là des différences assez sensibles. Voici ce second texte :

« Statuimus ut, obeunte hujus Romanæ ecclesiæ universalis pontifice, imprimis cardinales, diligentissima simul consideratione tractantes, — *salvo debito honore et reverentia dilectissimi filii nostri Heinrici* (le reste comme ci-dessus)... *hoc jus impetraverint,* — ad consensum novæ electionis accedant; ut nimirum, ne venalitatis morbus qualibet occasione subripiat, religiosi viri *cum reverentissimo filio nostro rege Heinrico* produces sint in promovenda pontificis electione, reliqui autem sequaces. Eligant autem de ipsius ecclesiæ gremio, si reperitur idoneus; vel, si de ipsa non invenitur, ex alia assumatur. Quod si pravorum atque iniquorum (le reste comme ci-dessus)... electio fieri in Urbe non possit, licet tantum pauci sint, jus tamen potestatis obtineant eligere apostolicæ sedis pontificum, ubi *cum invictissimo rege* congruentius judicaverint. Planè, etc... »

Pertz croit cette seconde version préférable à la première. Tel n'est pas notre sentiment. Et d'abord, sous le rapport de la date, il n'y a pas de raison pour préférer l'un de ces deux documents à l'autre; car, de l'aveu de Pertz, le manuscrit dont il donne le texte date de la fin du xie ou du commencement du xiie siècle. Quant au texte en lui-même, il nous paraît trahir manifestement une origine allemande. Le nom de Henri IV revient en effet trois fois dans le corps du décret; le mode d'élection du pape, l'élection elle-même, le lieu d'élection, tout se doit décider de concert avec l'empereur. Bien que, dans le manuscrit du Vatican, comme dans la version d'Hugues de Flavigny, il s'agisse uniquement de Henri IV et que la question soit réservée pour ses successeurs, on ne saurait admettre qu'Hildebrand, qui fut sans aucun doute l'inspirateur de ce décret, eût ainsi abandonné ses propres idées et remis si complè-

Comme il avait dirigé l'élection de Nicolas II, Hildebrand dirigea celle d'Alexandre II. Soit que, par un coup d'audace, il eût résolu d'agir au mépris de l'article du décret qui regardait Henri IV, soit qu'il se fondât sur l'obscurité des termes contenus dans cet article, il est certain que, cette fois, il s'abstint à l'égard de l'Allemagne de toute condescen-

tement la nomination du futur pape au choix de ce prince. Indépendamment de cette insistance caractéristique sur le rôle de Henri IV, diverses considérations contribuent à rendre ce document suspect. Il est surprenant, par exemple, que, dans ce document, il ne soit pas fait mention, comme dans le texte d'Hugues de Flavigny, de l'assentiment du clergé et du peuple, assentiment qui ne cessa d'être en usage qu'après le pontificat d'Alexandre III. D'un autre côté, on connaît l'ardent conflit soulevé, dans les dernières années de Grégoire VII, entre ce pape et Henri IV, conflit qui donna lieu au schisme de l'antipape Guibert et dont les suites se prolongèrent jusqu'à la mort de ce prince en 1106. Or il résulte de l'affirmation d'un contemporain que, dans ces conjonctures, les partisans de Henri IV défigurèrent tellement le texte de ce décret par des changements ou par des additions (*quædam mutando, quædam addendo*), qu'à peine en trouvait-on deux exemplaires qui fussent semblables (Deusdedit, *contra invasores*, in Baron., *Ann. eccl.* XVII, 158). Il y a plus ; on possède la preuve que le manuscrit dont il s'agit a dû être aux mains de l'un de ces partisans; car, en marge, on lit ces mots, dont l'écriture est de même date que celle de la pièce, et qui ne proviennent certainement pas d'un ami du Saint-Siège : « Ita tamen ut a nemine (pontifex) consecretur, nisi prius a rege investiatur ac laudetur. » Pertz insinue que, par cela même que ce manuscrit se trouve au Vatican, on le doit préférer au texte d'Hugues de Flavigny. Nous croyons tout le contraire, et c'est à Rome, théâtre principal de la lutte, qu'il faut, moins que partout ailleurs, chercher le véritable texte. De cette discussion doit-on conclure que la version d'Hugues de Flavigny offre l'exacte reproduction du texte original? Il y aurait témérité à l'affirmer. Certains mots, — à la vérité peu importants, — qu'on sait, par le témoignage des Grégoriens (Bonitho, *Lib. ad am.*, p. 644), avoir fait partie de la clause d'anathème, et qui se trouvent dans la leçon du Vatican, ne se rendance[1]. Au dire de Giesebrecht, le privilège accordé par Nicolas à Henri IV fut considéré comme abrogé, par suite des dispositions hostiles que la cour d'Allemagne manifestait alors envers l'Église romaine. Mais on peut croire que cette allégation, mise en avant par le parti grégorien, n'était autre chose qu'un prétexte. La seule concession qu'en cette occasion la prudence semble avoir conseillée à Hildebrand, fut de choisir dans Alexandre un homme attaché en apparence à Henri IV[2]. Néanmoins les partisans de ce prince s'émurent, prétendirent qu'une élection faite sans sa participation était nulle, et, à l'instigation du chancelier impérial Guibert, choisirent pour pape Cadaloüs, évêque de Parme. De quelques raisons que, de part et d'autre, on ait fait usage dans ce différend, Hildebrand triompha en fait, puisque,

contrent pas dans celle d'Hugues de Flavigny. On peut donc penser qu'il y a eu ici altération; mais peut-être aussi y a-t-il eu simplement omission. Quoi qu'il en soit, cette dernière leçon, par son sens général, nous paraît, beaucoup plus que l'autre, répondre aux circonstances. Ajoutons que les débats répétés auxquels donna lieu ce décret, et dont tous les documents contemporains portent l'empreinte, impliquent, dans la rédaction, sinon une obscurité, du moins une incertitude que ne présente pas le texte du Vatican, et qui caractérise, au contraire, celui d'Hugues de Flavigny. M. Scheffer-Boichorst a récemment publié, au sujet de ce décret, un travail (Strassburg, Karll Trübner, 1879) où il émet des conclusions analogues aux nôtres; voy. sur ce travail *Revue historique*, sept.-oct. 1880, p. 170 (article de M. Paul Viollet).

1. La lettre attribuée à Pierre Damien (Baron., *Ann. eccl.* XVII, p. 156), lettre produite à l'occasion de cette élection, en est la preuve manifeste. — Leo Ost., III, xx. — Cf. Voigt, p. 53.

2. Labb., *Concil.* IX, 1112.

à l'issue d'un synode où s'étaient réunis les évêques allemands et italiens, Alexandre fut confirmé et Cadaloüs déposé[1]. L'influence d'Annon, archevêque de Cologne, influence qui remplaça alors celle du chancelier Guibert[2], peut-être aussi de pieux scrupules de l'impératrice Agnès sur l'esprit de laquelle Hildebrand paraît avoir exercé un certain ascendant, enfin les troubles où la minorité de Henri IV avait jeté l'Allemagne, facilitèrent une solution qui était un nouveau progrès vers la liberté des élections pontificales. Cette liberté devint entière à partir de Grégoire VII. Henri IV, auquel des embarras politiques commandaient la prudence, non seulement n'intervint pas dans l'élection d'Hildebrand, mais, l'élection faite, il écrivit au nouveau pontife une lettre des plus soumises. Dès lors, les empereurs perdirent toute autorité dans l'élection des papes[3].

1. Baron., *Ann. eccl.* XVII, p. 183. — Labb., *Concil.* IX, 1113. — Murat., *Rer. ital.* VI, 354. — Voigt, p. 79.
2. D. Bouquet, *Rec. des hist. de Fr.*, t. XIV, p. 528.
3. Voir, pour tous ces divers évènements, le remarquable travail de M. Ch. Giraud dans la *Revue des Deux-Mondes*. Voir aussi l'ouvrage de M. Zeller : *l'Empire germanique et l'Église*. Paris, Didier, 1876.

II

Le pontificat de Grégoire ne fut, à quelques égards, que la continuation de son diaconat. On y retrouve les mêmes luttes contre la simonie et l'incontinence des clercs; elles se montrent, à la vérité, plus vives, plus persévérantes et offrent un caractère plus général. D'une autre part, la querelle des investitures, qui agite tout ce pontificat [1], peut être considérée comme se rattachant aux débats sur l'élection des papes, débats où Hildebrand avait joué un si grand rôle. L'une et l'autre querelle intéressaient également l'indépendance de l'Église, et la solution de la première impliquait nécessairement la solution de la seconde. Mais ce qui constitue l'œuvre propre de ce pontificat, c'est la prétention ouvertement déclarée et opiniâtrément soutenue de soumettre, comme a dit Guizot [2], le monde civil au clergé, le clergé

---

1. On sait que, dès le premier synode qu'il tint à Rome, en 1074, Grégoire défendit, sous peine d'anathème, à tout prince séculier de conférer l'investiture d'un évêché ou d'une abbaye, et à tout clerc de la recevoir, la déclarant dans ses effets nulle et non avenue.
2. *Histoire de la civilisation en Europe*, p. 295.

à la papauté, l'Europe à une vaste et régulière théocratie. Ce point, déjà plus d'une fois indiqué par les historiens, l'a été encore, il y a quelques années, par Döllinger dans le savant ouvrage intitulé *le Pape et le Concile*, ouvrage venu d'Allemagne en France avec un certain retentissement[1]. Mais en quoi nous différons de Döllinger et d'autres écrivains plus affirmatifs que lui dans l'opinion qu'il a suivie, c'est que l'entreprise théocratique de Grégoire, loin d'être, à nos yeux, le résultat d'une ambition égoïste ou inconsidérée, nous paraît l'effort sincère et réfléchi d'un homme qui, en présence du désordre général de la société, voulut imposer à celle-ci une forme particulière, qu'il croyait celle de la vérité[2]. Nous dirons plus, l'œuvre de ce pape fut, dans son temps, une œuvre de civilisation[3]; et les reproches dont elle a été l'objet doivent être moins adressés à lui qu'à ses successeurs, qui en exagérèrent la portée ou en dénaturèrent le principe.

Pour comprendre cette tentative de Grégoire, il ne faut pas oublier que, semblable à tous les esprits

---

1. *Le Pape et le Concile,* trad. par Giraud-Teulon, Paris, 1869.
2. Villemain, dans son *Histoire de Grégoire VII* (2 vol. in-8°, Paris, 1872), n'a pu tout à fait, sous ce rapport, se dégager de certaines préventions, et l'on retrouve en cet ouvrage quelques-unes des idées qui inspirèrent Daunou dans son *Essai sur le pouvoir temporel des Papes.*
3. Telle est aussi l'opinion de M. Ch. Giraud. « Réduite à son expression modérée et vraie, dit l'éminent académicien, la cause de Grégoire VII a été celle de l'esprit et de la liberté contre l'empire de la violence et de l'immoralité. » *Revue des Deux-Mondes, loc. cit.*

exclusifs, il ne tenait aucun compte de la complexité naturelle des choses humaines. C'est ainsi que, sous le rapport moral et religieux, on trouvera dans ses lettres un tableau fidèle de l'époque où il vivait, tandis que, sous tout autre rapport, sa correspondance est vide de renseignements; elle ne laisse pas même saisir les traits généraux de la féodalité. Intelligence élevée, mais ne dépassant pas le cercle de certaines convictions, Grégoire ne voyait dans la société humaine que ce troupeau mystique confié par Jésus à l'apôtre Pierre[1], et de là concluait pour lui-même, comme successeur de l'apôtre, à une magistrature souveraine qu'il tenait de la volonté divine, et dont le clergé ne devait être, à ses yeux, que le docile instrument.

Nous avons vu Grégoire hésiter à prendre le pontificat. Devenu pape, comme s'il eût attendu, pour réaliser toutes ses idées de réforme, une nouvelle et dernière impulsion de l'Esprit saint, — impulsion à laquelle il prétend avoir obéi dans chacune des phases importantes de sa vie religieuse[2], et qui, cette fois, lui était manifestée par la spontanéité même des vœux qui le portèrent au Saint-Siège[3],

---

1. En même temps que le « pasce oves », il cite fréquemment, à l'appui de la souveraineté du Saint-Siège, cet autre passage de l'Évangile : « Tu es Petrus et super hanc petram ædificabo Ecclesiam meam... et quodcumque ligaveris super terram erit ligatum et in cœlis... »
2. Ep. II, 49 ; III, 10 a ; VII, 14 a.
3. Ep. I, 1.

— il déploya aussitôt une activité extraordinaire. Cette activité, qui persista pendant tout le cours de son pontificat, est un des traits de son caractère et mérite d'être signalée. A peine promu à sa nouvelle dignité, il ne se contente pas d'expédier des lettres qui notifient son élection ; la plupart de ceux auxquels il annonce cet évènement reçoivent de lui l'ordre ou la prière de se rendre sans retard à Rome, pour conférer avec lui sur la situation de l'Église et de la chrétienté[1]. Il veut s'entourer d'avis, d'informations. Il presse le retour des légats envoyés hors de Rome sous le dernier pontificat[2]. De divers côtés, archevêques, évêques, abbés, sont convoqués par lui au synode qu'il se propose de tenir à Rome dans la première semaine de carême de 1074[3]. Pendant plusieurs années, il continue d'en tenir un à cette date[4]. Dans ces assemblées, il expose l'état général de la chrétienté, les relations des princes et de l'Église, lance les anathèmes et les excommunications, juge les causes de discipline, consacre, suspend ou dépose les évêques, entend les envoyés des rois, reçoit le serment des princes qui jurent fidélité à saint Pierre, s'efforce de communiquer à tous ceux qui l'entou-

---

1. Ep. I, 1, 2, 19.
2. Ep. I, 6, 16, 62.
3. Ep. I, 42, 43.
4. Ep. I, 78 ; II, 1, 23, 25, 33, 35, 42, 43 ; III, 8 ; IV, 9 ; V, 13. Dès le pontificat de Léon IX, les conciles, par l'influence d'Hildebrand, avaient été rendus plus fréquents.

rent la foi et l'énergie dont il est animé[1]. Le temps de la Toussaint est une seconde date à laquelle, dès 1074, il prend l'habitude de mander à Rome toutes les personnes qu'il souhaite d'interroger[2]. Parfois il tient un synode à cette époque de l'année[3]. Il ne se contente pas d'une invitation générale adressée aux personnes qu'il convoque ; il leur écrit à chacune en particulier, réclame leur présence dans les termes les plus vifs. Celles qui ne se rendent pas à son appel doivent fournir des excuses valables, sous peine d'encourir les châtiments ecclésiastiques[4]. Parfois il se refuse d'avance à toute excuse[5]. Si l'on ne peut venir en personne, il veut qu'on envoie des légats[6]; il demande des légats aux princes comme aux évêques[7]. Il veut aussi qu'on lui écrive fréquemment[8]. En dehors des époques du carême et de la Toussaint, pour peu qu'une affaire soit urgente, il appelle aussitôt vers lui les personnes intéressées[9], ou, en cas de trop grand éloignement, la décide par ses légats, sauf recours au Saint-Siège[10]. Il aime ne

1. Voir la relation de ces synodes : Ep. II, 52 a ; III, 10 a ; V, 14 a ; VI, 17 a ; VII, 14 a.
2. Ep. I, 40, 56, 57 ; II, 2, 3, 52, 56, 60, 69 ; III, 17 ; VIII, 43.
3. Ep. coll. 23.
4. Ep. I, 51 ; III, 17 ; IV, 9 ; VIII, 43 ; Ep. coll. 23.
5. Ep. I, 43.
6. Ep. II, 21 ; VIII, 24 (IX, 1).
7. Ep. I, 3, 45, 78 ; II, 6, 30, 51 ; IV, 25 ; VI, 29 ; VIII, 11.
8. Ep. I, 79 ; VIII, 1.
9. Ep. I, 19, 44, 45, 55, 65, 67, 78, 81 ; II, 6, 17, 48 ; V, 12 ; VI, 18.
10. Ep. I, 16, 65.

rien laisser en suspens. S'il rend une décision par lettre, il exige qu'une lettre en réponse l'informe sans retard de l'effet de la décision qu'il a prise[1]. D'ailleurs il n'accueille pas uniquement ceux qu'il mande par-devers lui. Toute requête, toute plainte est écoutée, de quelque part qu'elle vienne[2], et le principe de l'appel au Saint-Siège, principe qui s'était amoindri depuis Nicolas Ier, reçoit dès lors une extension soudaine[3]. Le jour et la nuit même ne suffisent pas à la multiplicité de ses occupations[4]. Souhaitant de tout entendre, de tout voir, Grégoire voudrait être partout présent. Il projette des voyages aux extrémités de l'Italie, en Allemagne, en Espagne, en France[5], songe même à se rendre à Constantinople[6]. Contraint par les circonstances de demeurer en Italie, et à Rome le plus souvent, il envoie de tous côtés des légats porteurs de sa pensée, demande aux souverains des contrées éloignées de lui envoyer des clercs qu'il instruira et renverra ensuite animés de son esprit[7], écrit lettre sur lettre aux évêques en vue tout à la fois de diriger et d'exciter leur zèle, et, devançant l'histoire de près d'un quart de siècle, est au moment

1. Ep. I, 14, 30; II, 10, 14, 15; III, 4.
2. Ep. I, 30, 73; II, 15, 31; IV, 21.
3. Ep. II, 55 a.
4. Ep. II, 31.
5. Ep. II, 40; IV, 12, 13, 25; VIII, 2; Ep. coll. 20.
6. Ep. II, 31; Ep. coll. 11.
7. Ep. VI, 13.

d'entraîner l'Europe dans une croisade contre les Sarrasins[1].

A l'appui des doctrines qu'il expose, Grégoire ne manque jamais d'invoquer les écrits des Pères et l'usage de l'Église. Des historiens ont vu là un procédé plus habile que sincère dont il se servait pour masquer aux yeux des contemporains la nouveauté de ces doctrines. Le fait est que les traditions, les écrits que rappelle Grégoire aident sa pensée, mais ne la déterminent pas. Si, en certaines lettres, par

1. Ep. I, 46, 49; II, 3, 31, 37. Ep. coll. 11. M. Riant (*Inventaire critique des lettres historiques des croisades*, in-4º, Paris, Leroux, 1880) se refuse à voir dans ces lettres de Grégoire le dessein arrêté d'une « véritable » croisade. Assurément, il n'y a pas, dans les documents contemporains, trace d'une entreprise de ce genre concertée en Europe. D'un autre côté, l'expédition armée dont Grégoire parle dans ces lettres, et qu'il médite de diriger en personne, n'a pas uniquement pour but la délivrance du Saint-Sépulcre; il veut secourir les Grecs menacés par les Infidèles qui se sont avancés jusque sous les murs de Constantinople; il veut aussi profiter de sa présence en Orient pour finir le schisme de l'Église grecque et introduire le rite romain dans l'Église d'Arménie. Mais, parce qu'elle se trouve associée à ces divers projets, l'idée conçue par Grégoire de se porter en vainqueur jusqu'au Saint-Sépulcre n'en est pas moins réelle et ressort manifestement de ce passage d'une de ces lettres : « Jam ultra quinquaginta millia ad hoc se præparant, et, si me possunt in expeditione pro duce ac pontifice habere, *armata manu contra inimicos Dei volunt insurgere et usque ad sepulchrum Domini... pervenire* (Ep. II, 31). » Si, comme le dit le savant académicien, il faut entendre, par ce mot de croisade, non seulement une expédition armée spécialement en vue du recouvrement des lieux saints, mais une guerre sainte prêchée au nom de l'Église, avec cette condition particulière que la rémission des péchés soit accordée aux membres de l'expédition, on ne rencontre en effet rien de semblable sous Grégoire VII. Mais ce sont là des caractères propres aux croisades des XIIe et XIIIe siècles. En ce qui re-

exemple, il accumule les citations au sujet du droit qu'il prétendait avoir de déposer les rois[1], ce n'est pas qu'il cherche à se justifier ; il ne veut que dissiper les doutes ou l'ignorance de ceux auxquels il s'adresse. Sa pensée demeurait si bien indépendante des traditions, qu'il voulait que toute coutume, si notoire, si ancienne qu'elle fût, cédât devant ce qu'il jugeait être la vérité[2]. « Dieu, écrit-il quelque part, n'a pas dit : Je suis la coutume, mais : Je suis la

garde celle de 1096, il ne serait pas juste de dire qu'elle fut « prêchée au nom de l'Église » ; elle sortit bien plutôt de l'élan spontané des populations. Au XIII° siècle même, les croisades de 1248 et de 1270 furent bien moins l'œuvre de l'Église que celle de saint Louis. Ce qui est hors de doute, — et nous ne prétendons pas, quant à nous, affirmer autre chose, — c'est que l'idée première d'où naquirent les croisades était déjà dans l'esprit de Grégoire. Un seul chroniqueur des temps voisins de ce pape (vers 1124) fait allusion, dans le passage ci-après, au projet qu'il aurait conçu : « Audierat ipse (Urbanus secundus) pontifex Gregorium papam predicasse ultramontanis Hierosolymam pro defensione christianæ fidei pergere et Domini sepulcrum ex manibus inimicorum liberare, quod facere minime potuit, quia persecutio Henrici regis nimium eum undique urgeret (Murat., *Rer. ital.* III, I, p. 352). » M. Riant rejette ce passage comme faux historiquement. Nous le rejetons aussi, mais pour une partie seulement ; il nous paraît impossible de ne pas y voir, à côté de certaines inexactitudes de fait, un souvenir positif du dessein formé un moment par Grégoire. Quant à prétendre qu'au temps de ce pontife, il ne pouvait y avoir de projet de croisade « par la raison que l'idée de la délivrance des lieux saints supposait un état d'interdiction qui n'existait pas alors pour eux », cette opinion, énoncée par M. Riant, est d'autant moins soutenable que, cette interdiction n'existant pas non plus en 1147, il faudrait dire aussi qu'il n'y eut pas à cette date de « véritable » croisade.

1. Ep. VIII, 21.
2. Ep. coll. 50.

vérité[1]. » Ce serait toutefois une erreur que de voir dans ce pape un novateur au sens rigoureux du mot. Lui-même repousse cette qualification[2]. Alors qu'il s'écarte du passé, il croit demeurer dans le véritable esprit de l'Église. C'est moins un novateur, à proprement parler, qu'un logicien, logicien terrible, qui d'une idée première tire sans hésiter les plus lointaines conséquences et veut imposer au monde la logique de sa pensée[3].

Dans son ardeur à réaliser ses conceptions théocratiques, Grégoire ne semble pas avoir soupçonné à quels périls il exposait une société soumise ainsi tout entière au pouvoir d'un homme. C'est encore dans ses idées religieuses que se trouve l'explication de son imprévoyance ou de sa sécurité. Il ne doutait pas qu'un pape, élu selon les lois de l'Église, ne participât à la sainteté de l'apôtre dont il était le représentant[4]. Certains passages de sa correspondance dénotent visiblement qu'il se croyait en

---

1. Ep. coll. 50.
2. « Præcepta hæc non de nostro sensu exculpimus, sed antiquorum patrum sanctiones... propalamus. » Ep. II, 67. — « Si quando judicium de negociis ecclesiasticis fecimus vel facimus, non nova aut nostra proferimus, sed ab eis (sanctis Patribus) prolata sequimur et exercemus. » Ep. IV, 6. — Cf. Ep. II, 68.
3. Nous trouvons cette opinion à peu près exprimée dans un document contemporain que nous avons cité au début de cette Étude : « Illi sedi Deus Gregorium papam imposuit, qui,... Romæ nutritus et eruditus, omnes apostolicas traditiones diligentissime investigavit et investigatas studiosissime in actum referre curavit. » *Microlog. de eccl. observ.*, loc. cit.
4. Ep. II, 55 a; VIII, 21.

communion avec saint Pierre et inspiré par lui. Il lui parle, il l'adjure, il le prend à témoin des épreuves qu'il subit pour son service[1]. C'est en son nom qu'il punit[2]. Il va jusqu'à croire que saint Pierre le dirigea dès sa jeunesse, et il déclare qu'en entrant dans les ordres il a obéi à l'impulsion de l'apôtre, non à la sienne[3]. Devenu pape, il s'identifie de telle sorte avec le saint dont il tient la place, qu'il ne doute pas de l'effet de sa parole quand il menace les ennemis de l'Église d'infortunes particulières, que, dès cette vie, ils auront à souffrir[4] ; et, s'il est vrai que, dans un moment d'exaltation, il n'ait pas craint de prédire la mort de Henri IV[5], c'est dans cette foi à l'assistance secrète et constante de l'apôtre qu'il convient de chercher la cause de cette apparente témérité.

Au reste, il ne faudrait pas croire que cette idée d'une société obéissant au pouvoir d'un seul, dans la personne du pape, parût alors aussi excessive qu'elle peut nous le sembler aujourd'hui. Outre qu'elle se trouvait déjà, jusqu'à un certain point, dans les doctrines de l'Église, — ainsi que le démontrent plusieurs des lettres de Nicolas Ier, — les traditions encore vivantes de l'Empire romain tendaient

---

1. Ep. III, 10 a.
2. « Vinculo eum anathematis vice tua alligo. » *Ibid.*
3. Ep. II, 49 ; VII, 14 a.
4. Ep. V, 15.
5. Bonitho, *Lib. ad am.* l. IX. — Sigebertus *in Mon. Germ.* SS. VI, 364. — Voir la discussion de Jaffé sur ce sujet, *Mon. Greg.*, p. 683, n. 2.

à la rendre acceptable, et il y a lieu de supposer que ces traditions ne furent pas sans influence sur l'esprit de Grégoire[1]. Quoi qu'il en soit, la conviction absolue de la légitimité du système qu'il s'efforçait d'établir, conviction qui seule explique l'énergie de sa conduite au travers des évènements, peut seule expliquer aussi le ton de sa correspondance. Tout en se ressentant du feu dont il était animé, et souvent éloquentes, ses lettres sont d'ordinaire sèches et brèves[2]. Elles annoncent un maître qui veut être obéi, non un homme qui cherche à persuader. S'il s'épanche et découvre le fond de son cœur, ce sera dans de très rares lettres adressées à un ami, tel que Hugues, abbé de Cluny[3], ou à la comtesse Mathilde, qu'il chérit d'une affection mêlée de mysticisme. Le caractère impérieux de ses lettres se révèle jusque dans la suscription, qui varie selon les personnes auxquelles il s'adresse, et qui ne contient la formule usuelle du salut apostolique que pour celles qu'il en juge dignes. Il avait d'ailleurs une entente naturelle de l'autorité, qui lui fut d'un grand secours dans l'application de ses idées théocratiques. On retrouve en lui, sous ce rapport, le génie particulier à la race romaine. Rien, à cet égard, n'éclaire

---

1. Ep. II, 75. — Voir, sur ce point, une lettre intéressante de Pierre Damien in Baron., *Ann. eccl.* XVII, p. 199.

2. Quand il écrit de longues lettres, il s'en excuse. « Non est consuetudinis nostræ alicui tam prolixam epistolam facere, nisi res magna sit valde. » Ep. VIII, 57.

3. Ep. II, 49. — Ep. coll. 11. — Cf. Ep. I, 67; II, 2, 6.

mieux son caractère que la conduite qu'il tint avec ses légats, institution qui dut à Grégoire une importance toute nouvelle, et sur laquelle il ne nous semble pas que les historiens aient porté une suffisante attention.

Par ses légats, véritables lieutenants du Saint-Siège, Grégoire était comme présent sur tous les points de la chrétienté. Il en envoya non seulement en Italie, en Allemagne, en Espagne, en France, en Angleterre, mais en Hongrie, en Pologne, en Russie même et en Danemark [1]. Chargés de faire prévaloir en leur personne les idées et l'autorité du Saint-Siège, ils étaient par cela même un sujet de constante préoccupation pour Grégoire. Il en parle dans la plupart de ses lettres. Il ne néglige rien pour les entourer du prestige qui convient à leur rôle. « Celui qui les reçoit nous reçoit, » dit-il souvent, en usant pour eux de l'expression employée par Jésus-Christ à propos de ses disciples [2]. « Écoutez-les, dit-il encore, comme si vous entendiez notre voix et que vous eussiez devant vous notre face. » Ces prescriptions ne lui suffisent pas, et, en certaines circonstances, il va jusqu'à ordonner pour ses légats le même accueil qui serait fait à saint Pierre, venant de sa personne au milieu des nations [3].

1. Il fut sur le point d'en envoyer en Norwège ; il en envoya aussi à Constantinople.
2. Ep. IV, 26 ; V, 2 ; et *passim*.
3. Ep. coll. 21.

En dépit de ces injonctions, les délégués apostoliques étaient quelquefois mal écoutés ou mal reçus[1]. Sentant bien qu'avec eux était engagée sa propre autorité, Grégoire s'attache par tous les moyens à triompher de la résistance qu'ils rencontrent. Il ne se contente pas d'exiger, en vertu de leur caractère, une obéissance absolue à leurs décisions ; il frappe les récalcitrants de peines ecclésiastiques. Des clercs de l'église de Mâcon, qui avaient manifesté envers un de ses légats une rébellion mêlée de violence, durent se rendre à Cluny pieds nus et faire satisfaction devant l'autel de saint Pierre[2]. Au synode de 1078, il déclara anathème et menaça, dès cette vie, de la vengeance céleste tout prince, tout prélat, qui, par fraude ou par force, mettrait entrave à l'action de ses légats[3]. Les évêques, en effet, non moins que les princes, se montraient quelquefois hostiles aux envoyés du Saint-Siège, osant même, dans certains cas, dissiper par la violence les conciles qu'ils présidaient[4]. La cause de cette hostilité venait moins d'un manque de respect envers le souverain pontife que d'une répugnance à céder devant des ecclésiastiques qui étaient leurs égaux ou même leurs inférieurs en dignité ; car, si Grégoire choisissait le plus souvent pour ses légats des abbés considérables[5]

1. Ep. II, 12 ; VII, 18.
2. Ep. coll. 37.
3. Ep. V, 15.
4. Ep. II, 28 ; V, 15.
5. Ep. I, 62 ; V, 21 ; Ep. coll. 39.

ou des évêques,[1] il choisissait aussi de simples diacres[2]; de là des mécontentements que Grégoire s'attache à dominer, qu'il semble même provoquer à dessein, afin de montrer que toute règle, toute hiérarchie s'efface devant la volonté du Saint-Siège. La résistance la plus remarquable sous ce rapport est celle de l'archevêque de Reims; elle ne dura guère moins de quatre années. Le prélat y mit en œuvre tous les moyens, tous les subterfuges. Tantôt il écrivait à Grégoire que le peu de sûreté des chemins l'empêchait de se rendre à l'appel des légats; tantôt il déclarait qu'il ne se croyait tenu d'obéir qu'au pape directement, traînant ainsi les choses en longueur pour éviter de se soumettre. Grégoire, qui, au milieu de toutes ses préoccupations, n'avait laissé de suivre cette affaire avec sollicitude, finit par le déposer[3].

Au reste, tout en portant une grande attention au choix de ses envoyés, Grégoire surveillait leurs démarches. Il ne tolérait de leur part aucun acte d'indépendance. Il exigeait que toutes les affaires traitées par eux lui fussent notifiées, se réservant, selon ce qu'il lui plairait, de confirmer ou de modifier leurs sentences[4]. Ces sentences n'étaient pas toutes équitables, et parfois des plaintes étaient portées

---

1. Ep. V, 2, 20; VIII, 28 : Ep. coll. 21, 37.
2. Ep. IV, 26; V, 19, 28 ; VIII, 15. Voir, dans l'index des *Mon. Greg.*, aux mots Bernardus et Gregorius, diac. legat. apost.
3. Ep. VI, 2 ; VII, 12; VIII, 17.
4. Ep. I, 16.

jusqu'à Rome. Grégoire, en écoutant ces plaintes et quelquefois en y donnant satisfaction, avait néanmoins le soin de sauvegarder la dignité de ses légats[1]. Comme la considération du Saint-Siège se trouvait engagée dans leurs décisions, il revenait sur celles-ci, quand elles lui paraissaient trop arbitraires; mais il ne le faisait que contraint par la nécessité, et toujours avec discrétion[2]; et, pour prévenir cette nécessité, il ne cessait d'enjoindre à ses légats la modération et la prudence[3], leur prescrivant même de simuler, au besoin, l'ignorance des fautes qui méritaient d'être punies[4].

1. Ep. I, 16. — Cf. Ep. VIII, 38.
2. « Discreta ratione. » Ep. I, 16.
3. Ep. coll. 39.
4. Ep. VIII, 28. Cf. Ep. V, 17.

III

Pour compléter les considérations que nous venons d'exposer, nous aurions à retracer, dans ses incidents et ses progrès, la lutte persévérante soutenue par Grégoire pour établir, à l'égard des pouvoirs temporels et de l'Église, cette entière souveraineté du Saint-Siège, qui lui semblait le fondement nécessaire de l'ordre social. Mais cette partie de la vie de Grégoire, de beaucoup la plus connue, offre peu de points sur lesquels ait lieu de s'excercer la critique. A cette partie se sont attachés en effet la généralité des écrivains. En France, où l'on s'est toujours préoccupé des rapports de l'Église et de l'État, les historiens de Grégoire ont abordé de préférence le récit de ses luttes avec les princes[1]. Il suffit parmi nous de rappeler le nom de ce pontife, pour qu'aussitôt se représente à l'esprit cette scène de Canossa où, dans la personne de Henri IV, pa-

1. C'est ce sujet, déjà si souvent abordé, qui a été traité de nouveau par M. Langeron dans un livre intitulé : *Grégoire VII ou les Origines de l'Ultramontanisme*, Paris, 1870, in-8º.

rurent s'humilier tous les rois. Quant aux rapports de Grégoire avec l'Église, dont l'étude avait été plus ordinairement négligée, ils ont été en Allemagne, depuis quelques années, l'objet de divers travaux, parmi lesquels nous mentionnerons les ouvrages, déjà cités, de Döllinger et de Giesebrecht[1]. Dans *le Pape et le Concile,* Döllinger a eu principalement pour but de signaler les empiétements du Saint-Siège sur l'Église; et, bien que, dans cet ouvrage, il embrasse l'histoire de la papauté depuis ses origines jusqu'à nos jours, il a néanmoins réservé une place importante aux faits contemporains de Grégoire. Un défaut de ce livre, composé d'ailleurs avec soin sur les documents originaux, c'est de n'avoir pas tenu un compte suffisant des convictions de ce pape, et de l'avoir montré obéissant trop souvent, dans ses relations avec le clergé, à un désir intéressé de domination. Quant à Giesebrecht, auquel ce dernier reproche ne saurait être adressé, il s'est exclusivement borné aux temps qui nous occupent, et a étudié l'action de Grégoire sur l'Église, non seulement pendant son pontificat, mais à l'époque où, sous

---

1. Nous pouvons indiquer un troisième ouvrage que nous avons eu entre les mains et inspiré de celui de Giesebrecht (Meltzer, *Papst Gregors VII Gezetzgebung und Bestrebungen in Betreff der Bischofswahlen.* Lipsia, in-8º, 1869). Mais la méthode adoptée dans cet ouvrage est défectueuse, en ce que l'auteur s'est attaché à suivre, selon les rigueurs d'un ordre purement chronologique, les rapports de Grégoire avec l'Église, ce qui ôte à cet écrit toute portée philosophique.

le nom d'Hildebrand, il jouait un rôle déjà prépondérant. Si recommandable à tous égards que puisse être ce travail, il est toutefois incomplet. L'auteur s'est proposé surtout de fixer la législation dont ce pape avait pu être le promoteur, s'attachant plus aux canons promulgués par lui dans les synodes qu'aux indications tirées de sa correspondance. Or, avec les tendances de caractère qui distinguaient Grégoire, l'homme, non moins que le législateur, dut influer sur l'Église. Au nombre des faits que, par suite de la méthode qu'il s'était imposée, Giesebrecht a dû nécessairement passer sous silence ou tout au moins montrer incomplètement, il en est un d'assez grande importance que, de son côté, Döllinger a négligé. Nous voulons parler de l'intervention de Grégoire dans l'élection des évêques.

Quelque autorité que Grégoire possédât sur l'Église, en déplaçant, en suspendant ou en déposant les évêques, il comprit que cette autorité serait plus solidement assise, si l'on n'appelait d'abord à l'épiscopat que des hommes dévoués au siège apostolique. De là, dans la nomination des évêques, une intervention qui, hâtons-nous de le dire, n'avait rien de régulier, mais qui, tout en étant bien plutôt l'effet du caractère dominateur de Grégoire que celui d'un système arrêté, n'en a pas moins exercé une influence considérable sur le régime ultérieur de l'Église. A s'en tenir à des déclarations répétées plusieurs fois dans ses lettres, Grégoire aurait été disposé à respecter les traditions qui laissaient au clergé et au peuple la liberté de nommer leur évêque. Mais ce n'est là qu'une apparence. Il n'entend pas qu'on choisisse un évêque dont la personne ou le nom lui serait totalement inconnu[1]. Il veut, d'ailleurs, qu'on n'élise à l'épiscopat qu'une personne capable (*idonea*), se réservant, si la capacité de l'élu ne lui paraît pas suffisante, de casser l'élection[2]. Giesebrecht cite un canon promulgué par Grégoire dans le synode de 1080, aux termes duquel le clergé et le peuple devaient, en présence d'un délégué soit du siège apostolique, soit du siège métropolitain, pourvoir par l'élection aux évêchés vacants; l'élection devait ensuite être approuvée de l'un ou l'autre de ces deux sièges[3]. A ne regarder que la législation formulée par Grégoire, la remarque est exacte; mais, en fait, l'intervention qu'à des titres divers ce pape a toujours soin de susciter est celle du siège apostolique[4]; et c'est devant ses légats qu'il veut, en définitive, que se fasse l'élection[5].

Ces légats ne se contentaient pas d'assurer le calme et la régularité des élections; ils en dirigeaient l'esprit[6]. « Depuis que nous savons votre Église

1. Ep. III, 10.
2. Ep. V, 5.
3. Ep. VII, 14 a.
4. Il veut que l'évêque élu se rende à Rome pour être consacré et prêter entre ses mains serment et obéissance à l'Église de Rome. Ep. I, 69, 80; V, 3; Ep. coll. 7. Cf. Ep. V, 11.
5. Ep. VIII, 45. (Voir aussi les lettres ci-après indiquées.)
6. Ep. VIII, 25.

privée de son pasteur, — écrit Grégoire, le 2 janvier 1075, au clergé et au peuple de Gubio et de Montefeltro, — nous sommes plein d'anxiété sur votre compte. Nous vous envoyons deux fils dévoués de l'Église romaine, l'abbé de Saint-Sabas et celui de Saint-Boniface, qui devront s'enquérir avec soin s'il se trouve parmi vous une personne capable de devenir votre pasteur. Si cette personne se rencontre, aussitôt qu'elle aura été honorée de votre choix et qu'elle aura satisfait aux règlements canoniques, ils nous l'enverront sans retard pour qu'il soit procédé à son ordination. Dans le cas où aucun parmi vous ne montrerait les aptitudes convenables à l'épiscopat, ils chercheront en dehors de vous, avec toute la sollicitude désirable, quelqu'un qui puisse vous gouverner selon les vues de Dieu, et nous l'adresseront de même aussitôt pour qu'il soit ordonné dans sa nouvelle dignité. Montrez-donc à ces légats une confiance sans réserve et obéissez-leur, persuadés que, dans cette circonstance, ils ne se proposent, avec l'aide de Dieu, que l'intérêt de votre salut et l'honneur de votre Église[1]. »

Grégoire va quelquefois plus loin, et ne craint pas de conseiller certains choix. Au mois de février 1079, il apprend que le siège métropolitain de Magdebourg est vacant. Il écrit en hâte aux fidèles de mettre un terme à cette vacance, recommandant aux

---

1. Ep. II, 41.

évêques et à tous les hommes religieux, tant clercs que laïques, dépendants de ce siège, de procéder d'un commun accord à l'élection du métropolitain. « Néanmoins, ajoute-t-il, si vous voulez suivre nos conseils, choisissez l'une des trois personnes dont nous vous donnons ici les noms et que nous savons jouir parmi vous d'une bonne renommée ; vous avez d'avance notre plein assentiment[1]. » Une autre fois il envoie Léger, évêque de Gap, aux fidèles de l'Église d'Arles, — privée aussi de son pasteur, — et les engage à le choisir pour leur évêque, dans le cas où, de concert avec ce prélat et avec Hugues, évêque de Die, légat apostolique, ils jugeraient que personne, dans leur diocèse, n'est apte à remplir la vacance[2]. De là à nommer directement l'évêque et à l'imposer aux fidèles, il n'y avait qu'un pas ; Grégoire n'a pas manqué de le franchir. Mais, portée jusque-là, son intervention est rare, accidentelle ; elle ne présente aucun des caractères qui appartiennent à un droit revendiqué, même indirectement, par le Saint-Siège[3]. Toutefois, si l'on ne peut dire que Grégoire se soit arrogé le droit de nommer lui-même les évêques, il a, sur ce point, frayé la voie à ses successeurs, en pratiquant, à côté des canons qui proclamaient la liberté de l'élection, quelque chose d'analogue à ce qu'on pourrait appeler le *suffrage dirigé*.

1. Ep. coll. 26.
2. Ep. VI; 21.
3. Ep. IV, 4, 5 ; V, 3, 8 ; VIII, 41.

C'est, il faut bien le reconnaître, par de tels actes d'autorité, que, tout en se proposant le seul bien de la religion, Grégoire acheva d'ébranler l'ancienne constitution de l'Église, déjà visiblement atteinte sous Nicolas Ier, et prépara la future servitude du clergé. Sans montrer, par de plus amples preuves, des tendances de caractère dont l'effet était de convertir en un despotisme de fait une magistrature exercée en principe dans un but tout désintéressé, arrivons de suite aux *Dictatus papæ,* qui constituent l'un des fragments les plus importants du registre de Grégoire. On connaît ces pages célèbres où, selon l'expression de Döllinger, Grégoire « a condensé le système entier de la toute-puissance et de la majesté papales. » C'est là qu'il déclare que le pontife de Rome a seul le droit de se dire universel (*universalis*); qu'il peut déposer les rois, comme suspendre et déposer les évêques; que de lui seul les conciles tirent leur autorité; qu'en matière de foi l'Église romaine ne s'est jamais trompée et ne se trompera jamais; qu'enfin le pape juge et n'est jugé par personne, et que toute sentence doit être suspendue à l'égard de quiconque fait appel au Saint-Siège.

Intercalés sans date dans le registre de Grégoire entre deux lettres de ce pontife, datées l'une et l'autre du mois de mars 1075, ces *Dictatus* ont donné lieu à de nombreux débats. Labbe[1], — ou plutôt son

---

1. Labb., *Concil.* X, p. 358; Baron., *Ann. eccl.* XVII, p. 430.

annotateur, — et Baronius pensent qu'ils ont été promulgués par Grégoire au synode de 1076, où, pour la première fois, il frappa Henri IV d'excommunication. Cette opinion ne nous paraît pas soutenable; car, si elle était juste, il faudrait expliquer comment ces *Dictatus* ne se trouvent pas joints, dans le registre, à la relation des actes de ce synode, au lieu d'y être inscrits un an avant cette date; et, d'une autre part, à supposer que les vingt-sept articles ou sentences que comprennent ces *Dictatus*, sorte de code de la toute-puissance papale, eussent été ainsi promulgués publiquement, le fait aurait eu du retentissement, et les chroniqueurs contemporains l'eussent infailliblement mentionné. Ce n'est pas seulement sur la circonstance ou la date à laquelle se rattachent les *Dictatus* que se sont produits des désaccords; on a mis en doute que Grégoire en fût l'auteur. Suivant l'opinion de la plupart des écrivains modernes, il faudrait attribuer, non à Grégoire lui-même, mais à un partisan de ce pape, la rédaction de ces maximes. Aux yeux de Voigt, le véritable auteur importe peu; il lui suffit que l'esprit des *Dictatus* se retrouve tout entier dans les idées et les actes de Grégoire[1]. Ajoutons enfin que l'authenticité même des *Dictatus* a été contestée par certains historiens[2].

---

1. Voigt, ouvrage cité, p. 380-382.
2. Fleury. *Hist. ecclés.*, l. LXIII, p. 408.

Il est regrettable que l'éditeur des *Monumenta gregoriana,* dans ses annotations critiques, n'ait rien dit d'un débat qu'il ne devait pas ignorer. Loin du manuscrit, nous ne pouvons que nous fier à l'autorité, d'ailleurs considérable, de Giesebrecht, qui a pris lui-même copie de ce manuscrit au Vatican, copie dont le texte a servi à l'édition de Jaffé. Au dire de ce savant, il n'y a pas à douter que les *Dictatus papæ*, comme le mot même l'indique, n'aient été dictés en effet par Grégoire[1]. Cette affirmation n'a rien qu'à la rigueur nous ne puissions accepter, car non seulement, ainsi que le remarque Voigt, l'esprit des *Dictatus* se retrouve dans toute la conduite de ce pontife; les termes mêmes en sont quelquefois reproduits dans sa correspondance. Mais, à l'égard du document en lui-même, nous repoussons toute opinion qui lui attribuerait le caractère d'une déclaration publique. Si les *Dictatus* avaient été écrits en vue d'une déclaration de ce genre, l'esprit net et exercé de Grégoire leur eût donné une autre forme de rédaction. Les diverses maximes qui les composent ont sans doute un même but, celui d'exprimer la double souveraineté du Saint-Siège sur le monde et sur l'Église. Mais aucun ordre logique ne préside

1. Gieselbrecht remarque avec raison que la rubrique *Dictatus papæ* revient à diverses reprises dans le registre de Grégoire pour indiquer les pièces qui sont l'œuvre personnelle de ce pape; il ajoute que les doutes émis sur l'authenticité de ces *Dictatus* ne reposent, à ses yeux, sur aucune base solide, mais il n'entre, à cet égard, dans aucune discussion critique. Ouvrage cité, p. 149.

à la succession de ces maximes. Telles sentences qui, en vertu de leur objet commun, ou parce que l'une est la conséquence de l'autre, devraient être rapprochées, se trouvent, au contraire, à distance, et réciproquement. Trop bref sur certains points, l'auteur des *Dictatus* se montre diffus sur d'autres. Pour tout dire, ces vingt-sept propositions, sans lien entre elles, flottent dans un cadre qui n'a rien d'arrêté et pourrait également être réduit ou s'étendre davantage. Ce sont comme des notes rassemblées à la hâte pour l'usage personnel de celui qui les a écrites ou dictées[1].

Tel est en effet notre sentiment. Ces *Dictatus* ne nous semblent pas être autre chose qu'un abrégé, une sorte de *memento*, répondant à des préoccupations intimes de Grégoire, à des projets peut-être, et dicté par lui pour aider sa pensée. Il n'y a rien d'excessif à supposer que ces préoccupations, ces projets, se rattachaient à la lutte qu'il était déterminé à soutenir contre l'Église et les princes, lutte que déjà il avait commencée. Quant à expliquer pourquoi ces *Dictatus* se trouvent placés entre deux lettres, l'une du 3 et l'autre du 4 mars 1075, et se relient conséquemment à une date approchante, ni

---

1. Le mot *debemus* inséré dans la 6ᵉ sentence, mot qu'a signalé Giesebrecht, p. 149, n. 58, *loc. cit.*, et qui semble ici un peu étrange dans la bouche de Grégoire, s'explique suffisamment, si l'on admet, comme nous, une rédaction hâtive et faite, comme on le verra ci-après, d'après certaines recherches.

l'une ni l'autre de ces lettres, dont l'objet ne se rapporte en rien à celui des *Dictatus,* ne peuvent fournir de renseignements. Mais, un peu avant la lettre du 3 mars, on trouve, dans le registre de Grégoire, la relation du synode des 24-28 février 1075. Or, dans ce synode, où affluèrent un nombre considérable de prélats, d'abbés, de clercs de tout ordre et de laïques[1], Grégoire suspendit ou déposa plusieurs évêques, excommunia le duc de Pouille et le neveu de Robert Guiscard, fit sentir l'effet des foudres pontificales jusque dans l'entourage immédiat du roi de Germanie, et menaça d'excommunication le roi de France, Philippe Ier. C'est là, selon nous, qu'il convient de chercher la cause occasionnelle qui a déterminé l'insertion des *Dictatus*. Il ne serait pas impossible qu'en ce synode Grégoire eût rencontré autour de lui de l'étonnement ou de la résistance sur l'usage qu'il faisait des prérogatives du Saint-Siège, ni que lui-même eût conçu quelques scrupules. Dans l'un ou l'autre cas, il aurait, au bout de plusieurs jours, dicté les vingt-sept sentences dont l'intitulé, *Quid valeant pontifices Romani*, reproduisait peut-être les termes d'une question soulevée dans l'assemblée ou qu'il se serait, de son côté, secrètement adressée.

Quant au texte de ces sentences, il est permis de

---

1. « Ubi interfuit archiepiscoporum, episcoporum et abbatum multitudo atque diversi ordinis clericorum et laicorum copia. » Ep. II, 52 a

conjecturer qu'avant de les formuler Grégoire s'aida de recherches opérées dans les livres canoniques. On le voit en effet, à l'appui de l'une des propositions dont se composent les *Dictatus,* citer un ancien document avec une précision minutieuse[1]. Cette citation nous est elle-même un indice que le recueil du Pseudo-Isidore a été l'un des documents qui servirent à ces recherches. L'on a remarqué avec raison que les *Dictatus,* à les prendre dans leur sens général, ne sont guère que des répétitions ou des conséquences immédiates des Fausses Décrétales. Il y a plus ; en rapprochant le texte du Pseudo-Isidore de celui des *Dictatus,* on constate, pour plusieurs des maximes qu'ils contiennent, de telles similitudes, qu'on est porté à penser qu'ils ont été ou extraits ou inspirés de ce recueil[2]. Est-ce à dire que Grégoire n'eût pu rencontrer ailleurs les éléments de ces vingt-sept sentences? Ce serait ne pas tenir compte du travail qui, depuis des siècles, s'était opéré dans la littérature ecclésiastique en faveur de la toute-puissance des papes; et, lors même que Grégoire n'eût emprunté aux Fausses Décrétales qu'une de ses maximes les plus hardies, on peut dire qu'il lui eût suffi d'avoir sous les yeux la correspondance de Nicolas Ier, pour y trouver, à peu de chose près, le fondement de toutes les autres[3].

1. Voy. la sentence n° 23.
2. *Bibliothèque de l'École des Chartes,* année 1872, p. 378-385.
3. Il n'est pas sans intérêt de rappeler ici qu'un contemporain de

Une question, qui ressort de ces considérations, se présente naturellement à l'esprit. Grégoire croyait-il à l'authenticité des Fausses Décrétales, invoquées par lui non seulement dans ses *Dictatus*, mais dans les lettres les plus importantes de sa correspondance[1]? Ici nous touchons au côté faible du caractère de Grégoire. Tout entier à la grande œuvre qu'il poursuivait, cet homme, austère dans ses mœurs[2], de convictions ardentes et désintéressées, d'une énergie égale à son activité, d'une intelligence dont on ne peut nier la hauteur, et chez qui se révèle une étonnante capacité administrative, ne semble pas avoir été toujours exempt de reproches dans l'emploi des moyens propres à réaliser ses projets. En ce qui regarde les Fausses Décrétales, il n'est pas à penser que Grégoire suspectât un document qui, dès le temps de Nicolas Ier, avait commencé de s'introduire dans la littérature canonique, et sur lequel s'étaient étendus ensuite deux siècles de ténèbres. En revanche, sous le pontificat même de Grégoire, se produisaient d'autres falsifications dans le but

---

Grégoire, Bonizo, l'auteur du *Liber ad amicum*, composa un traité dans lequel, au chapitre intitulé *De excellentia ecclesiæ Romanæ*, on trouve quarante propositions dont un certain nombre, soit par le sens, soit même par les termes, correspondent directement aux *Dictatus*. Voy. *Nova Bibliotheca patrum*, pars tertia, p. 47, 48. Romæ, 1854, in-f°.

1. *Ep.* VI, 35, VII, 2 ; VIII, 21. Dans la lettre VI, 35, il y a une longue page extraite mot pour mot du Pseudo-Isidore.

2. Au milieu de tant d'injures adressées à Grégoire, le cardinal Bennon ne dit rien contre ses mœurs.

manifeste de soutenir le système de ce pape. L'un des chapitres les plus intéressants du livre *le Pape et le Concile* est consacré à l'examen de ces falsifications[1]. Des hommes de l'entourage de Grégoire se mirent, sans scrupule, à remanier le droit de l'Église dans le sens conforme aux idées de leur maître. Le principal de ces auxiliaires, Anselme de Lucques, composa, sur l'ordre du pontife, un ouvrage considérable, destiné à servir la puissance monarchique de la papauté, et dans lequel, aux inventions du Pseudo-Isidore, il ajouta une série de fictions nouvelles qui entrèrent plus tard dans le livre de Gratien[2].

1. *Le Pape et le Concile*, p. 115-136.
2. Comme Döllinger, Giesebrecht (*ibid.*, p. 251, 152) mentionne ce même ouvrage, qu'il dit aussi rédigé par Anselme sur l'ordre de Grégoire ; mais il n'aborde pas la question délicate des falsifications. Inutile de dire qu'il ne s'agit pas ici de fabrications de textes telles que celles du Pseudo-Isidore, mais seulement d'altérations. Tandis que, dans l'entourage de Grégoire, avait lieu ce genre de fraude, des pratiques de même sorte étaient reprochées aux partisans de Henri IV par le cardinal Dieudonné, qui, de son côté, ne se faisait faute d'user de ces procédés. Il y avait d'ailleurs d'autres espèces de falsifications. Grégoire, à un endroit de sa correspondance (Ep. I, 33), parle d'une bulle fausse d'Alexandre II, et lui-même s'abstenait parfois de sceller en plomb ses propres lettres, de peur que le sceau pontifical ne servît à des faussaires (Ep. VIII, 40 ; Ep. coll. 40). M. Léopold Delisle a signalé un curieux exemple de fraude qui eut lieu au xie siècle. Les moines de Saint-Bénigne de Dijon découpèrent en deux fragments une bulle sur papyrus de Jean XV (année 995) qui se trouvait dans leurs archives, et, au dos de ces fragments, écrivirent deux fausses bulles, l'une de Jean V et l'autre de Serge Ier. Voir, à ce sujet, l'intéressante dissertation du savant académicien (*Mélanges de paléographie et de bibliographie*, p. 37-52, in-8°, Paris, Champion, 1880).

Grégoire ignorait-il cette œuvre de mensonge, et doit-on n'en rendre responsable que le zèle inconsidéré de ses partisans? Bien que le fait de cette ignorance soit difficile à admettre de la part d'un homme dont l'attention passionnée se portait sur toutes choses, il serait téméraire d'énoncer ici la moindre affirmation. Au dire de Döllinger, Grégoire n'aurait pas craint lui-même d'user de ces procédés, et il note, comme exemple, la lettre que ce pape adressa à l'évêque de Metz, Hermann, à l'occasion de la déposition prononcée contre Henri IV[1]. Lorsqu'il rédigea cette importante missive, lisons-nous dans *le Pape et le Concile*, Grégoire, invoquant à un endroit une lettre de Gélase à l'empereur Anastase « fit dire à ce pontife le contraire de ce qu'il avait écrit, à savoir que les monarques sont absolument et universellement soumis au pape, tandis qu'en réalité Gélase avait écrit que les chefs de l'Église sont soumis aux lois des empereurs et n'avait décliné l'intervention du pouvoir temporel qu'en matière de foi et de sacrement. » L'infidélité de la citation faite ici par Grégoire n'est pas contestable : non qu'il eût altéré, dans son texte, l'épître de Gélase ; mais, par le rapprochement arbitraire de quelques phrases séparées, il en avait modifié en partie la signification[2].

---

1. *Ep.* VIII, 21.
2. *Ep.* VIII, 21 (p. 457, 458, in *Monum. gregor.*). Cf. Labb., *Concil.* IV, 1182. Voici, dans son intégrité, le fragment de la lettre de Gélase dont s'est servi Grégoire : « *Duo sunt quippe, imperator auguste, quibus principaliter mundus hic regitur, auctoritas sacrata*

A la vérité, on ne saurait supposer que Grégoire rédigeât lui-même toute sa correspondance ; et la lettre en question, sorte de *factum* où abondent des citations puisées à des sources diverses, nous paraît l'une de celles dont la rédaction fut vraisemblablement préparée par une autre main. Toutefois, comme il n'est guère à douter que cette lettre n'eût été mise sous ses yeux avant d'être expédiée, elle demeure, à certains égards, son ouvrage ; et, si l'on ne peut accuser Grégoire de falsification, du moins peut-on lui reprocher une facilité d'interprétation qui ne s'allie qu'imparfaitement au respect de la vérité.

En somme, et malgré les autres exemples allégués par Döllinger, la seule faute que, dans cet ordre d'idées, on soit en droit d'imputer à Grégoire, c'est

pontificum et regalis potestas; in quibus tanto gravius pondus est sacerdotum, quanto etiam pro ipsis regibus hominum in divino reddituri sunt rationem. Nosti etenim, fili clementissime, quod, licet præsideas humano generi dignitate, rerum tamen præsulibus divinarum devotus colla submittis, atque ab eis causas tuæ salutis expetis, inque sumendis cælestibus sacramentis eisque (ut competit) disponendis, subdi te debere cognoscis religionis ordine potius quam præesse. *Nosti itaque inter hæc ex illorum te pendere judicio, non illos ad tuam velle redigi voluntatem.* Si enim, quantum ad ordinem pertinet publicæ disciplinæ, cognoscentes imperium tibi superna dispositione collatum, legibus tuis ipsi quoque parent religionis antistites, ne vel in rebus mundanis exclusæ videantur obviare sententiæ ; quo (rogo) te decet affectu eis obedire, qui pro erogandis venerabilibus sunt attributi mysteriis ? » De ce fragment, Grégoire n'a reproduit que les deux phrases que nous avons soulignées, en les séparant par ces seuls mots : « Et, paucis interpositis (Gelasius) inquit. » On voit, d'après cela, que le sens de la lettre de Gélase était assez gravement altéré. On voit aussi que la traduction donnée par Döllinger n'est pas non plus très exacte.

d'avoir subordonné les textes aux nécessités de son système et, à l'exemple de Nicolas Ier, de n'y avoir puisé que les arguments qui servaient ses doctrines. Notons au reste qu'aucun reproche ne fut adressé à Grégoire par ses contemporains au sujet des falsifications dont il aurait pu se rendre coupable. Mais, s'il ne recourut pas lui-même à des fraudes que ne craignaient pas, autour de lui, d'employer ses partisans, il faut reconnaître que, dans l'entraînement de la lutte qu'il eut à soutenir, il se laissa emporter à des excès indignes de sa grande âme, au point d'oublier quelquefois les sentiments de l'humanité. C'était assurément se montrer inexorable que de laisser Henri IV, pendant trois jours, attendre, à demi vêtu et les pieds dans la neige, la clémence du Saint-Siège. Une sévérité aussi outrée indigna quelques-uns de ses contemporains, qui la lui reprochèrent avec vivacité, comme il en fait lui-même l'aveu[1]. Un tort plus grave dans la conduite de Grégoire, c'est qu'il n'hésitait pas, dans l'occasion, à imposer ses vues par la violence. Dans nombre de lettres, il fait appel à la force, et se montre prêt, pour faire prévaloir ses idées, à déchaîner les conflits homicides[2].

1. Ep. IV, 12.
2. Ep. I, 46, 72 ; V, 4 ; VII, 10, 14 ; VIII, 7, 10, 14 ; 27 ; Ep. coll. 13. On connaît les excès commis à Rome par Robert Guiscard, qui, sur la fin du pontificat de Grégoire, vint délivrer ce pape prisonnier au château Saint-Ange. En allant, peu de temps après, terminer ses jours auprès de ce prince, Grégoire ne témoignait pas, ce semble, qu'il désapprouvât ces violences.

Ne redoutant pas la mort[1], allant par moments jusqu'à la désirer[2], exhortant les évêques à ne la point craindre, à l'affronter au besoin[3], il semblait par cela même ne pas se faire scrupule d'y exposer les autres hommes. Si peu surprenant qu'il soit de voir, à cette époque troublée, l'épée tirée pour les prétentions de l'Église, il convient de remarquer que ce recours à la force répugnait alors à certaines âmes honnêtes. Le *Liber ad amicum* de l'évêque de Sutri nous apporte, à ce sujet, de curieuses révélations. Plusieurs pages de cet opuscule sont consacrées à justifier l'emploi du glaive au service de l'Église[4]; et, de l'aveu même de l'évêque, ces pages sont la réponse à une question qui lui avait été adressée[5]. On ne peut douter que l'évêque de Sutri ne se fasse ici l'écho des doctrines de son maître et de son ami. Or toute la discussion du prélat a pour objet de légitimer par avance la mesure terrible à laquelle Innocent III devait se porter plus tard, l'extermination des hérétiques[6]. Déjà, dans sa rigueur, Grégoire en était venu à excommunier les morts[7]. Encore quelques pas dans cette voie, et

---

1. Ep. IV, 1; VI, 1; VIII, 34.
2. Ep. II. 9. 49; V, 21.
3. Ep. III, 18.
4. Bonitho, *Lib. ad am.*, l. IX, *Mon. Gregor.*, p. 685-689.
5. *Ibid.*, p. 685.
6. *Ibid.*, p. 686.
7. Quibus vivis non communicavimus, nec mortuis communicare audemus. » Ep. IV, 6.

l'on jettera au vent les cendres des hérétiques.

On voit que si Grégoire, par son esprit de domination, rappelle et dépasse Nicolas Ier, il est également, sous le rapport de l'intolérance, le prédécesseur d'Innocent III. Toutefois, dans ce qui vient d'être dit, la violence, la rigueur excessive de Grégoire, peuvent, sinon se justifier, du moins s'expliquer par une conviction passionnée. Il est plus difficile d'excuser ce pontife de sa complaisance pour Guillaume le Conquérant, complaisance dont le résultat fut d'accabler une nation de tous les maux de l'invasion. On cherche vainement ici chez Grégoire une raison d'ordre général. Lui-même confesse n'avoir guère alors subi d'autre impulsion que celle d'une sympathie personnelle pour ce prince. Peut-on dire, du moins, qu'il ne pouvait, au temps où il vécut, considérer les effets de la conquête du point de vue moral auquel nous les voyons aujourd'hui? Les lignes suivantes, adressées par ce pape à Guillaume, quatorze ans après la bataille d'Hastings, répondent à cette question. « Très excellent fils, écrit-il, tu n'ignores sans doute pas de quelle vive et sincère affection je n'ai cessé de te chérir dans les temps qui précédèrent mon élévation au pontificat, ni de quel zèle et avec quelle efficacité j'ai servi tes intérêts, ni surtout avec quelle ardeur j'ai travaillé à te faire roi. Cette ardeur m'a valu de me voir noté d'infamie par plusieurs de mes collègues, qui réprouvaient une complaisance dont tant d'homicides devaient être la suite. Cependant, au fond de ma conscience, Dieu m'était témoin que, dans cette circonstance, j'avais agi avec des intentions droites, espérant tout ensemble et de la grâce céleste et de tes vertus, auxquelles j'avais confiance, que, plus haute serait ta dignité, meilleur tu te montrerais selon Dieu et l'Église[1]. »

On a souvent comparé Grégoire à Nicolas Ier. Si de pareils actes de violence ne peuvent être reprochés à celui-ci, est-ce à dire qu'il fut supérieur à Grégoire par l'élévation des idées et celle du caractère? Telle n'est pas notre pensée. Il n'eut pas, comme Grégoire, de ces luttes terribles à soutenir et dans lesquelles les intelligences les plus fermes ont parfois des défaillances; il ne fut pas, comme lui, aux prises avec un monde déchiré et sans principes. Il eut assurément de la grandeur; mais il reste, en quelque sorte, détaché de la société qu'il domine. Grégoire, au contraire, surtout si on le juge depuis son avènement au pontificat, se dévoue sans réserve à la mission dont il a une fois accepté le fardeau, et il domine moins la société qu'il ne la remplit de lui-même. Pour terminer cet aperçu de la vie et des doctrines de Grégoire, ajoutons qu'il vécut et mourut triste. Cette tristesse est visiblement empreinte dans sa correspondance. Une complexion maladive[2], dont

---

1. Ep. VII, 23.
2. Ep. I, 1, 62; II, 9; Bonitho, *Lib. ab am.*, l. VII in *Mon.*

se ressentait son humeur, l'impression douloureuse qu'il éprouvait au spectacle des désordres de l'Église et du monde¹, les haines que lui suscitèrent des prétentions qu'il croyait conformes à la justice², enfin un secret dégoût de la vie militante, dégoût qui perce en plusieurs de ses lettres³, expliquent chez lui cette tristesse. Elle s'augmentait encore d'un certain sentiment de doute qui ne saurait échapper au lecteur attentif de ses écrits; et nous ne serions pas éloigné de penser que, si Grégoire conserva toujours une égale confiance en ses propres idées, il ne fut pas toujours aussi convaincu dans l'application qu'il en fit⁴.

greg., p. 661. La maladie faillit l'emporter dans la seconde moitié de l'année 1074.
1. Ep. II, 49 et *passim*.
2. Ep. III, 14.
3. Ep. II, 49 ; VII, 14 a.
4. Un contemporain, qui, en général, mérite confiance, Sigebert de Gembloux, rapporte que Grégoire, au moment suprême de la mort, eut regret de quelques-uns de ses actes. Voir, à ce sujet, les réflexions critiques de M. Ch. Giraud (*Revue des Deux-Mondes*, mai 1873.)

INNOCENT III

(1198-1216)

INNOCENT III

(1198-1216)

I

Innocent III, dont le pontificat a été considéré, non sans raison, comme marquant le point culminant du pouvoir théocratique, occupa la chaire de saint Pierre du 8 janvier 1198 au 16 juillet 1216. La correspondance de ce pape, de même que celle de Grégoire VII, nous est connue par les registres où, selon l'usage de l'Église romaine, étaient transcrits les actes émanés du Saint-Siège. Malheureusement ces registres ne nous sont pas tous parvenus, et quelques-uns de ceux qui nous ont été conservés ne l'ont pas été dans leur intégrité [1]. On sait d'ailleurs qu'il n'était pas dans les coutumes de la chancellerie romaine de garder la transcription de tous les actes expédiés. En ce qui regarde Innocent III, ce fait

1. Voy. à l'Appendice notre notice intitulée : *les Registres d'Innocent III*.

n'est pas seulement attesté par l'existence de pièces originales qu'on ne retrouve pas dans les registres ; les registres eux-mêmes en font foi. Des recherches opérées à différentes époques et continuées jusqu'à nos jours ont permis de combler ces lacunes en une certaine mesure, et l'on est aujourd'hui en possession d'un ensemble de documents assez considérable pour se former une notion exacte de cet illustre pontificat. Mais, avant d'aborder les divers sujets traités dans cette correspondance, nous emprunterons aux registres de courtes indications sur cette chancellerie apostolique dont nous avons dit quelques mots dans une précédente Étude [1]. Elles donneront une première idée de ce qu'était alors l'Église romaine, devenue, par l'effet de la puissance grandissante du Saint-Siège, la cour de Rome ou la curie romaine.

On possède, à cette heure, 5,116 lettres ou fragments de lettres d'Innocent III [2], sur lesquelles 3,702 nous ont été transmises par les registres [3].

---

1. Voir notre Étude sur Nicolas Ier.
2. C'est le chiffre donné par Potthast dans son *Regesta pontificum* publié en 1873-1874. Voir à l'Appendice ce que nous disons de cet ouvrage.
3. L'abbé Migne a publié, dans sa *Patrologie*, le texte des lettres qui proviennent des registres, sous ce titre : *Innocentii III Opera omnia,* quatuor tomis distributa, accurante J.-P. Migne, 1855, in-4º (t. CCXIV-CCXVII du *Patrologiæ latinæ cursus completus*). C'est à cette publication que nous renvoyons le lecteur pour toutes les citations que nous ferons des lettres d'Innocent III.

Encore est-il permis d'affirmer que, par de nouvelles recherches, ce nombre pourra être augmenté de plusieurs centaines de lettres. Par ce seul chiffre, on peut juger de l'extension que, depuis Grégoire VII et, à plus forte raison, depuis Nicolas Ier, avait prise l'action de la papauté. A la vérité, les registres d'Innocent III ne se composent pas uniquement d'actes émanés du Saint-Siège. Ils renferment un certain nombre de lettres adressées à ce pontife par les rois de France et d'Angleterre, par les empereurs d'Allemagne et de Constantinople et par d'autres princes souverains de la chrétienté. On y trouve aussi des lettres de Milo, notaire et légat apostolique, et de Simon de Montfort, sur la guerre des Albigeois ; on y rencontre également des lettres de barons ou d'évêques au sujet de l'Église grecque et des évènements de la Terre sainte. Par une disposition qui rappelle un usage déjà établi sous Grégoire VII, ces registres sont divisés par livres dont chacun correspond à une année du pontificat. C'était vraisemblablement pour la commodité des affaires, devenues de plus en plus nombreuses, que les papes avaient adopté cette disposition. Le même motif en avait fait adopter une autre ajoutée à celle-là; c'était de distribuer les livres par cahiers, en sorte que le scribe, ayant besoin, soit dans les actes expédiés, soit dans le texte des registres, de renvoyer aux pièces enregistrées, indiquait le livre et, avec le livre, le cahier¹. Nous savons, par le témoignage d'Innocent III, que cette division par cahiers existait déjà sous Alexandre III².

La multiplicité des affaires, qui avait amené cette division dans la transcription des actes, avait amené également, entre les scribes apostoliques, la répartition du travail. Suivant M. Léopold Delisle, à qui l'on doit un remarquable mémoire sur *les actes d'Innocent III*³, une double besogne précédait la transcription des pièces sur les registres. On dressait d'abord une minute ou abrégé de l'acte, et, cette minute une fois approuvée, on rédigeait l'expédition ou grosse, qui était la pièce originale délivrée aux destinataires; puis l'on procédait, d'après celle-ci, à l'enregistrement. De là trois genres de fonctionnaires : les clercs chargés de préparer les minutes (*abreviatores*), les clercs préposés à la rédaction des grosses (*grossatores*), et les clercs de l'enregistrement (*registratores*), auxquels il faut ajouter les *bullarii* ou clercs chargés de l'apposition de la bulle⁴, les uns et les autres exerçant leurs

---

1. « Sicut continetur in penultimo quaterno regesti duodecimi anni. » Ep. XIII, 87. Cf. Ep. XII, 66; XIII. 86. Le scribe indique même quelquefois non seulement le cahier, mais le folio du cahier.

2. Ep. I, 540, 549,

3. *Mémoire sur les actes d'Innocent III*, par M. L. Delisle, Paris, Durand, 1858, in-8°.

4. D'après une note écrite en marge d'une lettre d'un des registres d'Innocent III, on est porté à penser que l'enregistrement avait lieu avant l'apposition de la bulle. Ep. XIII, 113.

fonctions sous la surveillance du chancelier et des notaires. Toutefois il n'est pas certain que cette division du travail, qui paraît pleinement en usage au siècle suivant, fût déjà adoptée sous Innocent III. Du moins, on ne remarque pas, dans les lettres de ce pontife, que les scribes de sa chancellerie soient désignés par des dénominations correspondant à un classement introduit dans leurs attributions. Il les nomme *scriptores cameræ* ou simplement *scriptores* [1]. Les clercs chargés de l'apposition de la bulle semblent seuls avoir eu, de son temps, des fonctions bien distinctes. Ce pape, dans sa correspondance, consacre lui-même une mention particulière au *bullator* [2]. Ajoutons que, selon toute apparence, les minutes n'étaient pas conservées dans les archives pontificales. Il est vrai que leur extrême concision les rendait à peu près inutiles, ces actes préparatoires, d'après un mot d'Innocent III, n'étant guère que de simples notes [3].

Les actes expédiés par le Saint-Siège n'étant pas tous enregistrés, on peut se demander comment se décidait l'enregistrement. Il n'est pas douteux qu'on n'enregistrât d'office des pièces d'une nature déterminée, telles que les diverses notifications (*litteræ*

1. Ep. I, 145; II, 195; V, 152; VI, 221; VII, 70; et *passim*.
2. Ep. I, 349. C'est aussi de cette sorte de fonctionnaires qu'il est question, sous le nom de *bullarii*, dans la chronique intitulée *Gesta Innocentii papæ III* et placée par l'abbé Migne en tête de sa publication.
3. Ep. I, 262.

generales)¹ adressées aux évêques, aux princes de la chrétienté ou à l'universalité des fidèles, et, avec elles, d'autres actes d'un intérêt majeur, comme les lettres du pape sur le droit canonique et l'élection des évêques. Peut-être aussi les scribes étaient-ils avertis, une fois pour toutes, d'enregistrer les lettres relatives à certaines affaires graves, ainsi qu'il dut arriver pour la querelle de l'Empire dont toutes les pièces furent réunies dans un registre spécial, le *Registrum super negotio imperii Romani*. Quant aux lettres qui ne rentraient pas dans l'une ou l'autre de ces catégories, il est permis de penser que le pape ou le chancelier, ou encore l'un des notaires qui concouraient avec celui-ci à la direction de la chancellerie, en ordonnait de lui-même la transcription². Enfin certaines pièces étaient enregistrées à la requête des destinataires, qui ne croyaient pas leurs intérêts suffisamment sauvegardés par la possession des expéditions proprement dites³.

---

1. Les *Litteræ generales* (Ep. XVI, 29 ; *Reg. imp.*, ep. 98) peuvent être ajoutées à l'intéressante énumération que M. L. Delisle a donnée, dans son mémoire, des différentes espèces d'actes d'Innocent III.

2. Ainsi, pour prendre un exemple parmi les actes adressés au Saint-Siège, ce fut sans doute Innocent III qui prescrivit l'enregistrement des serments prêtés par les barons et les villes du midi de la France au sujet de l'hérésie, et dont Mile, son légat, lui avait envoyé des copies collationnées avec soin sur les titres originaux. Ep. XII, 106.

3. L. Delisle, mémoire cité, p. 11. Voir aussi une note de Baluze insérée dans le t. I de l'édition Migne, col. 856.

Non seulement les registres ne contenaient pas le double de toutes les lettres expédiées, mais les pièces enregistrées n'étaient elles-mêmes, pour la plupart, qu'un abrégé des actes originaux [1]. Tout incomplets qu'ils fussent, ces registres n'en représentaient pas moins, pour le Saint-Siège, le plus précieux de ses documents. Innocent III déclarait qu'on ne pouvait causer de plus grand dommage à l'Église de Rome qu'en altérant ou en détournant ces registres [2]. On y recourait à tout moment pour continuer une correspondance, pour vérifier certains faits. Si l'une des lettres émanées de la chancellerie venait à s'égarer, on la recopiait d'après les registres, et la lettre, ainsi rétablie, était expédiée de nouveau [3]. Indépendamment des copies délivrées sur la requête des personnes intéressées, les registres étaient mis, au besoin, sous les yeux des demandeurs. Malgré les précautions qui présidaient à cette communication [4], elle ne se faisait pas sans péril; une personne admise, sous le pontificat d'Innocent III, à consulter le registre d'un de ses prédécesseurs, trouva moyen d'en arracher deux feuillets [5].

Un autre usage auquel servaient les registres,

---

[1]. Voy. à l'Appendice les détails que nous donnons sur ce point dans la notice intitulée : *les Registres d'Innocent III*.
[2]. Ep. I, 540.
[3]. Ep. IX, 189.
[4]. La communication avait lieu « coram clerico càmerarii considente et totum observante. » L. Delisle, *ibid.*, p. 15, note 1.
[5]. Ep. I, 549.

c'était à contrôler le texte des lettres pontificales qu'on soupçonnait d'être apocryphes[1]. Les falsifications de ce genre, déjà fréquentes sous Grégoire VII et Nicolas Ier, ne l'étaient pas moins au temps d'Innocent III. A plusieurs reprises, ce pape écrit aux évêques de se tenir en garde contre la fraude, et d'examiner avec soin les lettres expédiées en son nom. Il leur indique, à cette occasion, en quoi consistent le plus ordinairement les manœuvres des faussaires[2], et, au besoin, entre dans le détail de quelques-unes des formules adoptées par sa chancellerie[3]. Par cela même que les lettres expédiées n'étaient pas toutes transcrites sur les registres, ceux-ci n'offraient pas toujours le moyen de reconnaître la fraude. Dans ce cas, qui se présenta plus d'une fois sous le pontificat d'Innocent III, la lettre incriminée était examinée en détail par les officiers de la chancellerie. La bulle, le fil de la bulle, son point d'attache, le parchemin, l'écriture, la rédaction, les formules, tout était soumis à une inspection minutieuse. Pour un simple trait d'écriture, une pièce devenait sus-

---

1. Ep. I, 540.
2. Ep. I, 349.
3. Ep. III, 37; X, 80; XI, 144. Pour les actes faux d'Innocent III, voir en outre les lettres suivantes : Ep. I, 235, 262, 382, 456, 531; II, 29; VI, 120; IX, 112: XV, 11, 232. Les faussaires opéraient leurs manœuvres jusque dans le palais du pape, et trouvaient moyen quelquefois d'intercaler une pièce apocryphe dans une liasse de lettres préparées pour recevoir la bulle (Ep. I, 349). Innocent III parle même d'anciens registres où des actes faux avaient été transcrits (Ep. VI, 75).

pecte[1]. Un mot employé à la place d'un autre[2], une erreur dans la formule du salut[3], suffisait de même à établir ou à supposer la fausseté d'un acte. Indépendamment de ses propres lettres, Innocent III était appelé, dans certaines circonstances, à se prononcer sur l'authenticité d'actes émanés de ses prédécesseurs, de princes même ou d'évêques[4]. On procédait de la même manière; le sceau, l'écriture, le style étaient examinés scrupuleusement[5]. D'après ces détails, on conçoit que les scribes de la chancellerie n'étaient pas tous de simples expéditionnaires, et que le pape devait avoir auprès de lui de vrais diplomatistes. Deux fonctionnaires, que nous n'avons pas eu encore occasion de mentionner, le *corrector litterarum*[6], chargé, comme son nom l'indique, de corriger les leçons fautives introduites

1. Ep. X, 80.
2. Ep. XI, 44.
3. Ep. X, 80. Outre leur intérêt au point de vue de l'authenticité des actes, les formules du salut avaient une signification particulière au point de vue de la discipline. Selon que le pape avait à se plaindre des destinataires, il variait ces formules. Il arriva même une fois que, le pape ayant par inadvertance adressé le salut apostolique à des personnes excommuniées, un évêque lui écrivit pour savoir s'il convenait de considérer ce salut comme une absolution (Ep. VII, 224).
4. Ep. II, 37; VI, 227.
5. Si l'on rapproche les lettres où sont consignés les résultats de ces examens de celles où Innocent III indique lui-même les usages de sa propre chancellerie, on se trouve posséder un ensemble d'indications des plus précieuses pour la diplomatique générale de l'époque; car la date des pièces ainsi produites sous les yeux du pape ne remonte guère en deçà du xiie siècle.
6. Ep. XV, 167.

par les scribes dans la rédaction des actes, et le *scriniarius,* préposé à la conservation des archives pontificales, devaient vraisemblablement assister le pape dans l'examen des documents. En ce qui regarde le *scriniarius,* le fait est hors de doute [1].

Il est inutile de dire qu'Innocent III n'était pas l'auteur de toutes les lettres expédiées en son nom. De son aveu, il était des lettres qui sortaient de sa chancellerie, sans qu'il en prît connaissance [2], et d'autres à la rédaction desquelles il ne semble pas avoir participé, mais qu'on lui lisait avant de les délivrer [3]. On possède, pour le pontificat de Boniface VIII et les temps qui suivirent, des règles précises qui permettent de distinguer les lettres rédigées par les papes de celles qui étaient l'œuvre des employés de la chancellerie [4]. Il ne paraît pas qu'aucune règle de ce genre ait été établie à l'époque d'Innocent III, et l'on est réduit, pour discerner les lettres qui lui sont personnelles, à des conjectures fondées sur leur objet. Il est vrai que, pour un lecteur attentif, ces conjectures équivalent à une certitude. Ainsi on peut regarder comme indubitable qu'Innocent III n'intervenait pas dans la rédaction des lettres de privilèges, qui constituent une part no-

---

1. Ep. XVI, 61. Une autre fonction du *scriniarius* était de recevoir et d'écrire les serments de fidélité prêtés au Saint-Siège et à l'Église romaine. Ep. XII, 5 et *passim.*
2. Ep. XI, 144.
3. Ep. I, 262.
4. L. Delisle, *op. cit.*, p. 22.

table de sa correspondance; il ne devait non plus intervenir dans celle des lettres litigieuses, sortes de *factums* où étaient relatés en détail tous les incidents des débats soutenus en cour de Rome. On doit croire, au contraire, que les lettres qui se rattachaient aux grandes affaires de son pontificat, comme les affaires d'Allemagne et de la Terre sainte, représentent sa pensée particulière. Le style, non moins que la nature ou l'importance de l'affaire, peut aussi servir de guide. Non que les lettres des registres diffèrent sensiblement au point de vue de la correction des termes. Hormis des transpositions de mots et quelques formes barbares, échappées sans doute à l'impéritie ou à la rapidité des scribes, le style des actes est, en général, correct. Mais, dans un certain nombre de lettres, le langage a un mouvement qui trahit visiblement une pensée personnelle; telles sont les lettres adressées à Philippe-Auguste au sujet d'Ingeburge, à Otton sur les affaires de l'Empire, et d'autres, non moins vives, éloquentes même, écrites au sujet de la Terre sainte ou de l'hérésie albigeoise. Au mouvement du style se joint souvent une recherche, non moins caractéristique, dans l'expression. Innocent III était en effet un lettré. Il n'était pas seulement versé dans la littérature sacrée et profane, ainsi que l'affirment ses biographes[1] et que l'attes-

---

1. *Gesta Innocentii*, c. I.

tent ses œuvres particulières composées avant et après son élévation au pontificat[1]; mais il aimait à faire preuve de goût en même temps que de savoir, citant dant ses lettres Ovide et Horace[2], et ne dissimulant pas ses prétentions à bien écrire lui-même[3].

Si l'on considère que les 5,316 lettres ou parties de lettres qui nous sont parvenues ne représentent pas la totalité des actes émanés d'Innocent III, et que les lettres reçues n'étaient pas moins nombreuses que les lettres expédiées, on juge de quelle vaste correspondance le Saint-Siège était alors le centre. Du premier regard que l'on jette sur le texte de ces lettres, on s'aperçoit que, pour la nécessité des affaires traitées dans cette correspondance, une quantité infinie de personnes de tout ordre, de toute condition, et dont un grand nombre s'adressaient directement au pape, allaient et venaient chaque année à Rome de tous les points de la chrétienté. Elles apportaient nécessairement avec elles des informations de toute sorte sur les contrées qu'elles avaient traversées. De là ces mots qui reviennent si fréquemment dans les lettres d'Innocent III, et que déjà l'on rencontre dans celles de Nicolas Ier : *Auditui nostro pervenit* ou *auribus nostris intimatum fuit*,

---

1. Voy. ses Œuvres imprimées à la suite des registres dans le t. IV de l'édition Migne.
2. Ep. VI, 234, 236 ; VII, 127 ; X, 19.
3. Voir notamment la préface de son traité célèbre *De contemptu mundi*.

ou encore *ex relatione quorumdam nobis innotuit*. Quand, à raison du rang élevé qu'elles occupaient ou pour tout autre motif, les personnes intéressées ne se rendaient pas elles-mêmes auprès du Saint-Siège, elles envoyaient des mandataires (*procuratores, responsales idonei*), ou, selon les cas, de simples messagers (*nuncii*). De son côté, le pape avait ses envoyés, ses légats, qui plus nombreux encore que ceux de Grégoire VII, portaient de toutes parts ses ordres et sa pensée. Les cardinaux ne suffisant pas toujours à la multiplicité des affaires, il lui arrivait de choisir ses légats parmi les notaires de sa chancellerie [1] ; il n'était pas jusqu'à son *corrector litterarum* [2], jusqu'à ses *scriptores* [3], auxquels il ne confiât des missions particulières. Placé au centre de ce mouvement incessant de personnes et d'affaires qu'il domine ou dirige, et qui, sous aucun de ses prédécesseurs, n'avait encore été aussi considérable, Innocent III n'apparaît pas seulement comme le maître de l'Église, mais bien plutôt comme le chef d'un nouvel empire qui s'étend de Rome à tous les points de la chrétienté.

1. *Reg. imperii*, ep. 30. — Ep. XIV, 95 ; XV, 153, 154.
2. Ep. XV, 167.
3. Ep. XVI.

II

Après avoir relevé les indications que pouvait fournir un premier aperçu des lettres d'Innocent III, il convient d'examiner de près les nombreuses affaires qui en étaient l'objet, en commençant cet examen par celles qui ont trait au gouvernement intérieur de l'Église et qui occupent, dans cette vaste correspondance, la place de beaucoup la plus considérable. Ce côté des lettres d'Innocent III a été jusqu'ici imparfaitement étudié. De même que pour Grégoire VII, les écrivains ont de préférence porté leur attention sur les rapports de ce pape avec la société laïque. Le seul ouvrage de quelque étendue qui ait été consacré à l'histoire des relations d'Innocent III avec l'Église est un livre d'Hurter, dont la publication remonte déjà à une date éloignée, livre intitulé : *De l'état de l'Église au* XIIIe *siècle et particulièrement au temps d'Innocent III*. Les trois volumes

---

1. Trad. par Cohen, 3 vol. in-8°. Paris, 1843. Fleury, qui, dans son *Histoire ecclésiastique,* consacre tout un volume à Innocent III, a eu surtout en vue les rapports de ce pape avec les pouvoirs sécu-

qui le composent, pleins de recherches patientes et de détails intéressants, ne se recommandent, il est vrai, par aucune vue d'ensemble. Aucune comparaison n'est établie entre l'époque d'Innocent III et les époques antérieures; et, comme l'action personnelle de ce pontife est également laissée dans l'ombre, on éprouve une égale difficulté à démêler, dans ce long exposé de la situation de l'Église, ce qui appartient à Innocent III et ce qui regarde son époque. Rapproché d'un livre récent que nous avons eu déjà l'occasion de mentionner, et dont l'un des défauts est, au contraire, d'avoir trop sacrifié les détails aux considérations générales, cet ouvrage d'Hurter peut encore aujourd'hui n'être pas inutile. Nous voulons parler du livre intitulé *le Pape et le Concile*, où le nom d'Innocent III tient une place encore plus importante que celui de Grégoire VII. Suppléant, sur plusieurs points, aux lacunes de l'un et de l'autre ouvrage, nous allons essayer, à l'aide des documents, de nous rendre un compte sommaire de l'état de l'Église au temps d'Innocent III.

Si diverses en leur objet que semblent, au premier abord, les lettres d'Innocent III sur les affaires

---

liers, et n'offre qu'un très faible secours pour l'histoire de l'Église à cette époque. Un livre postérieur à celui d'Hurter, et dû à M. l'abbé Jorry (*Histoire d'Innocent III*, in-12, Paris, 1853), ne donne pas plus de lumières sur ce sujet, et n'est, au fond, qu'un abrégé d'un autre ouvrage d'Hurter que nous mentionnons ci-après, l'*Histoire d'Innocent III et de ses contemporains*.

de l'Église, il est possible de les répartir en un petit nombre de catégories. Débats en cour de Rome, élections, concessions ou confirmations de privilèges, législation, discipline, concessions de bénéfices, tels sont les titres principaux sous lesquels elles peuvent être classées. En recherchant dans quelles conditions ces lettres étaient ordinairement délivrées, on retrouvera cette administration compliquée dont le régime de la chancellerie pontificale nous a offert un exemple. Les lettres litigieuses, de beaucoup les plus nombreuses, méritent, entre toutes, une mention particulière. L'un des points les plus intéressants et en même temps les moins connus qu'elles servent à mettre en lumière est la méthode suivie par le Saint-Siège dans les procès soumis à son jugement. Il était très rare qu'après un seul débat le pape rendît sa sentence. Les parties en litige, introduites en présence du pontife dans une salle dite *auditorium* [1], plaidaient une première fois leur cause. A la suite de ces premières plaidoiries, le pape confiait l'instruction de l'affaire à un auditeur (*auditor*), choisi habituellement parmi

---

[1]. Dans la correspondance d'Innocent III, l'*auditorium* est très nettement distingué du *consistorium*. Le lieu désigné de ce dernier nom était public; l'adjectif *publicum* ou l'adverbe *publice* accompagne presque toujours le mot *consistorium*, tandis qu'aucun qualificatif de ce genre n'est joint au mot *auditorium*. On peut conclure de là que les plaidoiries n'avaient pas lieu publiquement. Les actes solennels, tels que la réception des envoyés des rois, les prestations de serments, etc., se faisaient dans le *consistorium*. Voy. Ep. I, 504; II, 63, 224; VIII, 104, 202; IX, 206.

les cardinaux[1]. Cet auditeur entendait à nouveau les parties, puis adressait un rapport au pape, qui, se fondant sur les conclusions du rapport, prononçait la sentence.

On se tromperait néanmoins, si l'on pensait que la conduite des procès se fît toujours avec cette simplicité. Le plus souvent, après avoir débattu leurs prétentions en présence du pontife, les parties étaient renvoyées par lui dans leurs localités respectives, avec des lettres qui mandaient à tel abbé ou évêque de ces localités d'approfondir l'affaire. Celui-ci entendait les intéressés, appelait des témoins, s'entourait de toutes les informations nécessaires, après quoi il adressait à Rome un exposé de la cause avec pièces à l'appui, le tout scellé de son sceau; en même temps il enjoignait aux parties de retourner auprès du Saint-Siège à une date qu'il leur fixait. Le jour venu, et après de nouvelles explications fournies par les intéressés, le pape formulait sa décision, ou encore, ce qui arrivait assez fréquemment, confiait de nouveau l'examen de l'affaire à un auditeur, sur le rapport duquel il rendait enfin un jugement définitif. Quand l'affaire était grave ou embarrassée, l'instruction en était confiée à deux auditeurs à la fois. Il arrivait même qu'à la suite d'un premier rapport un autre rapport était demandé à un second audi-

---

[1]. Innocent III avait lui-même rempli les fonctions d'auditeur sous les pontificats précédents. Ep. I, 317, 341.

teur, puis à un troisième. Certaines causes étaient ainsi instruites jusqu'à cinq reprises différentes, et devenaient l'objet d'autant de rapports[1]. Dans ces procès, des pièces (*instrumenta*) étaient ordinairement produites par les intéressés, auxquels on recommandait expressément de n'apporter que des originaux (*originalia*). L'authenticité de ces documents étant presque toujours contestée par celle des parties dont ils affaiblissaient la cause, on examinait les pièces. De là ces discussions que nous avons signalées ci-dessus, et dont l'exposé offre des ressources si précieuses pour l'histoire de la diplomatique à cette époque[2]. Ajoutons que, dans le prononcé du jugement, le pape use presque toujours de la formule : *de communi fratrum nostrorum consilio decernimus*. C'est, en effet, entouré de ses cardinaux et sur leur avis, parfois après une longue délibération avec eux, qu'il rend sa sentence. C'était également assisté de ses cardinaux qu'il écoutait les plaidoiries, de même qu'il se faisait lire devant eux, au moins le plus souvent, les lettres qu'il recevait. Dans certaines causes importantes, il invitait les prélats de passage à Rome à joindre leur avis à

1. Voy. dans *le Pape et le Concile*, p. 239, l'erreur commise par Döllinger en ce qui regarde le nombre et l'importance des auditeurs.
2. Les procès avaient lieu quelquefois sur la dénonciation écrite (*libellus accusationis*) de l'une des deux parties. Les lettres d'Innocent III nous ont conservé un curieux modèle des formules employées dans cette occasion. Voy. notamment Ep. XVI, 139.

celui des cardinaux, et quelquefois confiait à ces prélats les fonctions d'auditeurs. Ainsi fit-il dans les longs débats relatifs à l'église de Dol, qui prétendait, depuis des siècles, au titre de métropole.

On voit à quelle sorte de soins ces débats en cour de Rome, alors des plus fréquents, obligeaient le pape et ses cardinaux. Les lettres délivrées à la suite de ces procès, lettres d'où nous tirons ces détails, n'étaient pas elles-mêmes l'une des moindres occupations des officiers de la chancellerie ; car elles contenaient, avec le prononcé de la sentence, non seulement le résumé des incidents qui avaient amené les débats, mais l'exposé des débats dans leurs phases successives[1]. C'était d'ordinaire à l'occasion de certains faits de juridiction, parfois pour des intérêts exclusivement temporels, que s'élevaient ces différends, dans lesquels s'engageaient trop souvent l'abbé contre l'évêque, l'évêque contre son métropolitain, ou celui-là contre son propre clergé. Les élections donnaient aussi lieu à des conflits, et, à ce titre, une partie des lettres qui se rattachent à cet objet rentre dans la classe de celles que nous venons d'examiner. Il suffisait, pour qu'il y eût procès, que l'élection fût attaquée par quelqu'une des personnes qui avaient le droit d'y concourir par

---

1. Ces lettres étant en nombre considérable, nous nous contenterons de renvoyer le lecteur à quelques-unes. Voy. Ep. I, 164, 283, 295, 299, 301, 304, 317, 377, 405, 432, 451, 504, 541, 545, 546 ; II, 82, 95, 105, 148, 214 ; VI, 109, 237 ; VII, 34 ; IX, 210 ; XI, 146, 167.

leurs suffrages. Au reste, contestée ou non, une élection était toujours, à Rome, soumise à une enquête. Innocent III se montre surtout attentif à l'élection des évêques. On examinait deux choses : le fait de l'élection et la capacité de l'élu (*factum electionis et meritum electi*). En vue de cet examen, l'élu devait se rendre auprès du Saint-Siège, ou, en cas d'empêchement, envoyer un mandataire chargé de soutenir ses intérêts; de leur côté, les électeurs se faisaient représenter par des délégués (*procuratores*). Pour peu que les explications fournies de l'une ou de l'autre part ne parussent pas satisfaisantes, l'enquête était faite sur place par des commissaires que désignait le Saint-Siège, et qui adressaient ensuite à Rome un rapport muni de leurs sceaux. Sur les conclusions du rapport, le pape, d'accord avec les cardinaux, confirmait ou cassait l'élection. La lettre dans laquelle il formulait sa décision contenait tout au long l'exposé de l'enquête; il est superflu d'ajouter que, si l'élection avait été contestée, la lettre contenait en outre l'exposé des débats [1].

Les lettres de concession ou de confirmation de privilèges, — dont le nombre égale, à peu de chose près, celui des lettres litigieuses, — paraissent avoir été délivrées plus simplement et sur la seule demande des personnes ou des établissements qui

---

1. Ep. II, 111; V, 88; VIII, 45; XI, 40.

les sollicitaient. L'obtention d'un privilège entraînant, de la part de l'intéressé, le paiement d'un cens à l'Église romaine, les officiers apostoliques avaient le soin, en même temps qu'ils délivraient la lettre de concession, d'inscrire le nom du destinataire dans le *liber censualis*[1]. En ce qui concerne les lettres de confirmation, il y a lieu de penser que les intéressés envoyaient ordinairement à Rome les lettres des anciens papes dont ils tenaient leurs privilèges, et que ces lettres servaient tout à la fois de preuve et de modèle pour celles dont Innocent III octroyait l'expédition. Les difficultés naissaient lorsque, pour cause de vétusté, ces titres originaux n'étaient pas transportables. Dans ce cas, qui se présenta plusieurs fois sous le pontificat d'Innocent III, les intéressés ne demandaient pas seulement la confirmation, mais le renouvellement de leurs lettres de privilèges. On retombait dès lors dans l'embarras des enquêtes. Ainsi arriva-t-il pour des actes de privilèges des papes Agapet II et Jean XIII[2] écrits sur papyrus, et dont l'abbesse de Gandersheim sollicitait le renouvellement. Innocent III délégua quatre évêques

---

1. Innocent III fait plusieurs fois allusion à ce *liber censualis* (Ep. VIII, 43; IX, 44). Dans une autre lettre (Ep. V, 5), il parle d'un *liber cameræ nostræ qui vocatur breviarium*, où se trouvent mentionnées des églises censitaires du Saint-Siège. Ces deux livres sont peut-être le même recueil sous des noms différents. Nous possédons le *liber censualis* rédigé par Censius, sous le pape Célestin III en 1192. Muratori l'a publié (*Antiq.*, t. V, p. 851-910).

2. Agapet II et Jean XIII occupèrent le Saint-Siège, le premier de 946 à 955 et l'autre de 965 à 972.

et autant d'abbés pour en opérer la transcription sur place et lui en expédier des copies munies de leurs sceaux. Ces copies furent, en outre, collationnées à Rome sur une transcription particulière que le pape avait reçue d'un de ses légats. Enfin on consulta le *liber censualis*, à l'effet de savoir si le monastère de Gandersheim se trouvait au nombre des établissements privilégiés mentionnés dans ce recueil [1].

Sans être aussi nombreuses que les lettres litigieuses et les lettres de privilèges, les lettres de législation ou lettres décrétales tiennent une place importante dans la correspondance d'Innocent III. Rattachées, suivant leur objet, à des titres distincts, elles forment environ 300 chapitres du *Corpus juris canonici* [2]. Les circonstances qui donnaient lieu à l'expédition de ces lettres n'avaient rien qui mérite d'être particulièrement noté. Ces lettres étaient écrites, tantôt à l'occasion d'un fait parvenu à la connaissance du pape, plus souvent en réponse à des questions adressées au Saint-Siège par les évêques. En revanche, la rédaction devait en être laborieuse. Quelques-unes ont la longueur de véritables traités. Toutes se distinguent par des qualités de méthode

---

1. Le nom de ce monastère figure, en effet, à la fin du *liber censuum* rédigé par Censius. Voy. Ep. VIII, 43 ; IX, 108.

2. Un contemporain d'Innocent III, du nom de Rainier, diacre et moine de Pomposa, fit un recueil spécial des lettres de ce genre extraites des trois premiers livres des registres de ce pape. Ce recueil, édité par Baluze, a été reproduit par l'abbé Migne dans sa publication des œuvres d'Innocent III.

et de netteté qui empêchent de croire que leur composition eût lieu sans un travail attentif et un soin minutieux. Il est même difficile d'admettre qu'une rédaction préparatoire, faite elle-même avec soin, n'en a point précédé le texte définitif. A la vérité, Innocent III était, au dire de ses biographes, un juriste habile. Ses contemporains l'avaient même surnommé le « nouveau Salomon (*Salomon nostri temporis*)[1] ». D'un autre côté, l'intervention quotidienne des cardinaux dans les affaires litigieuses démontre que le pape avait autour de lui des hommes versés dans les matières de droit, et dont le savoir ou l'expérience pouvait lui offrir, au besoin, un utile secours. Rien ne prouve même que les cardinaux ne prissent point part à la rédaction des décrétales. Quoi qu'il en soit, le texte en devait toujours passer sous les yeux d'Innocent III. Avec les habitudes de prudence et de réflexion dont témoigne l'ensemble de sa correspondance, on ne saurait supposer qu'il ne donnât point toute son attention à des écrits qui faisaient loi pour l'Église.

Nous ne pousserons pas plus loin ce genre d'analyse, que nous pourrions appliquer de même aux lettres des autres catégories[2]. Que si, laissant de côté

---

1. Voy. *Gesta Innocentii*, c. 1. — Voy. aussi la préface écrite par le moine de Pomposa en tête de sa compilation.
2. On trouvera d'ailleurs, dans l'ouvrage d'Hurter, quelques utiles indications, tant sur les lettres dont il vient d'être question que sur celles que nous négligeons de mentionner.

les détails, nous considérons d'un point de vue général les lettres d'Innocent III relatives à l'Église, un fait s'y révèle d'abord qui domine tous les autres : le pouvoir énorme de la papauté et l'immense étendue de son action. Les lettres litigieuses en offrent, à elles seules, un sensible témoignage. On y voit que non seulement les affaires importantes (*causæ majores*), mais toutes les affaires de l'Église, toutes les difficultés, quelles qu'elles fussent, qui naissaient dans son sein, aboutissaient au Saint-Siège. Un très petit nombre de ces affaires étaient évoquées par le pape; toutes allaient à lui naturellement, par l'effet d'une institution entrée alors dans les mœurs du clergé. Nous voulons parler de ce droit d'appel au Saint-Siège, établi jadis avec éclat par Nicolas Ier, mais qui n'avait pris une entière extension que depuis Grégoire VII.

Avec la haute idée qu'il se faisait de la mission de la papauté, Grégoire VII avait jugé que, le Saint-Siège devant à tous une égale protection, il convenait de rendre accessible à tous le recours à cette tutelle suprême. Favorisé par les successeurs de Grégoire, cet usage de l'appel avait pris un développement si rapide et si universel, qu'à l'époque d'Innocent III aucun évènement ne se passait dans l'Église, où il n'amenât l'intervention de la papauté. De la part des appelants se commettaient des abus qui n'échappaient pas à l'attention d'Innocent III. Il reconnaissait que ce droit d'appel, établi dans l'intérêt des faibles, des opprimés, devenait souvent, aux mains des oppresseurs, un moyen de se dérober à de justes châtiments infligés par les supérieurs ecclésiastiques [1]. Il essaya de tempérer ces abus. Quand il confiait aux évêques locaux la connaissance de certaines causes, il déclarait quelquefois que la sentence prononcée par eux serait définitive et sans appel (*sublato appellationis obstaculo*). Il ne fit cela que rarement ; s'il eût pris en ce sens quelque mesure générale, c'eût été porter atteinte à l'autorité du Saint-Siège, en tarissant l'une des sources les plus sûres de son pouvoir, et à son esprit non moins qu'à son prestige, en le dépouillant de son caractère de magistrature suprême et toujours accessible. Loin de vouloir limiter cette faculté d'appel, il était attentif à la maintenir en son intégrité, et, à l'occasion, savait rappeler en termes sévères qu'il entendait que personne n'osât apporter obstacle à l'exercice de ce droit [2]. De là qu'arrivait-il ? C'est que les sentences des évêques, toujours susceptibles d'être modifiées ou cassées par le Saint-Siège, étaient en outre suspendues dans leurs effets pendant le temps, souvent très long, que durait l'instance auprès de la cour de Rome ; c'est que, par une autre conséquence, les évêques perdaient de leur autorité ou de leur crédit aux yeux des fidèles de leurs diocèses.

1. « Vocem appellationis emittunt, ut, imposito tibi silentio, canis mutus... dicaris et fautor vitiorum. » Ep. V, 33 ; cf. Ep. 24.
2. Ep. I, 350.

A mesure que les appels s'étaient multipliés, les églises locales avaient tendu ainsi à s'amoindrir devant l'Église romaine ; et, à l'époque d'Innocent III, le nombre seul des lettres litigieuses qui remplissent sa correspondance est un indice du degré d'affaiblissement où ces églises étaient tombées.

Les lettres de privilèges fournissent un signe non moins caractéristique de la situation de l'Église à cette époque et conduisent aux mêmes conclusions. Ces lettres, pour la plupart, n'étaient autre chose que des actes qui, sous des formes et en des mesures diverses, affranchissaient de la juridiction épiscopale les personnes ou les établissements qui les avaient obtenues [1]. Assurément ces sortes de lettres ne doivent pas plus que les lettres litigieuses être attribuées spécialement au temps d'Innocent III; mais ce qui appartient à cette époque, c'est le nombre considérable et des unes et des autres. Ces lettres de privilèges, octroyées à quelques personnages, à des chapitres [2], mais surtout à des couvents, aidaient de deux manières à l'ascendant du Saint-Siège, en diminuant l'autorité des évêques et

---

1. Lettre au roi d'Aragon : « Tuam personam... suscipimus, ut nulli episcoporum, nulli archiepiscoporum... liceat, sine certo præcepto nostro, adversum te vel tuam conjugem excommunicationis aut interdictionis proferre sententiam. » Ep. XVI, 87. — Lettre à l'abbé du couvent de Saint-Gilles : « Statuentes ut... tam vos quam monasterium quieti semper ac liberi ab omni episcopali exactione vel gravamine maneatis. » Ep. XI, 172. Un grand nombre de lettres de privilèges contiennent des formules analogues.
2. Ep. XVI, 73 et *passim*.

en créant au pape des serviteurs dévoués. Ces conséquences ne devaient pas échapper à la prudence d'Innocent III. Sa prédilection pour les monastères, au détriment du clergé séculier, est un des traits les plus sensibles de sa correspondance.

Döllinger et d'autres érudits avant lui ont fait ressortir très justement le préjudice que ces appels et ces privilèges causaient à la puissance épiscopale[1]. Encore peut-on dire ici que cet amoindrissement des évêques résultait d'une situation que sans doute ils subissaient malgré eux. Mais on les voit faire eux-mêmes l'aveu indirect de leur faiblesse dans les mille questions (*consultationes*) qu'ils adressent au pape sur toute sorte de sujets. Nous possédons, non ces questions elles-mêmes, mais les réponses du pape. Ces réponses, à la vérité, sont conçues de telle manière qu'il est aisé de rétablir les questions qui les provoquent. Le pape répond en effet article par article, reproduisant, à chaque point nouveau, l'interrogation qui lui est faite. Autant de questions, autant de paragraphes distincts. Quand la lettre du consultant est diffuse ou obscure, il en résume ou en éclaircit d'abord les données principales, et entre ensuite en matière. Les questions adressées au pape étaient si nombreuses, que, dès la première année de son pontificat, Innocent III reconnaissait que l'une de ses principales occupations était d'y ré-

---

1. *Le Pape et le Concile*, p. 186 et 192-195. Voir, sur ce point, Fleury (*Hist. ecclés.*), et en général tous les écrivains gallicans.

pondre¹. Que si l'on recherche quels étaient les sujets ordinaires de ces questions multipliées, on constate que la plupart étaient relatives à des points de droit. Innocent III s'étonne d'être si souvent consulté sur cette matière. « Vous avez autour de vous des juristes exercés, écrit-il à l'évêque de Bayeux, et vous êtes vous-même très instruit sur le droit; comment se fait-il que vous nous consultiez sur des points dont la clarté n'offre aucune prise au doute²? » Toutefois, loin de repousser les consultations sur ce sujet, il les encourageait, les exigeait même; il voulait que tous les doutes fussent soumis au Saint-Siège. « A celui qui établit le droit, disait-il, il appartient de discerner le droit³. » Dans le décret de Gratien, qui faisait alors autorité pour toute l'Église, le pape est comparé au Christ, lequel, soumis en apparence à la loi, était en réalité le maître de la loi⁴. Les lettres d'Innocent III fournissent une pleine confirmation de cette doctrine; on y voit qu'aux yeux des évêques, et sans doute à ses propres yeux, le pape est la personnification du droit, la loi vivante de l'Église.

Ce n'était pas seulement sur le droit que les évêques demandaient des éclaircissements au Saint-Siège. Ils le consultaient encore sur les obscurités

---

1. « Singulorum consultationibus respondemus. » Ep. I, 536.
2. Ep. XI, 176.
3. « Quæ jura constituit, eadem jura distinguat. » Ep. I, 313.
4. Caus. XXV, quæst. 1, c. 16.

du dogme¹. Comme il fixe le droit, le pape fixe aussi la foi; du moins c'est à lui qu'il appartient d'interpréter les Écritures (*exponere Scripturas*)²; et, suivant une opinion contemporaine où l'on reconnaît le développement des idées posées par Grégoire VII, tout ce qui s'écarte de la doctrine du Saint-Siège est ou hérétique ou schismatique³. Disons cependant qu'Innocent III a rarement lieu de répondre à des questions de cette nature. En dehors du droit et de la doctrine, si l'on considère en quoi consistent les éclaircissements, les avis demandés à tout moment au pape par les évêques, il semble qu'il représente pour eux la sagesse universelle, infaillible, et que rien ne doive demeurer, pour son esprit, inconnu ou obscur. Les questions les plus singulières, les plus inattendues, les plus simples, lui sont adressées. Un jour, c'est le cas d'un moine qui a indiqué un remède à une femme malade d'une tumeur à la gorge; la femme est morte; le moine fera-t-il pénitence⁴? Un autre jour, c'est le cas d'un écolier qui a blessé un voleur entré la nuit dans son logis⁵. Le sacrement du mariage sert de

1. Voir notamment Ep. V ,121; VI, 193; XII, 7.
2. Voy. *Sermo II in consecratione Pontificis* (édit. Migne, t. IV, col. 657). — Voy. aussi les premières lignes d'Ep. XII, 7.
3. « Qui a doctrina vestra dissentit, aut hæreticus aut schimaticus est. » Jean de Salisbury, *Polycrat*. VI, 24. Cf. les *Dictatus papæ* de Grégoire VII, sentences 17, 18 et 26.
4. Ep. XIV, 159.
5. *Ibid.*

motif à des consultations qui tiennent souvent plus de la médecine que du droit canon, et tellement étranges, que nous ne saurions les reproduire ici[1]. D'autres fois ce sont des questions purement grammaticales. « Votre Fraternité, écrit Innocent III à l'évêque de Saragosse, nous a demandé ce qu'on doit entendre par le mot *novalis*. Selon les uns, on désigne de ce nom le sol laissé en jachère pendant une année; selon d'autres, cette appellation n'est applicable qu'aux bois dépouillés de leurs arbres et mis ensuite en culture. Ces deux interprétations ont également pour elles l'autorité du droit civil. Quant à nous, nous avons une autre interprétation puisée à une source différente; et nous croyons que, lorsqu'il arrivait à nos prédécesseurs d'accorder à de pieux établissements un privilège ou quelque permission relative aux terres ainsi désignées, ils entendaient parler de champs ouverts à la culture, et qui, de mémoire d'homme, n'avaient jamais été cultivés[2]. »

Assurément, c'est moins là l'épître d'un pontife que celle d'un grammairien. On juge, par les faits qui précèdent, à quel degré d'effacement et de timidité étaient descendus les évêques. De leur part aucun ressort, aucune initiative. C'est le pape qui partout semble agir et penser pour eux. Cette ingé-

---

1. Ep. IX, 104.
2. Ep. X, 110 (lettre à l'évêque d'Auxerre).

rence du Saint-Siège ne se faisait pas sentir uniquement à l'égard des évêques. Quand on lit les lettres dites de *constitution*, où le pape établit soit pour des couvents, soit pour des chapitres, des règlements de discipline, on est surpris des détails qui attirent son attention. Les moindres particularités du vêtement, la forme et la longueur des étoffes, l'attitude au chœur, au réfectoire, au dortoir, sont minutieusement réglées; il n'y a pas jusqu'aux couvertures de lit dont il ne s'occupe; il indique les cas où l'abbé pourra prendre ses repas et dormir dans une chambre particulière au lieu de le faire dans les salles communes[1]. Et il ne faudrait pas croire que ces lettres fussent écrites sans que le pape y prît part; il pouvait ne pas concourir à leur rédaction, mais nous savons par son témoignage qu'il se les faisait lire tout au long[2]. Au reste, Innocent III déclare que c'est un devoir pour un pape non seulement de ne rien négliger de ce qui concerne l'Église, mais de tout faire et de tout diriger par lui-même, et que, s'il prend des auxiliaires, c'est que les forces humaines ne suffiraient pas à tous les détails de sa mission[3].

Il est une classe de lettres dont nous n'avons encore rien dit, et qui occupent une place distincte

---

1. Ep. I, 46, 311; V, 82 et *passim*. Inutile de dire combien ces lettres sont précieuses pour l'histoire des mœurs et du costume.
2. Ep. I, 46.
3. Ep. II, 202, 203.

dans les registres d'Innocent III. Ce sont les lettres relatives à des concessions de bénéfices[1]. On y voit que non seulement les pauvres clercs, mais les envoyés des évêques, qui attendaient longtemps auprès du Saint-Siège la solution d'une affaire, les scribes de la chancellerie pontificale, et enfin les parents du pape étaient gratifiés de ces faveurs[2]. Ce n'est pas uniquement par *recommandation*, comme on l'a prétendu[3], et sous forme de prière, que le pape sollicite le zèle des évêques et des chapitres pour les personnes qu'il veut favoriser ; l'injonction s'y mêle le plus souvent, et la prière se change en ordre précis quand des résistances se manifestent de la part des collèges. Encore quelque temps, et, la papauté s'attribuant comme un droit ce qu'elle réclamait d'abord de la seule complaisance, le *mandat* se substituera définitivement à la *recommandation*.

Tout cela est caractéristique. Ce pape qui répond à toutes les questions, qui tranche tous les doutes, qui agit et pense à la place des évêques, qui règle dans les monastères le vêtement et le sommeil, qui

---

1. Nous croyons superflu de faire remarquer que, par ce mot de bénéfices, on doit entendre ici ces charges d'ordre inférieur auxquelles était attaché un certain revenu et qu'on appelait des bénéfices mineurs.

2. Les lettres de concession de bénéfices sont en trop grand nombre pour être notées ici, car on en trouve dans chaque livre des registres. Nous nous bornerons à la mention des suivantes : Ep. XVI, 27, 54, 59, 60, 69, 75, 163, 165, 177. Pour les faveurs accordées aux envoyés des évêques, voy. Ep. I, 304.

3. *Le Pape et le Concile*, p. 195, 196.

juge, légifère, administre, qui fixe le droit et le dogme et dispose des bénéfices, c'est la monarchie absolue assise au sein de l'Église. L'œuvre de Grégoire VII est enfin consommée. Au lieu de ce clergé d'humeur fière et quelquefois rebelle contre lequel ce pape se vit contraint de lutter, on aperçoit un clergé soumis et toujours docile à la voix du pontife. Les rares symptômes d'indépendance qu'on parvient à saisir se manifestent uniquement chez quelques évêques mêlés à la querelle de l'Empire et aux évènements de l'hérésie albigeoise. La papauté ne prétend pas encore que la nomination aux évêchés lui appartient; elle ne trahira cette prétention que plus tard. Mais déjà les élections épiscopales, ainsi que nous l'avons vu, sont toutes soumises à l'approbation du Saint-Siège. Quand l'élection est rejetée, le pape fixe un délai de quinze jours, d'un mois au plus, passé lequel, si l'on ne s'entend pas sur un nouveau choix qui puisse être agréé, il menace de pourvoir lui-même à la nomination[1]. Quelquefois il n'y a pas d'élection ; le pape est prié directement par les intéressés de désigner l'évêque qui lui convient[2]. L'élection, quand elle a lieu, n'est souvent qu'une vaine formalité[3]. Les évêques une fois nom-

---

1. Ep. VIII, 45; XI, 107; XII, 149 et *passim*.
2. Ep. XVI, 141.
3. Voy. notamment la lettre où Innocent III enjoint à son légat, en Angleterre, de faire nommer aux abbayes et aux évêchés de ce royaume des hommes dont il soit sûr. Ep. XVI, 138.

més, le pape, à son gré, les transfère, les suspend ou les dépose. En somme, personne n'est évêque que « par la grâce du Saint-Siège » ; le mot n'y est pas, mais le fait. Ce sont, on peut le dire, moins des évêques que des sujets que gouverne Innocent III ; ils en ont l'attitude, ils en ont aussi le langage[1].

Pour compléter ce tableau, ajoutons qu'il n'y a plus d'assemblées générales de l'Église. A la place de ces synodes que, presque chaque année, Grégoire VII réunissait à Rome, et dans lesquels on sentait vivre, en quelque sorte, l'Église universelle, on ne trouve que le conseil particulier du pape, le conseil des cardinaux. Ce qui reste des conciles n'est plus qu'un simulacre. Déjà, sous Alexandre III, on ne voyait dans les conciles qu'un moyen d'entourer de plus de solennité les décisions notifiées par le pape. Le troisième synode de Latran, en 1179, est appelé dans des écrits contemporains « le concile du souverain pontife[2] ». Au quatrième et fameux synode de Latran, qui eut lieu sous Innocent III en 1215, et auquel assistèrent 453 évêques, le rôle de ceux-ci consista uniquement à entendre et approu-

1. Voy. la lettre de l'évêque de Paris (Ep. III, 13), et aussi (Ep. XVI, 44) une lettre de l'évêque de Béziers dont la suscription se termine par ces mots : « Servus ejus (papæ) humilissimus, cum sanctissimorum pedum osculo, salutem. »

2. Dans Trouillat, *Documents de Bâle*, I, 389 : « In generali concilio summi pontificis — judicatum est. » (Note citée par Döllinger, p. 214.)

ver les décrets rédigés par le Saint-Siège[1]. A partir de ce moment, la dénomination d'*évêque universel*, revendiquée à plusieurs reprises par les papes et insérée par Grégoire VII dans ses *Dictatus*[2], devient une réalité. On peut dire plus : Innocent III est dès lors l'évêque unique de la chrétienté.

Telles sont les principales considérations qui peuvent être déduites des lettres d'Innocent III relatives aux affaires ecclésiastiques. Toutefois, si l'on se bornait à ces considérations, on n'aurait qu'une idée incomplète de la situation de l'Église. Après avoir constaté le pouvoir absolu de la papauté, il faudrait rechercher les effets de ce pouvoir sur l'ensemble de l'Église. Il faudrait montrer les évêques se désintéressant de leurs devoirs pastoraux en proportion du peu d'étendue laissé à leur action, les dissensions naissant du droit d'appel au sein des églises comme dans les monastères, une sorte de désorganisation se substituant peu à peu à l'unité par les régimes d'exception qu'à des degrés divers créaient les privilèges, le clergé transformé, pour ainsi dire, en un monde de plaideurs[3], les

---

1. « Facto prius ab ipso papa exhortationis sermone, recitata sunt in pleno concilio capitula LX, quæ aliis placibilia, aliis videbantur onerosa. » Math. Paris. *Angl. hist. maj*. Parisiis, 1644, in-f°, p. 188.
2. Voy. la sentence n° 2 des *Dictatus*. Cf. ce que nous avons dit à ce sujet dans notre *Étude sur Nicolas Ier*.
3. Les procès étaient tellement multipliés, qu'Innocent III disait que ce n'étaient plus les plaideurs qui fuyaient les procès, mais les procès qui fuyaient les plaideurs. Ep. II, 46.

églises appauvries par les frais énormes des procès[1], les évêques chargés de dettes[2], la justice à Rome achetée trop souvent à prix d'argent[3]; en un mot, l'Église déviant de sa voie, atteinte en sa vitalité, se désagrégeant par les dissensions intestines, rompue dans son unité et s'altérant déjà par la corruption. Il faudrait montrer enfin cette Église romaine, dans laquelle s'étaient absorbées les églises locales, se viciant à son tour et devenant « un champ de bataille pour les plaideurs », une espèce de « bureau européen », où, au milieu de notaires, de scribes et d'employés de toute sorte, on ne s'occupait que de procès et d'affaires, — en d'autres termes, cessant d'être une véritable Église pour n'être plus que la Cour de Rome ou la *Curie Romaine*.

Cette situation, signalée avec amertume par les contemporains, et dont on saisit les traces dans la correspondance d'Innocent III, a été, plus d'une fois, constatée par les historiens[4]. Toutefois on au-

---

1. « Romano plumbo nudantur ecclesiæ. » Étienne de Tournay, Ep. XVI. Innocent III fait souvent allusion aux dépenses que, par les voyages fréquents et les longs séjours à Rome, les procès nécessitaient.

2. Voy. Math. Paris, *Hist. Ang.* anno 1215. — Dölling., p. 200, 201.

3. Jean de Salisbury, *Polycrat.* VI, 24 : « Justitia datur pretio. »

4. Voy. dans Döllinger les nombreuses citations des écrivains contemporains faites à l'appui de ces considérations. — Voy. aussi des citations analogues dans Schmidt, *Hist. des Albigeois*, t. I, *passim*.

rait tort de faire peser sur la seule époque d'Innocent III la responsabilité d'une telle situation. Née du pouvoir excessif de la papauté, cette situation avait commencé avant lui ; elle s'aggrava sous ses successeurs. La lecture attentive des documents permet de suivre, à leur véritable date, les progrès d'un état de choses dont l'on n'a pas suffisamment marqué la succession. Ainsi, à ne parler que du changement de l'Église romaine en *curie,* changement considéré par les hommes pieux du temps comme funeste pour la religion, on peut en placer l'origine vers le milieu du xiie siècle [1], un peu avant le moment où le collège des cardinaux se vit chargé, à l'exclusion du clergé et des fidèles [2], de pourvoir à l'élection des papes. Ce qu'on peut dire en somme, c'est que le pontificat d'Innocent III, qui marque, pour la papauté, l'apogée du pouvoir absolu, marque aussi, pour l'Église, le commencement d'une décadence qui, un siècle après, arrivera au dernier degré sous les papes d'Avignon.

Ainsi fut viciée, dans ses effets, l'œuvre de Gré-

---

1. « Nunc dicitur Curia Romana quæ antehac dicebatur Ecclesia Romana. Si revolvantur antiqua Romanorum pontificum scripta, nusquam in eis reperitur hoc nomen, quod est Curia, in designatione sacrosanctæ Romanæ Ecclesiæ... » Gerohi liber *De corrupto statu Ecclesiæ* ad Eugenium III papam. Baluz., *Miscell.*, edit. Mansi, 1761, in-f°, t. II, p. 197.

2. Le pape Alexandre III, élu en 1160, paraît être le dernier qui, dans sa lettre encyclique, ait dit : « Fratres nos, assentiente clero ac populo, elegerunt. » Voy. Baron., *Ann. eccl.*, t. XIX, p. 153, 157.

goire VII. Il s'était servi de la puissance du Saint-Siège pour réprimer les désordres de l'Église, et cette puissance, étendue inconsidérément par ses successeurs, avait produit d'autres désordres. En même temps que l'Église s'altérait, la papauté, à son insu et par les mêmes causes, se trouva transformée. Elle se vit amenée à déserter les choses spirituelles pour le tracas des affaires, la théologie pour le droit. Döllinger remarque avec raison que, dans le même temps que grandissait la puissance pontificale, une nouvelle législation, — dont les Fausses Décrétales, les travaux de l'école grégorienne et le décret de Gratien constituaient les principaux éléments, — s'était élevée pour la soutenir. Obligé, dans ses rapports avec l'Église, d'invoquer ce nouveau droit, d'en faire l'application constante et minutieuse, le pape devait, avant tout, être un juriste. Nous avons vu que c'était là en effet le côté dominant de la personnalité d'Innocent III et son titre principal à l'admiration de ses contemporains. Mais, pas plus pour l'époque d'Innocent III que pour celle de Grégoire VII, nous ne saurions être d'accord avec Döllinger sur l'importance qu'il attache aux falsifications introduites dans cette législation. En attribuant, au degré où il l'a fait, les progrès de la puissance pontificale aux efforts réunis de l'ambition et de la fraude, il a méconnu les convictions sincères qui portèrent les papes à se regarder tout ensemble comme les successeurs de l'Apôtre et les magistrats suprêmes de la chrétienté. Il a méconnu aussi les tendances générales dont Grégoire VII lui-même, malgré l'indépendance de son génie, avait subi l'effet, et qui, au temps d'Innocent III, entraînaient non seulement les pouvoirs spirituels, mais les pouvoirs séculiers, vers la forme autocratique. S'il ne nous fallait sortir de notre cadre, il ne serait pas sans intérêt d'établir, sur ce point, un parallèle entre la société laïque et la société religieuse, de montrer, dans celle-là, la royauté attirant peu à peu à elle toutes les affaires au moyen des appels, substituant dans ses conseils les légistes aux grands vassaux, propageant dans les écoles un droit nouveau où le Prince était tout, affaiblissant ainsi dans leur indépendance les barons féodaux, comme la papauté les évêques, et s'avançant comme elle, mais plus tardivement, vers la domination absolue.

La papauté ne déviait pas seulement de son caractère par la nécessité où elle était d'abandonner la théologie pour le droit. Noyée sous le flot des affaires sans nombre qui affluaient vers elle, elle perdait de vue les horizons de la spiritualité. Nous avons montré Nicolas Ier partageant avec peine son attention entre les occupations incessantes qui s'imposaient à sa sollicitude. Déjà, plus de deux siècles avant lui, Grégoire le Grand se plaignait que son esprit, fatigué de soucis, ne fût plus capable de s'élancer vers les régions supérieures. Combien, depuis cette époque, les choses s'étaient aggravées! « Emporté, écrivait Innocent III, dans le tourbillon des affaires qui m'enlacent de leurs nœuds, je me vois livré à autrui et comme arraché à moi-même. La méditation m'est interdite, la pensée presque impossible; à peine puis-je respirer[1]. » Une autre particularité sur laquelle se tait Innocent III, mais qui résulte de faits épars dans sa correspondance, c'est que, forcé par la multiplicité des affaires, auxquelles il ne pouvait suffire, d'élargir en proportion la sphère d'action ou d'influence de ses cardinaux et de ses légats, il les laissait empiéter sur son autorité et s'arroger une indépendance qu'il était impuissant à réprimer[2]. On peut même dire, sans outrepasser la vérité, que, dans ses lettres, Innocent III apparaît plus d'une fois comme captif dans le cercle que forment autour de lui ses cardinaux. Et ainsi, quand on y regarde de près, on s'aperçoit que ce pape, maître absolu de l'Église, était écrasé par les affaires et dominé par ses conseils,

Si les modifications que subissait la papauté échappaient à l'attention d'Innocent III, entrevit-il du moins la décadence de l'Église? Rien dans ses lettres ne le fait supposer. Si, dès le commencement de son pontificat, des symptômes de désorganisa-

1. Sermons, Prologue à l'abbé de Cîteaux. Voy. édit. Migne, t. IV. col. 311.
2. Voy. dans D. Bouquet, t. XIX, p. 590-605, une lettre d'Innocent III à son légat Robert de Courçon. — Voy. aussi *Journal des Savants,* année 1842, p. 484, note 2 (article de M. Avenel sur l'*Histoire d'Innocent III*).

tion fussent apparus à son esprit, il eût formé sans doute quelque projet d'amélioration, quelque plan de réforme. Or il n'en est rien. Les lettres où il notifie son élection ne révèlent aucune idée de ce genre[1]. Il n'y fait guère que s'excuser d'avoir été porté si jeune au pontificat; il avait en effet trente-neuf ans quand il ceignit la tiare. Dans ses dernières années, il laisse percer toutefois quelque préoccupation sur la situation de l'Église, mais sans que cette préoccupation semble lui avoir suggéré aucun dessein réparateur[2]. Si l'on ne peut voir dans Innocent III un réformateur, encore moins peut-on voir en lui un inspiré. L'ardeur de la foi ne le consume pas, comme elle consumait Grégoire VII. Certes il se montre attentif, zélé même à remplir tous les devoirs que le pontificat lui impose, mais il n'y met pas, comme Grégoire VII, son âme tout entière; il y met bien plutôt sa sagesse et toute son habileté : *Memento,* écrit-il à un évêque, *quod regimen animarum est ars artium*[3]. Très instruit pour son temps, doué de la plus heureuse mémoire, non moins versé dans le droit civil que dans le droit canon, d'un esprit prudent et méthodique, persévérant par carac-

1. Voy. avec ces lettres (commencement du livre 1er des registres), les sermons d'Innocent III *in consecratione Romani pontificis.*
2. Voy. ses lettres de convocation au concile de Latran (liv. XVI des registres) et les sermons prononcés par lui à l'occasion de ce concile.
3. Ep. VIII, 214.

tère, laborieux par habitude, d'un accès facile[1], il porta ces diverses qualités dans le gouvernement des affaires de l'Église, sans y déployer néanmoins les mérites d'un véritable administrateur; car il laissa l'Église se désorganiser et le pontificat même s'amoindrir entre ses mains. Dans les rapports d'Innocent III avec la société laïque, rapports que nous allons maintenant examiner, nous verrons la papauté et l'Église subir encore d'autres atteintes.

1. *Gesta Innocentii*, c. 1.

III

En dehors des affaires ecclésiastiques proprement dites, quatre évènements importants ont signalé le pontificat d'Innocent III, savoir : la querelle de l'Empire, la question de divorce soulevée par Philippe-Auguste, les affaires de la Terre sainte et la guerre des Albigeois. Au sujet de ces évènements, et à ne considérer que l'exposition des faits, un autre ouvrage d'Hurter, réimprimé il y a quelques années et intitulé : *Histoire d'Innocent III et de ses contemporains*[1], peut être également consulté. Parmi les nombreux écrits dans lesquels ont été étudiées les relations de ce pape avec la société laïque, cet ouvrage est encore celui où l'on rencontre les plus amples informations[2]. Supérieur au livre du

---

1. *Histoire du pape Innocent III et de ses contemporains,* par Frédéric Hurter; traduit de l'allemand par A. de Saint-Chéron. Nouvelle édition. Paris, Aniéré, 1867, 3 vol. in-8.

2. Nous ne parlons ici, comme on doit le penser, que des écrits faits à un point de vue général. C'est ainsi que, pour l'histoire particulière des rapports d'Innocent III avec l'Empire, l'ouvrage d'Hurter a été de beaucoup dépassé par les travaux parus récemment en Allemagne.

même auteur sur l'*État de l'Église au temps d'Innocent III,* il pèche néanmoins, comme celui-ci, par l'absence de vues, et n'est qu'une longue apologie des actes de ce pontife [1]. Trouvant le nom de ce pape mêlé à tous les évènements qui ont agité la chrétienté, la plupart des historiens ont été amenés, comme Hurter, à donner à la figure d'Innocent III des proportions au-dessus de la vérité [2]. On le voit, en effet, intervenir dans le gouvernement des États presque au même degré que dans l'administration de l'Église [3]; et l'action de ce pontife sur ses contemporains semble, à certains égards, avoir été plus considérable que celle de Grégoire VII. Mais, dans cette puissance qu'on lui attribue, il y a plus d'apparence que de réalité. En traitant des affaires ecclésiastiques, nous avons reconnu que, contrairement à Grégoire VII, qui avait réformé l'Église et grandi la papauté, Innocent III n'avait pas su empêcher une nouvelle désorganisation de l'Église, ne

1. Cet ouvrage, lors de sa première édition, a été l'objet d'une critique judicieuse de la part de M. Avenel dans le *Journal des Savants,* années 1841-1842. Toutefois, dans son travail, M. Avenel n'a parlé ni des affaires de la Terre sainte, ni de la guerre des Albigeois; il s'est occupé uniquement des rapports d'Innocent III avec les princes d'Allemagne, de France et d'Angleterre.

2. « Parmi trois cents papes ou antipapes dont l'histoire nous offre les noms, nous n'en connaissons pas de plus imposant qu'Innocent III. » Daunou, *Puiss. tempor. des papes,* t. I.

3. C'est ce qu'a fait ressortir si parfaitement M. Mignet dans l'ouvrage que nous avons déjà eu plusieurs fois l'occasion de citer. Voir, dans le *Journal des Savants,* année 1862, la *Lutte des papes et des empereurs de la maison de Souabe,* p. 665, 666.

l'avait pas même aperçue, et n'avait pas discerné davantage que, sous les dehors trompeurs d'un pouvoir sans limite, la papauté perdait de sa vitalité et déviait de son caractère. Des réflexions analogues peuvent être faites au sujet des rapports d'Innocent III avec la société laïque. Tandis que Grégoire VII, par la force de son génie et l'ardeur de ses convictions, avait soumis le monde à l'Église et fait de la papauté la dominatrice des rois, on voit, sous Innocent III, la papauté perdre de son ascendant sur les princes, et le monde commencer à se détacher de l'Église. Or, non seulement ce pontife ne sut pas s'opposer à cette naissante révolution, mais il semble de même ne l'avoir pas discernée ou n'en avoir eu qu'une conscience imparfaite.

Cette inintelligence des évènements est d'autant plus remarquable chez Innocent III que, dans les faits les plus importants auxquels il parut prendre une part prépondérante, les échecs qu'il subit auraient dû être pour son jugement une clarté suffisante. Il vit Otton de Brunswick, à l'élévation duquel il consacra, durant dix ans, tous les moyens de son habileté et toutes les ressources de son pouvoir, ne parvenir à l'empire que par la mort de son rival, Philippe de Souabe. Il ne put, en dépit de ses efforts, soustraire la seconde épouse de Philippe-Auguste à un martyre de vingt années. Le projet qui lui était le plus cher, celui de pousser en masse les chrétiens à la délivrance de la Terre sainte, avorta totalement. Enfin il ne réussit à vaincre l'hérésie du midi de la France que par la terreur. Mais entrons plus avant dans l'examen des évènements ; ils nous montreront jusqu'à quel point ce pape se trompa sur la portée de son pouvoir et sur les tendances de son époque.

On sait ce que fut cette querelle de l'Empire, dont l'histoire est tout entière contenue dans le *Registrum super negotio imperii Romani,* une des parties les plus attachantes des registres d'Innocent III. Lors de son avènement au pontificat, Innocent III se trouva en présence de deux princes rivaux qui se disputaient l'Empire, Philippe de Souabe et Otton de Brunswick. Après avoir vainement attendu que les électeurs, divisés dans leurs suffrages, remissent au Saint-Siège le soin d'apaiser leur différend [1], il se décida à intervenir et déclara publiquement ses préférences pour Otton. Bien que, de son aveu, il eût pris cette décision à la suite de longues réflexions et de fréquents conseils tenus avec ses cardinaux [2], on peut croire que le choix auquel il s'arrêta était dès l'origine fixé dans son esprit. Les contemporains lui ont reproché de n'avoir pas obéi, dans ce choix, au désir de pacifier les peuples que cette lutte divisait. Ce reproche était mérité. Les partisans de Philippe étaient de beaucoup plus nombreux en même temps

---

1. *Reg. imp.*, ep. 2 et suiv.
2. *Ibid.,* ep. 21.

que plus puissants que ceux de son rival, et Otton, laissé à ses propres forces, devait inévitablement succomber. Innocent III reconnaît même que la cause d'Otton semblait désespérée quand il la prit en main [1]. Il n'ignorait donc pas que, loin de trancher les difficultés, l'intervention du siège apostolique ne pouvait que prolonger la lutte.

En ce qui touche les griefs allégués par Innocent III contre Philippe, ils portaient principalement sur un point : c'était que ce prince, excommunié par le pape Célestin et non encore relevé de son excommunication, ne pouvait par cette raison être agréé du Saint-Siège [2]. Philippe, à la vérité, niait formellement qu'il eût été excommunié [3]. Dans tous les cas, un simple acte de soumission ou de condescendance de la part de ce prince à l'égard du Saint-Siège suffisait pour le libérer de l'excommunication ; c'est à quoi se décida Philippe au bout de quelques années, et il eût sans doute pris de suite cette détermination, si le pape n'eût opposé que cet obstacle à son élévation. Un autre motif allégué par Innocent III et répété par lui dans toutes les lettres qu'il adressa aux princes ecclésiastiques et séculiers de l'Allemagne, c'était que l'empereur défunt, Henri VI, avait succédé à son père, et que, si Philippe, frère de Henri VI, devenait

---

1. *Reg. imp.*, ep. 105.
2. *Ibid.*, ep. 21. Célestin III (1191-1198) était le prédécesseur immédiat d'Innocent III.
3. *Ibid.*, ep. 136.

empereur à son tour, il arriverait que le droit d'hérédité se substituerait par l'usage au droit d'élection et que les princes verraient ainsi tomber leurs libertés [1]. On avouera que sur ce point les princes étaient les véritables juges, et que les partisans de Philippe, forts de leur nombre, avaient raison de répondre au pape qu'en s'opposant à leur choix, c'était lui qui blessait leurs libertés [2].

De la lecture des textes il ressort visiblement que, dans cette préférence pour Otton, Innocent III et, avec lui, les cardinaux qui protestèrent de leur accord avec le pape dans un acte public [3], eurent en vue les intérêts du Saint-Siège, et ne furent point guidés, comme on l'a dit, par la seule appréciation de la valeur de l'élection et du mérite des élus [4]. Au reste, Innocent III avouait lui-même implicitement la cause de ses sympathies, en disant qu'Otton était d'une race qui avait toujours montré du dévouement au Saint-Siège, tandis que la maison de Souabe avait été rebelle à l'Église, parfois persécutrice, et que Philippe ne semblait que trop disposé à suivre l'exemple de ses aïeux [5]. Certes on ne saurait blâmer

---

1. *Reg. imp.*, ep. 21 et *alias*.
2. *Ibid.*, ep. 61, 62.
3. *Ibid.*, ep. 86.
4. Telle est aussi l'opinion de M. Mignet, ouvrage cité, p. 667, 668.
5. *Reg. imp.*, ep. 29 et *alias*. — Lorsque le pape représentait aux princes que l'hérédité de l'empire ruinait leurs libertés, il se taisait sur une considération qui lui était personnelle : c'était que le droit

Innocent III d'une préférence où il voyait la possibilité de réaliser l'union, toujours désirée par les papes, du sacerdoce et de l'Empire. Son tort fut d'avoir voulu atteindre ce résultat au mépris du droit des princes et au détriment de la paix des peuples.

Une fois adopté par Innocent III, Otton se vit, de la part de ce pontife, l'objet d'une constante et inébranlable sollicitude. Comme ce pape lui-même le déclare, plus la cause d'Otton semblait aventurée, — car un moment vint où les amis de ce prince et ses proches mêmes l'abandonnèrent, — plus il s'attachait à cette cause avec ténacité, cherchant par tous les moyens à la faire triompher. Il portait le soin d'en assurer le succès jusqu'à excommunier les évêques qui, après avoir embrassé le parti d'Otton, se ralliaient à son rival. Aux princes séculiers, il écrivait : « Venez à Otton, et, en récompense, je vous servirai auprès de lui pour augmenter vos dignités et étendre vos richesses [1]. » Afin de détacher du parti de Philippe le duc de Bohême, il lui confirmait le titre de roi, que ce prince lui avait conféré, et que les papes, ses prédécesseurs, avaient toujours refusé [2]. A Philippe-Auguste, qui se plaignait avec hauteur que le Saint-Siège favorisât dans Otton un

d'approbation dévolu au Saint-Siège ne devenait dès lors qu'une stérile formalité ou s'annulait totalement.

1. *Reg. imp.*, ep. 24, 33.
2. Ep. VII, 49.

prince ennemi de sa couronne, il adressait une longue lettre d'explications, et ajoutait en *post-scriptum* : « Nous pouvons vous affirmer que Philippe de Souabe, une fois maître de l'Empire, voudra s'emparer de la Sicile et tournera ensuite ses vues sur le royaume de France [1]. « De tels expédients n'étaient assurément pas dignes d'une cause qu'Innocent III disait être celle de la religion et de la justice, et l'on peut s'étonner que certains historiens, attentifs à signaler les côtés blâmables de la conduite de ce pape, aient gardé le silence sur l'emploi de semblables moyens [2]. Cependant, après dix années d'un conflit qui avait bouleversé l'Allemagne, Innocent III, voyant la cause d'Otton plus compromise que jamais, sembla faiblir dans ses résolutions. Il releva Philippe de son excommunication, provoqua une trêve entre les deux princes, et allait enfin renoncer à ses desseins, lorsqu'au mois de juin 1208 Philippe fut assassiné [3]. Cette mort donna le trône à son rival.

Tel est le résumé des faits [4]. Or, dans cette querelle de dix années, n'est-il pas sensible qu'Innocent III montra plus d'ardeur que de clairvoyance? Il se trompa sur le caractère du prince pour l'élévation

1. *Reg. imp.*, ep. 64.
2. Voy. le travail de M. Avenel.
3. *Reg. imp.*, ep. 141, 142, 143, 152, 154 et 177.
4. Voir, à l'Appendice, la notice intitulée *Innocent III et Otton de Brunswick*, et dans laquelle nous donnons le récit détaillé des évènements que nous ne faisons qu'indiquer ici.

duquel il ébranla l'Allemagne. Ce prince, qui disait au pape qu'après Dieu il lui devait tout, que, sans lui, ses espérances fussent tombées en poussière, que sa reconnaissance dépassait toute mesure[1], ce prince, dès qu'il fut en possession de l'Empire, méconnut tous les engagements qu'il avait pris envers le Saint-Siège et l'Église au temps de l'adversité ; et Innocent III, après l'avoir frappé des foudres apostoliques, dut le déclarer déchu de la dignité impériale[2]. Une erreur plus grave que commit Innocent III, et qu'il importe de signaler, fut de n'avoir pas su mesurer les forces véritables de la papauté. A le juger par ses lettres, Innocent III était un esprit prudent et qui n'aimait pas à engager légèrement l'autorité du Saint-Siège. S'il ne se fût abusé sur son pouvoir, s'il n'avait cru le prestige de la papauté plus grand qu'il n'était en effet, il n'eût pas entrepris une lutte où la cause qu'il soutenait semblait perdue dès l'origine, et dans laquelle il ne réussit qu'à faire éclater son impuissance.

L'échec que, dans cette entreprise, subit Innocent III n'est pas le seul fait où se révèle cette diminution du prestige de la papauté. Quand on lit dans le *Registrum imperii* les lettres de Philippe de

1. *Reg. imp.*, ep. 106.
2. Voir la lettre émue (Ep. XIII, 210) où ce pape se plaint d'avoir été trompé par Otton. C'était un des défauts d'Innocent III de ne point savoir juger les hommes auxquels il donnait ses sympathies. Son amitié pour Robert de Courçon et sa faveur pour Jean sans Terre en sont la preuve.

Souabe, de Philippe-Auguste et d'autres princes, on est frappé du ton de fierté, de dédain qui les caractérise. Les lettres du pontife, au contraire, sont mesurées, circonspectes, jamais impérieuses. On sent que, pour ces princes, la papauté est encore un pouvoir avec lequel ils doivent compter, mais qu'elle n'est déjà plus un principe qui s'impose avec force à leur conscience. Innocent III lui-même semble hésiter quand il parle du droit du Saint-Siège sur les royaumes et représente celui-ci « comme la source de la puissance (*plenitudo potestatis*)[1]. » Les historiens n'ont vu que le mot et ont cru à une immense ambition de la part de ce pontife ; ils n'ont pas aperçu que c'était là comme une formule toute faite que répétait Innocent III, et qu'il s'en prévalait avec une sorte d'embarras, qui seul suffirait à trahir une modification dans les rapports du Saint-Siège et des gouvernements séculiers.

Les lettres du pape relatives à la question de divorce soulevée par Philippe-Auguste amènent à de semblables conclusions[2]. Rien de plus touchant que les lettres d'Ingeburge appelant la mort comme le terme de ses maux ; rien de plus digne d'éloges que les lettres d'Innocent III montrant en faveur de cette princesse une infatigable sollicitude. Dans la lutte qu'il engagea sur ce point avec Philippe-Auguste, le

1. Voy. notamment Ep. VI, 163.
2. Voyez, sur cette affaire du divorce, une très bonne étude de Géraud dans la *Bibliothèque de l'École des chartes,* année 1844.

pape avait pour lui tout à la fois la morale et le droit. Ingeburge était injustement délaissée et indignement traitée; on sait d'ailleurs que les questions relatives au mariage tombaient toutes, à cette époque, sous la législation ecclésiastique. Dès la première année de son pontificat, Innocent III menaçait de mettre le royaume de France en interdit, si Philippe ne consentait à reprendre auprès de lui l'épouse délaissée. Cette mise en interdit, plusieurs fois annoncée, reçut enfin son accomplissement. Nous laissons de côté la question de savoir si, au nom de la morale, le pape était fondé à punir tout un peuple pour la faute d'un prince; cet acte de sévérité qu'on a, de nos jours, reproché à Innocent III[1], était du moins conforme aux traditions. Mais ce qu'il nous importe de constater, c'est que, malgré les avertissements réitérés du siège apostolique, la malheureuse Ingeburge, dont les épreuves avaient commencé en l'année 1193, au lendemain de son mariage, ne les vit cesser que vingt années après[2].

Dans une cause si juste et qui avait les sympathies des contemporains, cette impuissance d'Innocent III ne serait-elle pas incompréhensible, si, comme dans la querelle de l'Empire, on ne l'expli-

---

1. Avenel, travail cité.
2. Un souvenir de la réconciliation des deux époux nous a été conservé dans un psautier ayant appartenu à Ingeburge. (Voy. la description de ce psautier dans la *Bibliothèque de l'École des chartes*, 6e série, tome III, année 1867, article de M. L. Delisle.)

quait par un affaiblissement de l'autorité pontificale? Cet affaiblissement se marque par les termes mêmes dont use Innocent III dans sa correspondance. Écrivant au roi, il le prie, l'exhorte, et ne parle jamais en maître[1]. Dans ses lettres à Ingeburge, il oublie même qu'il est pape : « Dieu sait que j'ai fait pour vous tout ce qu'il est possible à un homme de faire[2]. » Vis-à-vis de l'ensemble des fidèles, il craint, — au cas où ses efforts seraient vains, — que le Saint-Siège ne soit taxé de faiblesse, et cette crainte seule est un signe d'impuissance. « Si nous ne triomphons bientôt de la résistance de Philippe, écrit-il à l'un de ses légats, ce sera à la confusion du Saint-Siège, dont les inutiles efforts rappelleront le mot du poète :

Parturient montes, nascetur ridiculus mus[3]. »

Innocent III, dans une cause si émouvante et si juste, redoutait le ridicule. Est-ce là la pensée d'un homme pénétré des augustes devoirs que lui imposait un caractère presque divin ; et ne peut-on dire que, dans l'esprit du pontife, non moins que dans celui des princes, s'altérait déjà le sentiment de la haute mission de la papauté?

En ce qui regarde Philippe-Auguste, son attitude,

---

1. Ep. I, 171 ; VI, 182.
2. « Novit ille, qui nihil ignorat, quod... pro te fecimus quidquid homo facere potuit. » Ep. VIII, 113.
3. Ep. III, 16.

en cette affaire du divorce, était celle d'un prince impatient et opiniâtre, mais non rebelle. Il sentait, en effet, que sa conduite n'était pas exempte de blâme. Mais combien cette attitude fut différente, lorsqu'il saisit le temporel des évêques d'Auxerre et d'Orléans, qui avaient manqué envers lui à leurs devoirs féodaux[1]! Combien elle le fut surtout dans sa querelle avec Jean sans Terre, querelle continuée au mépris des injonctions du pape, qui voulait une réconciliation entre les deux rois! Dans la question du divorce, il tâche d'échapper, il ruse, il louvoie. Ici, il affirme ouvertement son indépendance et jette au pontife ces paroles célèbres : « En ce qui concerne mes rapports avec mes vassaux, je ne suis point obligé d'obéir aux ordres du Saint-Siège ni ne relève de son jugement, et vous n'avez rien à voir, quant à vous, dans une affaire qui se passe entre rois[2]. » Que l'on rapproche ce fier langage de la réponse faite par Innocent III. Ce pape ne s'attendait pas une résistance aussi hautaine. Il se montre étonné, troublé (*turbatus*) ; il se défend comme ferait un accusé, il prend Philippe lui-même pour juge. « Qu'ai-je fait, lui dit-il, d'inconvenant ou d'inique ? » Il sent bien que le seul fait de répondre compromet sa dignité ; il s'en excuse, il dit : « Nous ne devrions pas entrer, sur ce point, en explications avec vous,

---

1. Ep. XV, 39, 40, 108, 123.
2. « Respondisti quod... nihil ad nos pertinet de negotio quod vertitur inter reges. » Ep. VI, 163 (Lettre à Philippe-Auguste).

mais notre silence pourrait donner à vos déclarations une portée que nous ne devons pas leur laisser[1]. »

De ces paroles si claires, si caractéristiques, ressort une conclusion qui s'impose d'elle-même à l'historien. Il est impossible de ne pas apercevoir la naissante révolution dont elles sont l'évident indice, de ne pas reconnaître que, parvenue au plus haut point de son autorité sur les princes, la papauté commençait, par cela même, à perdre auprès d'eux de son ancien ascendant; qu'enfin, à l'époque d'Innocent III, s'opère le fait considérable de la séparation du pouvoir temporel et du pouvoir spirituel[2]. Ce fait ne se déduit pas uniquement des particularités que nous avons rapportées. Pour quiconque lira avec soin les lettres d'Innocent III, il ne saurait être mis en doute. On y voit que la papauté, qui avait tenu dans sa main et l'Église et le monde et croit les tenir encore, est rejetée de plus en plus vers l'Église, et que le monde lui échappe. Au temps de Grégoire VII, la société n'a qu'une forme, la forme théocratique. Au temps d'Innocent III, une scission s'opère entre la société ecclésiastique et la société civile, et la notion de l'État laïque commence à pénétrer dans les in-

1. Ep. VI, 163. — On peut rapprocher de ces lettres une autre lettre de Philippe-Auguste écrite à Innocent III au sujet du comte de Toulouse, et non moins significative pour l'histoire des rapports du Saint-Siège avec les princes. (Voy. L. Delisle, *Catalogue des actes de Philippe-Auguste*, p. 512 et 513. La lettre est de 1208.)
2. On sait que l'illustre auteur de l'*Histoire de la civilisation en France* date aussi de Philippe-Auguste cette importante séparation.

telligences. Cette scission, à la vérité, n'est pas parfaitement délimitée, acceptée ; mais elle s'accuse, se précise chaque jour davantage. Il y a plus : en même temps que l'on constate une scission dans les pouvoirs, on constate une scission dans les idées ; la société civile et l'Église, les rois et le pape, ne s'entendent déjà plus, ne se comprennent plus. Cette situation, sur laquelle il importe d'insister, sera mise en pleine lumière par l'examen des lettres relatives aux évènements de la Terre sainte.

On sait que l'une des grandes préoccupations d'Innocent III fut de reconquérir la Terre sainte, retombée alors presque tout entière sous le joug des Infidèles. Le fait de cette préoccupation est attesté par le nombre considérable de lettres que ce pape écrivit à ce sujet, et dont le recueil pourrait former un *Registrum super negotio Terræ sanctæ* non moins volumineux que le *Registrum imperii* ; il résulte aussi de ses aveux, de ses déclarations expresses. Dès 1198, il annonce que, si vive que soit sa sollicitude pour tous les intérêts de l'Église, il met au-dessus de tout autre soin celui de subvenir à la délivrance de la Terre sainte[1]. Dans la même année, des légats auxquels il a, de sa propre main, attaché le signe de la croisade, vont, sur divers points de l'Occident, appeler les populations à combattre les Infidèles ; il transmet également les lettres

1. Ep. I, 11, 336.

les plus pressantes aux évêques d'Italie, aux seigneurs et aux prélats de France, d'Angleterre, de Sicile, de Hongrie[1]. Pendant les cinq années qui suivent son avènement, il déploie le même zèle, la même sollicitude, ne cesse d'adresser de chaleureux appels au clergé et aux princes. S'abusant sur l'empressement des populations à seconder ses desseins, il croyait toujours que les croisés allaient d'un moment à l'autre se diriger vers la Terre sainte. « A notre appel, écrivait-il en 1199 au roi d'Arménie qui lui avait demandé des secours contre les Sarrasins, un grand nombre de fidèles ont pris la croix et n'attendent pour partir que l'instant opportun[2]. » Voyant néanmoins que l'expédition, objet de ses vœux, et pour laquelle il multipliait lettres et messagers et faisait succéder les ordres aux avertissements et les avertissements aux ordres[3], tardait à s'organiser, il attribuait cette lenteur aux dissensions des princes, aux luttes intérieures qui agitaient les peuples[4]. Aussi s'efforçait-il, dans la mesure que comportaient les évènements, de faire cesser les divisions. C'était en vue de la croisade qu'il cherchait à rétablir l'union entre les souverains de France et d'Angleterre, et qu'il mandait non seulement à ces princes, mais au clergé des deux

1. Ep. I, 302, 336.
2. Ep. II, 219.
3. « Mandata monitis et mandatis monita conculcamus. » Ep. I, 404.
4. Ep. II, 189.

royaumes, d'aviser à une réconciliation[1]. En 1202, l'expédition semblait enfin décidée, et il pouvait annoncer au clergé d'outre-mer qu'un grand nombre de hauts barons et de seigneurs du royaume de France, auxquels s'étaient joints des fidèles accourus des divers points de la chrétienté, se disposaient à partir pour la Palestine[2].

Les croisés, sous la conduite de Baudouin, comte de Flandre, partirent en effet. Mais, au lieu de se porter directement vers Jérusalem, ils s'arrêtèrent en route et s'emparèrent de la ville de Zara. Le pape se montra aussi affligé qu'irrité de cet évènement. Les croisés s'excusèrent, témoignèrent du repentir, et, sur l'injonction du pontife, reprirent le chemin de la Terre sainte[3]. On sait ce qui arriva. Parvenus en vue de Constantinople, ils s'emparèrent de la ville, mirent Alexis sur le trône, et, quelques mois après, se rendant de nouveau maîtres de cette cité, dont ils détruisirent les monuments et pillèrent les richesses avec la fureur de véritables barbares, ils donnèrent la couronne à Baudouin. Lorsqu'il fallut instruire le pape de l'instauration d'Alexis, les croisés essayèrent de s'excuser encore, mirent cet acte sur le compte des circonstances et tachèrent d'atténuer le mécontentement du Saint-Siège par la perspective de l'union entre les Églises grecque et ro-

1. Ep. I, 345, 355.
2. Ep. V, 26.
3. Ep. V, 161; VI, 4, 8, 99 à 102.

maine¹. Innocent III ne leur ménagea pas les paroles de blâme, sut leur dire qu'il n'était pas dupe de leur conduite, et leur réitéra les ordres les plus pressants de se rendre en Terre sainte. Quand, plus tard, il apprit l'élévation de Baudouin et cette étonnante création d'un Empire latin de Constantinople, il s'adoucit. Il voyait dans cet évènement des gages certains du retour de l'Église grecque à l'Église romaine; il y voyait surtout de sûrs moyens de chasser les Sarrasins de la Palestine ².

La nouvelle, arrivée peu après, de la captivité de Baudouin ne détourna pas le pape de ses résolutions; il y revint même avec une plus grande ardeur et demanda aux princes chrétiens de secourir à la fois le nouvel Empire et la Terre sainte³. En reprenant ses projets, il reprit ses illusions. En 1209, il écrivait aux grands-maîtres de l'ordre des Templiers et de celui des Hospitaliers qu'une nombreuse armée se rassemblait en France et en Allemagne en vue de se porter vers la Palestine, et qu'afin d'augmenter cette armée de toutes les forces possibles, il s'appliquait à rétablir la paix, non seulement dans l'Empire, mais dans tous les royaumes de l'Europe⁴. La guerre des Albigeois interrompit ses négociations, sans diminuer son zèle. Dès qu'il fut délivré de cette guerre,

---

1. Ep. VI, 210, 211, 229, 230.
2. Ep. VII, 152, 153.
3. Ep. VIII, 125, 131.
4. Ep. XI, 109.

il renouvela ses appels. L'une des dernières lettres que renferment les registres est un appel à la croisade et la plus chaleureuse qu'il ait écrite sur ce sujet. Cette lettre, datée de 1213, est adressée cette fois, non aux prélats et aux barons seulement, mais aux fidèles de tous les pays chrétiens[1]. Enfin, l'un des grands objets qui le portèrent à convoquer le concile œcuménique de Latran, en 1215, fut, de son aveu, la délivrance de la Terre sainte[2]. Il mourut sans avoir atteint le but qu'il s'était proposé.

Cette inutile ardeur dépensée pendant dix-huit années par Innocent III montre à quel degré il se trompa sur l'esprit de son temps. Quand on lit avec attention les lettres qu'il écrivit et celles qu'il reçut à cette occasion, l'on aperçoit clairement que ses appels réitérés demeuraient sans écho. Il eut pourtant quelquefois comme l'intuition de la vérité. A diverses reprises, dans le cours de son pontificat, il se plaint tantôt de la tiédeur des princes, qui devraient, écrit-il, entraîner les populations par leur exemple, tantôt de l'indifférence de ces populations elles-mêmes[3]. Il va jusqu'à dire qu'il voit trop que les âmes sont alourdies et que rien ne semble capable de les tirer de ce funeste sommeil[4]. Pour lui complaire ou par un semblant de docilité, on pré-

1. Ep. XVI, 28.
2. Ep. XVI, 29. Voy. des lettres de 1215 et 1216 relatives à la croisade dans D. Bouquet, t. XIX, p. 598, 604, 605.
3. Ep. I, 508.
4. Ep. XI, 185.

naît la croix; mais le zèle ne se portait pas plus loin. La prise de Zara, la fondation de l'Empire latin de Constantinople ne lui furent pas un avertissement. Il ne comprit pas que la foi désintéressée, la naïve ardeur des premières croisades était éteinte, et que l'imagination des peuples cherchait d'autres objets. N'était-ce pas aussi un indice que le refus fait par les seigneurs de France et d'Angleterre de partir pour la Palestine, si le Saint-Siège ne levait l'interdiction prononcée sur leurs tournois? Le pape aurait dû d'autant mieux être éclairé sur la situation des esprits, qu'il rencontrait cette indifférence dans le clergé même. Des évêques, après s'être engagés pour la Terre sainte, hésitaient au moment de partir et s'excusaient auprès de lui [1]. Ses légats eux-mêmes trahissaient son espoir [2]. Enfin, comme dernier signe, les cardinaux, qu'on voit ordinairement s'associer à sa pensée dans toutes les affaires importantes, n'apparaissent pas dans celle-ci. Innocent III est seul. Ce vœu, ce dessein persistant lui semble tout personnel; et ainsi, non seulement les princes et le pape, la société civile et l'Église montrent des tendances, des idées différentes, mais, dans l'Église même, les idées se modifient et l'antique foi faiblit.

1. Ep. VIII, 99.
2. « Audito quod universos crucesignatos... a voto peregrinationis et onere crucis absolveras, contra te non potuimus non moveri. » Ep. VIII, 126 (Lettre à Pierre, cardinal-légat).

La guerre des Albigeois offre une preuve directe du changement qui s'opérait alors dans les croyances. Cette guerre, si terribles qu'en aient été les péripéties, n'est en somme qu'un incident d'un fait considérable dont l'origine était antérieure à l'avènement d'Innocent III. On sait que, dès le milieu du xiie siècle, l'hérésie avait jeté de profondes racines dans le midi de la France, et que, gagnant l'Espagne, la Sicile, l'Italie, la Hongrie, elle avait poussé ses ramifications jusqu'en Flandre, en Allemagne et en Angleterre[1]. Nous n'avons pas à faire ici l'exposé des doctrines qui constituaient cette hérésie ; il nous suffira de dire que ces doctrines, comme les dénominations qui servaient à en désigner les adeptes, étaient diverses, sans qu'aucune d'elles offrît en soi rien de bien déterminé. Mais cette variété, cette incertitude même sont caractéristiques. C'étaient de part et d'autre, moins des principes arrêtés que des aspirations vers des principes nouveaux. Très différente des hérésies des premiers siècles, qui s'attaquaient à un point particulier du dogme, l'hérésie du xiiie siècle, dans ses tendances incohérentes et mal définies, touchait tout à la fois aux doctrines, aux usages et à la constitution de l'Église.

De l'aveu d'Innocent III, les hérétiques offraient

---

1. Ep. I, 81, 509; II, 1, 99, 176. — Schmidt, *Histoire des Albigeois*, Paris, in-8º, 1848, t. I, p. 99.

dans leur conduite des exemples de vertus qui, par leur contraste avec les mœurs trop souvent relâchées du clergé orthodoxe, contribuaient à émouvoir en leur faveur l'âme des populations[1]. Ils avaient, en outre, un goût des Écritures (*desiderium Scripturarum*) qui témoignait, pour les matières religieuses, d'une véritable ferveur. A ne parler que des faits qui se passaient en France, ils avaient traduit en langue vulgaire les Évangiles, les Épîtres de Paul, les Psaumes, le Livre de Job et d'autres fragments des livres saints, afin de s'en mieux pénétrer. Rendues ainsi plus accessibles aux intelligences, les Écritures étaient étudiées, commentées dans des assemblées, auxquelles les femmes elles-mêmes assistaient[2]. Ils avaient enfin, à l'exemple du clergé catholique, leurs communautés, leurs diocèses, leurs ministres. Ce n'étaient pas seulement des laïques, — bourgeois, nobles et princes, — qui entraient dans ces nouveautés ; le pape constatait avec regret que des clercs et des évêques même tombaient dans ces erreurs ou les favorisaient. Ces dehors d'austérité, ce goût des choses divines, cette interprétation libre des Écritures, ces Églises particulières qui, sous des appellations variables, tendaient à s'élever en regard de l'Église orthodoxe, enfin, le nombre considérable et toujours croissant des adeptes, indi-

---

1. Ep. I, 94 ; II, 123.
2. Ep. II, 141. On sait qu'Innocent III désapprouva sévèrement ces traductions.

quent un mouvement des esprits auquel convient mal la dénomination d'hérésie. Nous pensons, avec d'éminents historiens [1], qu'il faut y voir les efforts inconscients d'une véritable réforme qui commençait dans le domaine des croyances et des pratiques religieuses, réforme issue tout à la fois de la rénovation intellectuelle qui avait marqué la première moitié du XIIe siècle [2] et d'une réaction des âmes contre les désordres de l'Église flétris par les contemporains. Et ainsi, après avoir constaté successivement, avec la diminution du prestige et de l'ascendant de la papauté, la scission dans les pouvoirs qui dirigeaient la société, puis la scission dans les idées, nous constatons ici un fait qui complète et explique les trois autres, la scission dans les croyances.

Pour un esprit plus pénétrant que celui d'Innocent III, cet entraînement des intelligences vers les nouveautés religieuses aurait pu être un indice de l'état d'affaissement de l'Église et de la nécessité d'y remédier par quelques sages mesures. Sans être totalement aveugle sur les vices que pouvait présenter alors la situation de l'Église, il n'aperçut, dans le mouvement dont nous parlons, qu'une hérésie ordinaire. Dira-t-on, pour expliquer son manque de clairvoyance, qu'en dehors des populations

---

1. Voy. *Hist. littér. de la France*, t. XXV, la notice de M. Renan sur J.-Victor Le Clerc.
2. Voy. nos *Études sur l'ancienne France*, Paris, Didier.

attachées à ces nouveautés, la foi conservait sa ferveur et son intégrité? On a vu, dans ce que nous avons dit des évènements de la Terre sainte, ce qu'il convient de penser à ce sujet. Quant aux croisés qui, à la voix d'Innocent III, se jetèrent sur le Languedoc, leur piété n'était certes pas plus pure que celle des croisés qui conquirent Constantinople. Il suffit de lire les lettres de Simon de Montfort pour se convaincre que, sous les dehors d'une entière dévotion au Saint-Siège, il est avant tout dévoré du désir de prendre et de posséder, au point de s'attirer les reproches du pape pour les signes trop visibles de sa cupidité[1]. Il semble qu'il ait voulu faire dans le Languedoc ce que Baudouin avait fait en Grèce, et l'étonnante fortune du comte de Flandre ne fut peut-être pas sans influence sur sa piété. En ce qui regarde Innocent III, peut-on dire qu'il eut lui-même une entière confiance dans la foi des nouveaux croisés, lorsque, pour animer leur zèle, il ne se bornait pas à leur promettre la rémission de leurs péchés, mais les exemptait de leurs dettes et leur abandonnait par avance toutes les terres qu'ils sauraient conquérir sur les hérétiques[2]? N'étaient-ce pas là des moyens analogues à ceux dont il usait dans la querelle de l'Empire, en vue de rallier à Otton les divers princes de l'Allemagne? Il semble

---

1. « Ne ad tuum specialem, non generalem catholicæ fidei laborasse profectum videaris. » Ep. XV, 213. Cf. Ep. XII, 109.
2. Ep. XI, 157-159.

du moins, à considérer le rapide succès de cette guerre des Albigeois, que la papauté, qui échoua dans ses autres entreprises, sut montrer sa puissance en celle-ci. Ce serait se tromper que de le croire. Outre que l'emploi des moyens de terreur est toujours une preuve de faiblesse de la part de l'autorité qui s'en sert, l'hérésie fut étouffée, non détruite [1], et se perpétua obscurément, en dépit de l'Inquisition et des supplices, pour reparaître plus tard, agrandie et plus forte, dans la Réforme, dont elle peut être regardée comme un premier essai [2].

On a tenté de justifier les mesures employées par Innocent III pour vaincre l'hérésie. Ce qui est certain, c'est que les historiens, jugeant ce pontife au travers de ce drame émouvant de la guerre des Albigeois, se sont trompés sur son caractère. Innocent III n'était ni cruel ni fanatique. La lecture attentive de ses lettres le montre accessible, patient, clément même, et, dans ses relations avec les hommes, plus disposé à la douceur qu'à la violence. Dans cette affaire de l'hérésie, il subit, comme on dirait aujourd'hui, l'influence de la raison d'État. Il vit l'Église qu'il dirigeait, de l'intégrité de laquelle il se sentait responsable, atteinte ouvertement dans son unité, menacée dans son existence; il résista, et, une fois la lutte engagée, fut emporté au-delà

---

1. Schmidt. *Histoire des Albigeois*, t. I, p. 104.
2. *Hist. littér. de la France*, t. XXV, loc. cit.

de ses prévisions. On peut suivre dans ses lettres le progrès de ses sentiments; ceux qu'il montra d'abord n'annonçaient pas le dénouement qui suivit. Longtemps il se borna aux menaces; modérées à l'origine, elles devinrent de plus en plus pressantes, bientôt terribles, et ce fut quand il vit l'excès même des menaces demeurer inutile, que, ne sachant à quelles armes avoir recours, il commença de sévir[1].

Quels qu'aient été, en réalité, les sentiments d'Innocent III, c'est à lui qu'appartient la triste innovation d'avoir fait une croisade d'une lutte armée entre chrétiens, et cette guerre, qui anéantit une des contrées les plus civilisées de l'Europe, pèsera à jamais sur sa mémoire. Un évènement terrible aussi, mais d'un autre caractère, l'invasion de l'Angleterre par les Normands, pèse également sur la mémoire de Grégoire VII, et le blâme semble ici d'autant plus mérité, que ce pape entendit flétrir autour de lui l'appui qu'il prêtait à Guillaume le Conquérant[2]. Innocent III ne paraît pas avoir rencontré, dans ses conseils, une opposition de ce genre à ses projets d'extermination sur les populations du Languedoc; mais il n'ignorait pas qu'avant lui d'illustres voix dans l'Église avaient revendiqué en faveur des

---

1. Voy. Ep. V, 110; X, 130; XI, 26 à 33. — La colère du pape atteignit toute sa vivacité lors de la mort de Pierre de Castelnau. Encore, après cette mort, attendit-il quelque temps avant de déchaîner la lutte. La fameuse lettre commençant par : « Eia! eia! » est postérieure de près d'une année à la mort du légat.

2. Voy. notre Étude sur Grégoire VII.

hérétiques les moyens de douceur et condamné la violence [1]. Il est vrai que, dans le même temps, des principes tout contraires tendaient à pénétrer dans le droit ecclésiastique [2]. Entre ces tendances opposées, Innocent III préféra les dernières; et, en les consacrant de l'autorité du Saint-Siège, il les introduisit définitivement dans la législation et les mœurs de l'Église. C'est ainsi qu'aux yeux de l'histoire il demeure responsable, en une certaine mesure, du régime de l'Inquisition établi après sa mort.

Cette conduite d'Innocent III n'eut pas pour seul effet d'entacher sa renommée; elle fut funeste à l'Église. On a remarqué, avec raison, qu'à partir du jour où « le terrorisme » entra dans l'Église, celle-ci perdit ce qui lui restait de véritable force [3]. Convertie en un vaste système de police, elle dévia plus que jamais de son esprit et de ses voies; la peur remplaça la foi, et ainsi, par la guerre des Albigeois, s'accélérèrent cette désorganisation de l'Église et cette altération des croyances dont nous avons, à diverses reprises, signalé les symptômes. La religion étant la seule sphère où se manifestaient alors les hardiesses de l'esprit, la pensée fut atteinte du même coup qui frappait l'hérésie, et Innocent III eut conséquemment une part dans les causes de

---

1. Notamment sainte Hildegarde et saint Bernard. Voy. Schmidt, ouvr. cité, t. II, p. 218-220.
2. Voy. *Decr.* caus. 23, quæst. IV, 38, 48; V, 43, 44, 47; VII, 2.
3. Michelet, *Hist. de France*, t. VII, Introduction (*Renaissance*).

l'abaissement intellectuel qui caractérisa la fin du moyen âge[1]. Ajoutons qu'il aida à la ruine du pouvoir qu'il avait cru maintenir, ruine déjà préparée par les désordres de l'Église. En abdiquant ce qui, aux yeux du monde, avait fait sa grandeur, pour n'être plus qu'un gouvernement violent et oppresseur, la papauté perdit le respect des peuples, et, comme elle n'avait d'autre force que celle qu'elle empruntait à l'opinion, ce pouvoir tomba aussitôt que l'opinion eut cessé de le soutenir.

1. *Hist. littér. de la France*, t. XXV, loc. cit.

BONIFACE VIII

(1294-1303)

BONIFACE VIII

(1294-1303

I

Avec Boniface VIII, qui occupa le siège de saint Pierre du 24 décembre 1294 au 7 octobre 1303, tomba cet édifice théocratique qui, déjà fondé au temps de Nicolas Ier et achevé par Grégoire VII, avait, à l'époque d'Innocent III, commencé de s'ébranler. Sous le gouvernement de ce pontife, la papauté, qui depuis plus de deux siècles dominait les empires, dut céder à son tour devant les pouvoirs temporels. Une erreur commune à la plupart des historiens a été de placer dans les incidents qui marquèrent ce pontificat les causes de la défaite que subit alors le Saint-Siège. Le P. Tosti[1], auteur du

---

1. *Histoire de Boniface VIII et de son siècle*, avec notes et pièces justificatives, par D. Louis Tosti, religieux du Mont Cassin, trad. de l'italien par l'abbé Marie-Duclos, 2 vol. in-8°, Paris, Vivès, 1854.

seul ouvrage qui ait été écrit de nos jours sur la vie de Boniface VIII, n'a su éviter cette erreur. Un fait aussi considérable, non seulement dans les annales de la papauté, mais dans l'histoire de la société au moyen âge, a dû être amené par des causes tout à la fois plus éloignées et plus profondes. Il suffit en effet de considérer la situation générale de l'Église dans la seconde moitié du xiiie siècle, pour se convaincre que, si graves qu'aient été les évènements qui agitèrent le pontificat de Boniface VIII, ils ne firent que hâter un dénouement devenu inévitable. Conformément à ces idées, nous allons essayer, avec le secours des documents contemporains, de tracer un aperçu de cette situation ; nous entrerons ensuite dans le détail des circonstances qui déterminèrent la catastrophe.

On a vu jusqu'à quel point Innocent III avait été le maître de l'Église. Attirant à soi toutes les affaires importantes, entravant l'action des évêques au moyen des appels, diminuant leur autorité par des privilèges qui enlevaient nombre de fidèles à leur juridiction, intervenant dans les élections, dominant les conciles, fixant le droit, interprétant le dogme, la papauté exerçait alors une domination qui avait tous les caractères du pouvoir absolu. Depuis la mort d'Innocent III, cette domination du Saint-Siège s'était encore accrue. L'institution des ordres mendiants, dont l'origine remontait au premier successeur de ce pape¹, avait contribué puissamment à ces nouveaux progrès. Totalement indépendants des évêques, ne reconnaissant d'autre direction que celle de Rome, prêts à intervenir partout comme délégués du Saint-Siège, seuls investis par lui du droit nouveau et terrible de rechercher les hérétiques, ces moines, qui se répandirent bientôt par toute l'Europe, ne se firent pas seulement les ardents défenseurs de l'omnipotence papale, source de leurs privilèges, ils effacèrent par leur rapide ascendant le peu d'influence qu'avait pu conserver encore le clergé séculier. A l'exemple de ses prédécesseurs, Boniface VIII les entoura de sa protection particulière, les employa dans ses légations², prit parmi eux de hauts dignitaires de l'Église³, quelques-uns même de ses cardinaux⁴, et, par plusieurs bulles, confirma ou augmenta leurs privilèges au détriment des évêques⁵.

Tandis que, dans la mer de privilèges (*mare magnum*) accordés aux ordres mendiants, achevaient de s'engloutir les dernières libertés de l'Église,

1. On sait que saint Dominique, qui fonda l'ordre des Frères prêcheurs, obtint, en 1216, du pape Honorius III, une bulle pour l'institution du nouvel ordre. Vers le même temps, saint François d'Assise fonda l'ordre des Frères mineurs, qui fut confirmé en 1223 par une bulle de même pape.
2. Tosti, *Hist. de Boniface VIII*, t. II, p. 72.
3. Fleury, *Hist. ecclés.*, XVIII, p. 591.
4. Ciacon. *Vitæ pontificum et cardinalium*, t. II, col. 322-338.
5. Voy. deux bulles de Boniface VIII analysées dans Fleury, *Hist. ecclés.*, XVIII, p. 589, 590; XIX, p. 47, 48.

d'autres coups étaient portés à ce qui restait de son ancienne constitution. Les élections ecclésiastiques, déjà altérées au temps d'Innocent III, tendirent à disparaître. Dès le milieu du xiii⁰ siècle, on voit des évêques nommés directement par les souverains pontifes [1]. En 1266, Clément IV attribuait au Saint-Siège le droit de disposer de tous les évêchés vacants en cour de Rome (*in curia*) par suite de l'avancement ou de la mort du titulaire [2]. Or, la concentration des affaires aux mains du pape attirant le clergé à Rome de toutes les parties de la chrétienté, — au point que, selon le mot énergique d'un écrivain [3], il y peuplait non seulement les rues, mais aussi les cimetières, — ce décret de Clément IV n'était pas une vaine déclaration. Si des évêchés devenaient vacants hors de la curie, la papauté trouvait encore le moyen de s'en emparer, les élections dont ils étaient l'objet donnant presque toujours lieu à des compétitions. Il arrivait même que, sans attendre l'issue, toujours douteuse, d'un procès en cour de Rome, les compétiteurs résignaient sponta-

---

1. *Bibl. de l'École des Chartes,* année 1870, article de M. P. Viollet, p. 167.
2. *Sext. Decret.,* lib. tert., tit. iv, 2. Ce décret de Clément IV ne statue pas spécialement pour les évêchés, mais pour tous les bénéfices, quels qu'ils soient, vacants *in curia*. Ajoutons que, dans son préambule, il établit comme principe général le droit du Saint-Siège à disposer de toutes les places de l'Église.
3. *Le Pape et le Concile,* trad. Giraud-Teulon. Paris, 1869, in-12, p. 193.

nément leurs droits entre les mains du pape (*in manibus papæ*).

Ces atteintes portées aux élections épiscopales furent encore aggravées, à la fin du xiii° siècle, par une innovation. Nous voulons parler des *réserves* ou actes par lesquels le pape se réservait, selon les circonstances, de nommer à un certain nombre d'évêchés[1]. Ce fut ainsi qu'au plus fort de sa querelle avec Philippe le Bel, Boniface VIII interdit les élections dans tous les évêchés de France, se réservant, tant que ce prince ne se serait pas amendé, de pourvoir de sa propre autorité aux vacances qui viendraient à se produire[2]. De même, lors de l'élévation d'Albert d'Autriche à l'Empire, élévation que d'abord il refusa de reconnaître, il se réserva la nomination aux sièges importants de Cologne et de Mayence[3]. Sur seize promotions d'évêques qui eurent lieu en France, de 1295 à 1301, et dont les actes sont conservés dans notre Trésor des Chartes[4], une seule procède de l'élection ; toutes les autres sont le résultat de nominations directes, par

---

1. L'auteur de l'ouvrage *le Pape et le Concile* (p. 197) fait dater à tort des papes d'Avignon ce genre d'institution. Les réserves étaient déjà en usage avant Boniface VIII.

2. Rayn. *Annal. eccles.*, t. IV, p. 355.

3. Kervyn de Lettenhove, *Recherches sur la part de l'ordre de Citeaux au procès de Boniface VIII*. Bruxelles, 1859, p. 79. (Dépêche au comte de Flandre, janvier 1300.)

4. Voy. l'inventaire du Trésor des chartes par Dupuy, aux Archives nationales, JJ. 583, t. VIII.

suite de réserves, de vacances *in curia* ou d'abandons *in manibus papæ*. N'étant désormais quelque chose que par la volonté du pape, les évêques se servirent, dans leurs actes, d'une formule qui attestait leur complète dépendance; ils s'intitulèrent « évêques par la grâce du Saint-Siège [1] ».

Ce que nous disons des évêchés doit être dit des abbayes. Les réserves, les dispositions concernant les vacances *in curia* leur étaient également appliquées. Ce ne furent pas seulement les élections d'évêques, mais les élections d'abbés que Boniface VIII interdit en France lors de son différend avec Philippe le Bel [2]. Pour ce qui est des canonicats, des prébendes et, en général, de tous les bénéfices mineurs, on conçoit que la papauté éprouvait encore moins de scrupule à s'en emparer. Dès le milieu du xiii° siècle, non seulement elle en dispose,

1. Cette formule commença d'être en usage à la fin du xiii° siècle (de Vailly, *Éléments de paléographie*, t. I, p. 196). Le plus ancien exemple qu'on en connaisse jusqu'ici pour la France date de 1304 (*Bibl. de l'École des Chartes*, année 1871, p. 84; article de M. d'Arbois de Jubainville). On peut ajouter aux considérations ci-dessus qu'en 1301 Boniface VIII décida qu'aucune élection ne serait faite aux sièges de Jérusalem, d'Antioche, de Constantinople et d'Alexandrie « sans l'assentiment écrit du pape », tant que ces sièges seraient aux mains des infidèles ou des schismatiques. Rayn., *Annal. eccles.*, t. IV, p. 313.

2. A côté des seize promotions d'évêques dont nous parlons plus haut, l'inventaire de Dupuy mentionne quatre promotions d'abbés. Deux procèdent de nomination directe et deux sont le résultat de l'élection. Encore l'une de ces deux élections n'eut-elle lieu que sur la permission d'élire octroyée par le pape (*Priori et conventui eligendi potestatem concessimus*. Arch. nat. J. 701 n° 109).

mais elle les prodigue[1]. En fait, peu s'en fallait qu'elle ne fût maîtresse de toutes les charges de l'Église. Déjà Clément IV, par son décret de 1266, réservait à la nomination du pape tous les bénéfices, de quelque ordre qu'ils fussent, qui viendraient à vaquer dans la curie. Boniface VIII alla plus loin, et, dans sa bulle *Ausculta fili*, déclara que, sur tous les bénéfices vacants *in curia vel extra curiam*, le Saint-Siège avait une puissance souveraine et sans partage (*potiorem et summam potestatem*)[2].

Il est inutile de dire que la papauté continua, au XIIIe siècle, de dominer les conciles, comme elle les dominait déjà à la fin du siècle précédent[3]. Mais ce qui n'avait d'abord été qu'un fait, et plus anciennement une prétention, était passé en doctrine. Avant 1274, date à laquelle se réunissait le *second synode de Lyon*, saint Thomas d'Aquin énonçait expres-

---

1. *Bibl. de l'École des Chartes*, article déjà cité de M. P. Viollet. On a vu qu'au temps d'Innocent III, la papauté commençait déjà à mettre la main sur les petits bénéfices.
2. Dupuy, *Hist. du différend*. Preuves, p. 48-52.
3. Entre le concile de Latran de 1215, où Innocent III se borna à donner lecture des décrets rédigés par son ordre (Matth. Paris, *Hist. maj. angl.* Parisiis, 1644, p. 188), et le synode de Vienne de 1311, où Clément V prononça « en vertu de la plénitude de sa puissance » l'anéantissement de l'ordre des Templiers (Labb., *Concil.*, XI, pars II, p. 1557), on n'en compte que deux, le *premier concile de Lyon* de 1245, qui attesta une fois de plus l'entière soumission des évêques (Tillemont, *Vie de saint Louis*, t. III, p. 83), et le *second synode de Lyon* de 1274, qui montra, en outre, à quel degré d'impuissance et de stérilité étaient désormais tombées ces assemblées (*Le Pape et le Concile*, p. 217).

sément, dans la *Somme*, la supériorité du pape sur les conciles[1]. Une évolution du même genre avait eu lieu en ce qui regarde le dogme. Lorsque, au xiie siècle, Jean de Salisbury disait que quiconque s'éloignait de la doctrine de Rome était hérétique ou schismatique[2], il exprimait une opinion qui alors était nouvelle et menaçait de s'établir. Au siècle suivant, cette opinion avait fait de tels progrès que saint Thomas d'Aquin affirmait, comme un principe indiscutable, que le pape avait le droit d'imposer une nouvelle confession de foi et qu'à lui seul appartenait de résoudre toutes les questions de doctrine[3]. Enfin, tandis qu'Innocent III, parlant des prérogatives du Saint-Siège, écrivait que celui-là seul qui établit le droit a pouvoir de le discerner[4], Boniface VIII déclarait que le pape porte tous les droits dans sa poitrine (*omnia jura in scrinio pectoris sui censetur habere*)[5].

Le titre de « vicaires de Pierre », qu'avaient pris les papes avant le xiiie siècle, ne leur paraissant plus en rapport avec les progrès de leur puissance, ils adoptèrent celui de « vicaires du Christ ». C'est de

---

1. *Summa*, 2, 2, q. 1, art. 10 (Paris, 1639, in-8°, t. III, p. 21).
2. *Polycrat.*, VI, p. 24.
3. *Summa, ibid.* « Ad solam auctoritatem summi pontificis pertinet nova editio symboli, sicut et omnia alia quæ pertinent ad totam ecclesiam ut congregare synodum generalem et alia hujus modi. »
4. *Ep.* I, 313.
5. *Sext. Decret.*, lib. I, tit. ii, i.

ce titre qu'use Boniface VIII dans sa correspondance. Depuis longtemps leurs constitutions, tout comme celles des Césars, étaient désignées sous le nom de *décrets*. Par une autre similitude, ces constitutions reçurent aussi le nom de *rescrits*[1]. Ajoutons que, dans les lettres adressées aux papes, l'ancien langage fut également modifié. Écrivant à Boniface VIII, les évêques terminaient presque invariablement leur salutation par les mots *Devota* ou *devotissima beatorum oscula pedum*, formule dont on ne découvre qu'un ou deux exemples dans les registres d'Innocent III[2].

Que si, après avoir constaté ces nouveaux progrès de la puissance pontificale, nous cherchons à nous rendre compte de l'état moral de l'Église, nous ne rencontrons guère, il faut le dire, que désordre, anarchie et corruption. Déjà découragés de leurs devoirs pastoraux par les entraves qu'apportaient à leur autorité l'abus des appels et celui des privilèges, les évêques achevèrent de s'en détourner, quand ils se virent effacés par les ordres mendiants dont les pouvoirs dépassaient les leurs. Entre ces moines et

---

[1]. Ce nom de *rescrits*, appliqué à une certaine catégorie des constitutions pontificales, paraît avoir été surtout en usage au XIIIe siècle. Voy. *Corp. jur. can.* Decret. Greg. IX, lib. I, tit. III, *de Rescriptis*. Cf. *Lois ecclés.*, p. 104, 118, Paris, 1756, in-f°.

[2]. Un abbé de Saint-Germain-des-Prés, écrivant à Boniface VIII, exagérait encore ces termes d'humilité : « Sanctissimo in Christo patri ac domino suo Bonifacio... J., ejus creatura devota..., se ipsum ad pedum oscula beatorum. » Kervyn, p. 24.

le clergé séculier s'élevèrent des rivalités, des luttes dont témoignent tous les documents de la seconde moitié du xiiie siècle, luttes que Boniface VIII essaya vainement d'apaiser[1] et qui vinrent s'ajouter aux nombreuses causes de conflits qui agitaient l'Église[2]. D'un autre côté, par cela même que le Saint-Siège était arrivé à disposer de presque toutes les dignités de l'Église, les brigues, les compétitions dont elles étaient l'objet produisaient, dans les diocèses et jusque dans les paroisses, de longues vacances[3] qui, en offensant la piété des fidèles, nuisaient de plus en plus au prestige du clergé. La papauté elle-même, dans cette répartition des charges ecclésiastiques, ne semblait voir qu'une occasion de distribuer des faveurs. Boniface VIII n'accordait pas seulement d'importants bénéfices[4], mais des évêchés[5] à des ecclésiastiques qui ne résidaient pas ou étrangers par leur nationalité aux populations qu'ils devaient diriger. Il allait jusqu'à nommer des évêques qui n'avaient pas atteint l'âge requis ni même reçu les ordres exigés par les canons[6].

Une autre cause de désorganisation provenait des

---

1. Voy. Labb., *Concil.*, XI, pars ii, p. 1426 (concile de Rouen de 1299) et deux bulles de Boniface mentionnées par Fleury, *Hist. ecclés.*, XVIII, p. 589; XIX, p. 47.
2. Voir notre Étude sur Innocent III.
3. Fleury, *ibid.* XVIII, p. 202 et 557.
4. Dupuy, *Hist. du différend*, p. 63, 64, 67-71.
5. Dupuy, *ibid.*, p. 73-76.
6. Rayn. IV, p. 205; Fleury, *ibid.* XVIII, p. 539.

demandes de subsides que la cour de Rome ne cessait d'adresser au clergé. Ce mot de *sitiens aurum*[1], que les légistes de Philippe le Bel jetaient à la face de Boniface VIII, était applicable à tous les papes qui, depuis un demi-siècle, s'étaient succédé sur le Saint-Siège, ou, pour mieux dire, à leur gouvernement. Les intérêts de la Terre sainte n'étaient trop souvent qu'un prétexte à de véritables exactions[2]. Pour satisfaire aux sollicitations réitérées de la cour de Rome, les évêques pressuraient les fidèles, faisaient des emprunts à ces négociants italiens qu'on flétrissait alors du nom de *mercatores papæ*[3]. Sous Boniface VIII, comme déjà sous plusieurs de ses devanciers, les églises, les abbayes étaient accablées de dettes[4]. A diverses reprises, dans la seconde moitié du XIIIe siècle, les évêques français se plaignirent et tentèrent de résister. Certaines églises se déclarèrent prêtes à braver les excommunications plutôt que de céder aux avides exigences de Rome[5]; et ces griefs, qu'on voit se reproduire encore au temps de Boniface VIII[6], ne furent pas sans in-

1. Dupuy, *Hist. du différend*, p. 58.
2. Matth. Paris. *Angl. hist. maj.*, p. 585.
3. *Bibl. de l'École des chartes*, année 1858, p. 118.
4. *Bibl. de l'École des chartes*, année 1870, p. 173. — Kervyn, p. 24, note 1.
5. Voy. l'article déjà plusieurs fois cité de M. P. Viollet, qui contient d'intéressants détails sur ce sujet.
6. Lettre des évêques de France à Boniface, du 10 avril 1302. Dupuy, p. 67-71. — Bibl. nat., cart. 170, f° 98.

fluence sur l'attitude du clergé français à l'égard du pontife..

De l'Église romaine il ne restait que le nom, et celui de *curie,* sous lequel on la désignait depuis longtemps déjà, convenait seul en effet à un gouvernement plus occupé d'argent, de procès et d'intrigues que des choses spirituelles. Plus que jamais, la religion y était désertée pour les affaires, la théologie pour le droit. Un juriste, qui n'eût connu que le droit civil, s'y voyait plus estimé qu'un maître en théologie[1]. Rome ne gouvernait plus le monde au nom de l'Évangile, ni d'après les écrits des Pères et les canons des conciles, mais d'après les Décrétales[2]. Par une conséquence naturelle, les pénalités, sanction de toute législation, avaient pris un développement considérable. On abusait des excommunications[3]. Détournés de leur véritable but, les châtiments ecclésiastiques étaient dirigés contre des actes qui n'avaient aucun rapport à la religion. Une bulle de Boniface VIII nous apprend que, pour une simple question d'argent, on mettait en interdit toute une localité, village, ville ou province[4]. Ce droit, ainsi

1. Rog. Bacon, *Opera inedita*, in-8°, éd. Brevver, 1858, p. 84, 85. Selon Bacon, la science du droit était le titre le plus sûr pour arriver aux dignités ecclésiastiques. Il attribuait à l'abus du droit toutes les discordes qui déchiraient l'Église.
2. Dante, *Parad.,* IX, 136-138.
3. *Summaria brevis* (Mémoire attribué à Pierre Dubois), dans les *Mém. de l'Acad. des inscript.,* t. XVIII, p. 458. Dissertation de M. de Wailly.
4. Rayn., IV, p. 335, 336.

substitué à la théologie, était-il du moins fixe en ses dispositions? Il n'y avait d'immuable que le droit du pape à faire sa volonté. Au moyen de la formule *non obstante* insérée dans ses décrets, formule dont l'emploi abusif était déjà, en 1253, si sévèrement blâmé par le pieux évêque de Lincoln [1], le pape pouvait ne pas tenir compte des constitutions de ses prédécesseurs, ni des siennes propres. « Le vicaire du Christ, écrivait Boniface VIII, peut, suivant les circonstances, les lieux et les personnes, suspendre, révoquer, modifier les statuts, privilèges et concessions émanés du Saint-Siège, sans que la plénitude de sa puissance soit jamais liée par quelque disposition que ce soit [2]. » Le pouvoir du pape, par son excès même, était ainsi devenu un principe d'anarchie.

Maîtres de la curie, les cardinaux ne contribuaient pas moins, par leur conduite, aux troubles de l'Église. Plus d'une fois leurs dissentiments, leurs rivalités laissèrent vacant le trône pontifical. Sans parler d'Innocent IV, qui ne parvint au Saint-Siège qu'après une vacance de dix-neuf mois [3], Grégoire X fut élu (1er septembre 1271) après un interrègne de trois ans, Nicolas IV (15 février 1288) après onze

1. Matth. Paris, *Angl. hist. maj.*, p. 585.
2. Dupuy, p. 42, 43.
3. Innocent IV fut élu le 25 juin 1243 ; Célestin IV, auquel il succéda, et qui avait lui-même succédé à Grégoire IX, était mort le 17 ou 18 novembre 1241, n'ayant tenu qu'un mois à peine le siège pontifical.

mois, et Célestin V (5 juillet 1294), le prédécesseur de Boniface VIII, après deux ans et trois mois. Une fois nommés, les papes, afin de s'assurer dans le sacré collège une majorité complaisante, ne se contentaient pas de créer de nouveaux cardinaux [1]; ils prodiguaient à tous les distinctions [2], les faveurs, les opulents bénéfices. Sur ce dernier point, l'abus devint si flagrant que Boniface VIII essaya d'y porter remède par une constitution [3]; mais lui-même, étant cardinal, touchait les revenus de douze canonicats [4]. De leur côté, les cardinaux, dont le faste était déjà justement flétri au temps de Grégoire IX [5], s'enrichissaient sans pudeur au détriment de la religion, vendant ouvertement la justice et trafiquant des dignités de l'Église. Sous Célestin V, on vendait plusieurs fois la même prébende aux nombreux solliciteurs; et des lettres, où ne manquait que le nom du titulaire, étaient scellées d'avance du sceau pontifical pour être déli-

1. Au début de son pontificat, Boniface VIII créa du même coup sept cardinaux, dont trois lui étaient parents. Rayn., IV, p. 585; Ciacon., II, col. 322-338.
2. Les lettres pontificales qui déléguaient les pouvoirs du Saint-Siège aux cardinaux en mission contenaient à leur adresse des flatteries outrées. Voy. la lettre de Boniface VIII au cardinal Landulphe (Rayn., *ibid.*, p. 175) et celle adressée à Boniface lui-même, alors cardinal, par Nicolas IV (Tosti, t. I, p. 45).
3. *Sext. Decret.*, lib. III.
4. Bulle de Martin IV, ap. Tosti, *ibid.*, p. 54.
5. On connaît cette phrase de Jacques de Vitry : « Gallia amplitudine sua cardinalium redditibus annuis tota vix sufficit. » *Acta sanct.*, 23 juin, p. 675.

vrées ensuite au plus offrant¹. Les preuves de ce honteux commerce abondent dans les écrits contemporains. Saint Bonaventure, comblé d'honneurs par les papes et cardinal lui-même, ne craignait pas de déclarer que la cour de Rome était la source empoisonnée de tous les vices qui infectaient l'Église². En France, comme à Rome, on trafiquait de la religion. Sous Boniface VIII, les péchés les plus graves y étaient rachetés à prix d'argent³. Les mœurs des clercs étaient ouvertement déréglées ; eux-mêmes donnaient l'exemple du mépris des peines ecclésiastiques⁴. Il n'était pas jusqu'aux monastères où n'eût pénétré l'esprit d'indiscipline, et il suffit de parcourir le registre des visites d'Eudes Rigaud, archevêque de Rouen⁵, pour se rendre compte du degré de relâchement où ils étaient tombés.

D'après cet exposé, on voit dans quelle décadence était alors l'Église. Cette décadence frappait à ce point tous les yeux que des vœux de réforme étaient publiquement exprimés. Depuis Roger Bacon qui, dès le milieu du siècle, appelait de ses désirs un pape rénovateur⁶, jusqu'à Durand de Mende qui,

1. Ptolom. Luc., *Hist. eccles.*, l. XXIV, c. XXXI.
2. Voy. les citations faites par Döllinger dans *le Pape et le Concile*, p. 249.
3. Concile de Saumur. Labb., *Concil.* XI, pars II, p. 1395.
4. Concile de Rouen. Labb., *Ibid.*, p. 1426-1430.
5. *Regestum visitationum archiepiscopi Rotomagensis*, MCCXLVIII-MCCLXIX. Th. Bonnin, in-4°, Rouen, 1852.
6. *Opera inedita*, p. 86.

dans un traité rédigé peu avant le synode de Vienne de 1311, déclarait que la foi allait périr, si l'on ne se hâtait de mettre un terme à d'innombrables abus [1], on suit l'expression souvent éloquente de ces vœux. Est-il utile d'ajouter que l'Inquisition, alors dans toute sa rigueur, était à elle seule le signe irrécusable d'une Église dégénérée ? Depuis qu'elle avait été instituée, les procédés en étaient devenus tout à la fois et plus habiles et plus impitoyables. Loin que, dans le clergé, aucune voix s'élevât pour les flétrir, Innocent IV avait contribué lui-même à les rendre redoutables [2], et, après lui, saint Thomas d'Aquin n'avait pas craint de les justifier dans ses écrits [3]. Or, s'il est vrai qu'un gouvernement qui s'impose par la violence fait par cela même l'aveu indirect de sa propre faiblesse, cette vérité est surtout applicable à celui dont l'action s'exerce dans le domaine de la foi ; et plus les moyens qu'il emploie sont rigoureux, plus clairement il montre qu'il a cessé de posséder l'adhésion des esprits.

En résumé, une autorité sans mesure dévolue au Saint-Siège, et, d'une autre part, une complète décadence de la société ecclésiastique, tel apparaît l'état de

1. *Tractatus de modo generalis concilii celebrandi.* Parisiis, 1545, in-12, p. 202 et *passim.*
2. Ce fut ce pontife qui, en 1252, ordonna aux magistrats civils de mettre les hérétiques à la torture pour leur faire avouer leurs erreurs, leurs complices, leurs fauteurs et leurs défenseurs. Mansi, XXIII, 573.
3. *Summa*, 2, 2, 9, 10, art. 8 ; 9, 11, art. 3.

l'Église à la fin du xiiie siècle. De ce pouvoir énorme de la papauté, qui, en substituant partout sa volonté despotique au droit des églises locales, avait brisé en dehors d'elle tout ressort et toute indépendance, que devait-il résulter? C'est que la main une fois mise sur la papauté par les souverains séculiers l'était par cela même sur l'Église tout entière, et que la défaite de l'une entraînait nécessairement celle de l'autre. Ainsi arriva-t-il dans la lutte de Philippe le Bel avec Boniface VIII. Pliés par le Saint-Siège à une entière obéissance et avilis par leur servitude même, les évêques demeurèrent silencieux devant les atteintes que porta Philippe le Bel à l'autorité du pontife, et les moines de Cîteaux, qui soutenaient Boniface, furent en droit de leur appliquer le mot d'Isaïe : *Canes muti non valentes latrare*[1]. On pouvait même conjecturer que, loin de se porter à la défense du Saint-Siège, ils inclineraient vers les puissances temporelles, pour peu que la force leur parût être de ce côté. On les voit en effet, à l'origine même des débats, s'attirer de la part de Boniface cette qualification sévère : *Plus timentes majestatem temporalem offendere quam æternam*[2]. Pendant toute la durée de ces mémorables débats, leur attitude fut la même, et c'était vainement que le pape, s'efforçant de secouer leur torpeur et de les tirer de leur abais-

---

1. Lettre des moines de Cîteaux à Boniface en 1296. Kervyn, p. 16.
2. Bulle *Clericis laïcos*.

sement, leur écrivait : « Sortez de vous-mêmes et élevez-vous avec nous à une âme plus haute (*nobiscum ascendatis ad cor altum*) [1]. » Mais tel est l'effet démoralisant du pouvoir absolu que les moines mendiants eux-mêmes, comblés de faveurs par le Saint-Siège, ne montrèrent pas moins de faiblesse que les évêques, et qu'aux premières menaces de la royauté ils abandonnèrent le pontife.

Quant à cet état d'anarchie et de dépravation où était tombée la société ecclésiastique, il eut des conséquences non moins préjudiciables aux intérêts de la cour de Rome, par le total discrédit qu'il jeta sur l'Église et sur la papauté. Les évêques eux-mêmes, si abaissés qu'ils fussent, se sentaient offensés de l'espèce de mépris que leur témoignaient les laïques [2]. Sans ce discrédit, Philippe le Bel n'aurait pas eu la hardiesse de s'attaquer au Saint-Siège, et, n'eût été l'audace, la force lui aurait manqué. Lui-même le comprenait, car la mention de la plupart des désordres que nous avons signalés se trouve jointe à ses accusations contre Boniface VIII, et c'est en paraissant réprouver ces désordres qu'il put s'attribuer le rôle de défenseur de la foi (*pugil fidei*). Afin de

1. Lettre de Boniface au clergé de France en 1302. Rayn. IV, p. 327.

2. « Jam abhorrent laïci et prorsus effugiunt consortia clericorum. » Dupuy, p. 70. — Durand de Mende, parlant des désordres de la curie, disait que ces désordres attiraient sur l'Église un mépris universel : « tota Ecclesia vilipendatur et quasi contemtui habeatur. »

mieux réussir en ses attaques, il fit peser adroitement sur son adversaire la responsabilité d'une situation qui n'était pas imputable uniquement à ce pontife, mais à ses prédécesseurs, à l'Église, et, on peut ajouter, à la société entière[1]; car, si l'Église était avilie, la société civile, à la juger par les hommes qui la dirigeaient, l'était encore davantage.

La hardiesse que, dans cette querelle, montra Philippe le Bel, lui était d'autant plus facile, que, plusieurs fois déjà, les souverains séculiers avaient tenté de se soustraire à la tutelle de Rome. Sans parler de Philippe-Auguste et de Philippe de Souabe[2], on connaît la lutte entreprise par Frédéric II contre la papauté. S'appuyant sur les idées de réforme qui dès lors commençaient d'agiter les esprits, ce prince n'avait pas seulement essayé de déposséder le Saint-Siège de son autorité temporelle; il avait voulu absorber l'Église dans l'État, et, à l'exemple des souverains grecs et musulmans, réunir en sa personne l'une et l'autre puissance[3]. Saint Louis lui-même, malgré sa grande piété, avait continué cette lutte en une certaine mesure et bravé, dans sa résistance au

---

1. Ce procédé de Philippe le Bel se révèle particulièrement dans un mémoire qu'il fit remettre à Benoît XI contre Boniface (Dupuy, p. 209-210), où tous les articles sont ainsi présentés : « Autrefois les papes étaient pieux, chastes, austères, etc... Iste autem Bonifacius non sic. »

2. Voir notre Étude sur Innocent III.

3. Huillard-Bréholles, *Introduction à l'hist. diplom. de Frédéric II*, p. cdlxxxv et suiv. Paris, Plon, 1859, in-4°.

Saint-Siège, les foudres de l'excommunication[1]. Philippe le Bel hérita de ces idées d'indépendance, et il suffit d'observer l'attitude que ce prince et ses conseillers adoptèrent dès les premières difficultés avec Boniface VIII, pour se convaincre que cette attitude résultait d'opinions déjà faites, et que non seulement toute prétention de la cour de Rome sur les gouvernements temporels était alors repoussée par les esprits, mais que, de la part de ces gouvernements, il y avait une visible tendance à subordonner l'Église à l'État[2].

Dépouillée de son prestige aux yeux des souverains séculiers, exposée seule à leurs coups par suite de l'avilissement d'un clergé qui aurait dû la soutenir, et déjà attaquée et ébranlée par eux, la papauté était destinée à succomber à la première occasion qui la mettrait aux prises. Le jour où la puissance laïque et la puissance spirituelle allaient être représentées par deux hommes également jaloux de leurs prétentions et portés par caractère à pousser les choses à l'extrême, cette occasion devenait inévitable. Ce fut ce qui arriva, quand Boniface VIII et Philippe le Bel se trouvèrent en présence.

Nous n'avons point à déterminer ici le caractère

---

1. *Bibl. de l'École des chartes*, année 1870, article de M. P. Viollet.
2. Voir la prétendue lettre de Philippe le Bel : *Antequam clerici essent* (Dupuy, p. 21-23), en 1296. Voir, pour l'année 1297, la réponse de Philippe aux légats lui annonçant l'intention du pape de prolonger la trêve entre les rois de France et d'Angleterre (Dupuy, p. 27).

de Philippe le Bel. Mais, sans refuser à ce prince le mérite d'avoir consommé, avec autant d'habileté que de persévérance, une séparation de pouvoirs qui était dans les conditions de la civilisation, il faut reconnaître qu'il fut loin de posséder, à l'égal de saint Louis, le sentiment élevé de la mission de la royauté. Il combattit Boniface moins pour maintenir sa propre indépendance que pour briser celle de la papauté, et, tout en couvrant ses attaques de l'apparence du droit et du consentement de l'opinion, il les dirigea en réalité au moyen de la violence, de la calomnie et de la fraude.

Quant à Boniface, sur qui se doit surtout porter notre attention, le serment énergique qu'il prononça au début de son pontificat[1] prouve qu'il n'était pas plus disposé à céder sur ses prérogatives que Philippe le Bel sur les siennes. Caractère altier et d'humeur violente, s'il fit des concessions, ce fut aux circonstances, non à la force[2]. Ses ad-

---

1. Rayn., IV, p. 165. L'authenticité de ce serment a été contestée (voir une note de Pagi, *ibid.*, p. 167) sur ce que Boniface y est appelé cardinal-diacre, tandis qu'en réalité (voir une lettre de Boniface, *ibid.*, p. 169-171) il était cardinal-prêtre. Mais le P. Tosti, qui a eu entre les mains les registres du Vatican, donne un texte de ce serment, où Boniface s'intitule cardinal-prêtre (Tosti, I, p. 373, *Notes et documents*).

2. On lui a reproché (Le Clerc, *Hist. litt. de la Fr.*, t. XXIV, p. 11) de brutales saillies qui convenaient peu à la gravité de son rôle. Il disait en effet de Pierre Flotte que, borgne des yeux du corps, il était tout à fait aveugle de ceux de l'esprit. Faisant allusion, dans une autre circonstance, au surnom du roi de France, il comparait ce prince à l'idole Bel et ses conseillers aux ministres de Bel. A la

versaires lui ont attribué tous les vices, lui ont imputé tous les crimes. Il est de la justice de l'histoire de laver ce pontife des souillures imméritées par lesquelles on a voulu le flétrir, et dont l'odieux doit retomber sur ses accusateurs. Chef d'une Église dégénérée, il dut sans doute, en plusieurs circonstances, user de cette morale indulgente qui caractérise les âges de décadence. Mais, plus d'une fois, il témoigna d'une grandeur de caractère qu'on ne saurait méconnaître. Un fait, que rien n'excuse, a néanmoins entaché sa mémoire : l'anéantissement de la ville de Palestrine. Pour se venger des Colonne qui lui contestaient son titre de pontife, il punit toute une cité et la détruisit, comme il l'avoue lui-même, avec la colère du Romain qui détruisit Carthage[1]. Moins prêtre que roi, il laissa l'Église dans son abaissement ; il ne chercha point à en corriger les désordres et parut uniquement préoccupé du soin de maintenir les droits de la papauté sur les gouvernements séculiers. La tradition, contestée avec raison[2], d'après laquelle, prenant le diadème et l'épée, il aurait dit aux envoyés d'Albert d'Autriche : « Ne suis-je pas moi-même empereur ? » est un indice de son caractère. Il aimait à

---

vérité, ses ennemis le lui rendaient bien en le raillant sur son nom de *Bonifacius,* auquel ils se plaisaient à substituer celui de *Maleficus.*

1. Rayn., IV, p. 263.
2. Rayn., *ibid.*, p. 356-357, notes.

s'entourer d'éclat et de magnificence et à montrer ainsi la grandeur de sa dignité. C'est lui qui ajouta le *triplex circulus* aux deux couronnes qui décoraient la tiare[1], et l'on peut croire que ces goûts de pompe et de représentation ne furent pas étrangers aux motifs qui le portèrent à instituer le Jubilé.

Certains historiens ont mis en doute l'assertion de Ferreto de Vicence, qui fait mourir Boniface à quatre-vingt-six ans; mais il n'y a pas de raison solide pour contester ce chiffre. Dans une lettre qu'il écrivait à Philippe le Bel en 1298, ce pape confessait lui-même qu'il ressentait tout le fardeau de la vieillesse[2]. Nourri dès son jeune âge de l'étude des Décrétales, tirant même une sorte de vanité de sa science juridique[3], il représentait fidèlement un pouvoir qui, étranger à la théologie, ne s'appuyait plus que sur le droit. A ce titre, il peut être rapproché de Philippe le Bel, préparant, derrière ses légistes, ses manœuvres ambitieuses. La lutte de ces deux hommes ne fut en somme que la lutte de deux pouvoirs prétendant également, au nom du droit, à la domination de la société. Mais, tandis que le pouvoir royal, dont les progrès étaient nouveaux, possédait, si l'on peut ainsi dire, la force de

---

1. Pagi, ap. Rayn., p. 356, 357.
2. « Onera senectutis. » *Documents relatifs à Philippe le Bel*, publiés par M. Boutaric dans le tome XX, 2e part. des *Not. et mss*, no VIII.
3. Dupuy. p. 77. Discours du pape au consistoire d'août 1302.

la jeunesse, l'autre, miné par le temps, penchait sur son déclin; et c'était avec vérité que, dans un langage empreint de brutalité, Flotte disait un jour à Boniface : « Le pouvoir de mon maître est réel; le vôtre est un mot [1]. »

On a remarqué avec raison que Boniface VIII parvint au pontificat dans des conditions fâcheuses pour l'issue de la lutte qu'il était appelé à soutenir. Élu après l'abdication de Célestin V, il vit dès l'origine son autorité contestée. Aux yeux d'une partie des contemporains, cette abdication était sans valeur; on disait que Dieu, qui seul conférait la puissance pontificale, pouvait seul la retirer [2]. Un parti nombreux se forma même autour de Célestin, le pressant de remonter sur le siège apostolique. Boniface craignit un schisme [3], et, pour en prévenir le péril, fit garder étroitement son prédécesseur au château de Fumone, en Campanie. La mort de Célestin, survenue le 19 mai 1296 [4], affermit l'autorité

---

1. Dupuy (Introduction), p. 11.
2. « Papatus a solo Deo est..... et solus Deus videtur tollere posse papatum. » Dupuy, p. 28 et 31. Au dire de Tosti (t. I, p. 343), les docteurs de Sorbonne examinèrent la question; ils auraient même conclu contre la validité de l'élection de Boniface. Mais ce double fait ne paraît avoir été mentionné que dans les pièces du procès intenté à la mémoire de ce pape sous le pontificat de Clément V (Rayn., IV, p. 549); or on sait combien sont suspectes les assertions qui furent produites à cette occasion.
3. « Sic poterat schisma in Ecclesia generari. » Ptolom. Luc., *Hist. eccl.*, c. 34.
4. Célestin serait mort, selon les uns, en 1295, et, selon d'autres, en 1296; quelques-uns le font vivre jusqu'en 1302. Voy. in *Acta*

de Boniface ¹, sans dissiper les doutes auxquels avait donné lieu son élection ². Ils reparurent quand éclata le conflit entre lui et les Colonne, lesquels, reprenant la thèse soutenue par les partisans de Célestin, la développèrent dans un mémoire public qu'ils affichèrent aux portes des diverses églises de Rome et jusque sur l'autel de la basilique de Saint-Pierre³. Plus tard Philippe le Bel la reprit à son tour ; mais, chez les Colonne comme chez Philippe le Bel, ce ne fut là qu'une manœuvre inspirée de l'esprit d'hostilité. Les Colonne étaient du nombre des cardinaux qui avaient élu Boniface⁴ ; pendant près de trois ans, ils le révérèrent comme pontife⁵, et ils n'imaginèrent d'attaquer son élection que lorsque des ressentiments personnels les animèrent contre lui⁶. A leur exemple, Philippe le Bel ne contesta le pouvoir de Boniface que lors de sa rupture avec Rome,

sanct. maii, IV, p. 420, 421, les raisons qui doivent faire adopter l'année 1296. D'ailleurs le factum des Colonne, qui est du mois de mai 1297, contenant une allusion à la mort de Célestin (Celestinum bonæ memoriæ), cette mort est nécessairement antérieure à cette date.

1. Rayn., IV, p. 174.
2. En faisant insérer dans le Sexte le récit de l'abdication de Célestin, en vue d'établir qu'un pape a le droit d'abdiquer, Boniface reconnait lui-même l'existence de ces doutes. *Sext. Decret.*, lib. I, tit. VII, I.
3. Bulle *Lapis abscissus*. Rayn., t. IV, p. 231.
4. Bulle *Lapis abscissus*. Rayn., *ibid.*
5. Même bulle.
6. Voy. dans Tosti, t. I, p. 322 et suiv. l'origine de ces ressentiments.

c'est-à-dire plus de huit ans après l'avènement du pontife[1].

Attaqué sur le principe de son autorité, Boniface se vit encore accusé par ses ennemis d'avoir provoqué insidieusement l'abdication de son prédécesseur et de s'être élevé ensuite au Saint-Siège par des moyens coupables. Malgré une évidente partialité pour la mémoire de ce pape, le P. Tosti, dans son *Histoire de Boniface VIII,* nous paraît avoir réduit ces accusations à leur juste valeur[2]. Au reste, un argument considérable peut être invoqué, sur l'un et l'autre fait, en faveur de Boniface; c'est que les Colonne se bornèrent, dans leur libelle, à établir les principes qui s'opposaient à la validité de l'abdication de Célestin, sans rien dire des manœuvres qu'aurait employées Boniface pour provoquer cette abdication et en recueillir les fruits[3]. Le même libelle peut servir à réfuter une autre accusation, d'après laquelle Boniface aurait fait mourir son prédécesseur en prison[4]. Lorsque les Colonne rédigèrent leur factum, Célestin n'existait plus. S'il eût été la victime des traitements que lui eût infligés

---

[1]. Bulle *Nuper ad audientiam.* Dupuy, p. 163-168.
[2]. Voy. Tosti, I, p. 85-93, et les *Documents* à la fin du volume.
[3]. Dans ce factum, qui ne remplit pas moins de quatre pages du recueil de Dupuy, il n'y a guère que trois lignes où il soit fait allusion à des fraudes commises ; encore les faits sont-ils énoncés en termes vagues, sans que le nom de Boniface y soit mentionné.
[4]. Discours de Guillaume de Plasian à l'assemblée des 13-14 juin 1303. Dupuy, p. 101-106.

Boniface, les Colonne n'eussent pas manqué de révéler des faits qui, avec le renom de sainteté dont était entourée alors la mémoire de Célestin, auraient rendu odieux leur auteur; il est à remarquer, au contraire, que, sur un point si grave, ils gardèrent le silence. On peut dire que Boniface se montra sévère pour son prédécesseur ; mais il ne fut pas cruel[1].

1. « (Celestinus) tentus in custodia, non quidem libera, honesta tamen, in castro Fumonis. » Ptolom. Luc. in *Acta sanct.* maii IV, p. 421.

II

Nous arrivons au célèbre différend dans lequel Boniface VIII devait succomber et la théocratie avec lui. On ne saurait trop regretter, pour l'histoire de ce pontificat, que les registres de Boniface conservés au Vatican n'aient pas été mis au jour, ou qu'à défaut de ces registres, ceux des actes de ce pape qui se trouvent épars dans les collections imprimées n'aient pas fait l'objet d'une publication particulière[1]. Du moins possédons-nous, pour les évènements dont nous allons tracer l'exposé, le recueil important de Dupuy, dans lequel ont été réunies les pièces principales du débat, tant celles qui proviennent de la cour de Rome que celles qui émanent de Philippe le Bel. Il est vrai que ce recueil a été composé dans des conditions qui ne satisfont que médiocre-

1. Potthast, dans son *Regesta pontificum*, ouvrage composé uniquement, comme on sait, d'après les documents imprimés, ne mentionne que 1263 lettres de Boniface VIII. Il est inutile de faire remarquer que ce chiffre est loin de représenter le nombre total des lettres de ce pape.

ment aux exigences de la critique. Les textes en sont parfois défectueux, les dates mal établies ; en outre, certains actes apocryphes ou sur lesquels peuvent s'élever des doutes y sont donnés comme authentiques, tandis que d'autres d'un caractère privé se trouvent confondus avec les pièces qui ont figuré dans le procès. Malgré ses défauts, l'œuvre de Dupuy n'en est pas moins pour l'historien d'un secours considérable, et il ne nous semble pas qu'on ait jusqu'ici tiré de ces documents toutes les ressources qu'ils comportent. Quant aux écrits parus de nos jours sur ce sujet, on pourra consulter, avec le livre du P. Tosti, un savant ouvrage de M. Boutaric, intitulé *la France sous Philippe le Bel*[1], ainsi qu'un travail plus ancien de M. Kervyn de Lettenhove, auquel nous avons déjà eu recours dans les pages précédentes, et qui a pour titre : *Recherches sur la part de l'Ordre de Citeaux au procès de Boniface VIII*. On doit toutefois prendre garde que M. Boutaric n'a consacré à la question dont il s'agit qu'un chapitre de son ouvrage, laissant ainsi dans l'ombre plus d'un point important. De son côté, M. Kervyn de Lettenhove n'a guère publié qu'une série de documents, se rattachant à certains côtés du débat[2].

1. *La France sous Philippe le Bel*, in-8°, Paris, Plon, 1861.
2. Ce livre se compose en effet presque uniquement de dépêches transmises de Rome au comte de Flandre par des ambassadeurs que ce prince avait envoyés près du Saint-Siège à l'occasion des difficultés survenues entre lui et le roi de France.

Le P. Tosti lui-même, malgré l'étendue de son travail, ne donne à cet égard que de faibles éclaircissements. En somme, il n'est aucun ouvrage récent où la matière ait été complètement traitée, et il convient, à l'aide des textes, de la reprendre à nouveau.

On sait que les premières difficultés qui s'élevèrent entre Philippe le Bel et Boniface naquirent de la bulle *Clericis laicos,* par laquelle, en 1296, le pape défendit, sous peine d'excommunication, à tous laïques, princes, rois ou empereurs, d'exiger ou de recevoir des subsides du clergé, comme à tout ecclésiastique de payer ces subsides, sans l'autorisation du siège apostolique [1]. Cette bulle ne fut point, comme on l'a dit, un acte d'hostilité dirigé particulièrement contre Philippe le Bel; car on la publia en même temps en France, en Angleterre et en Allemagne [2]. Il est vrai qu'une partie du clergé de France avait adressé des plaintes au Saint-Siège sur les exactions de ce prince; mais le pape avait reçu d'Angleterre des plaintes analogues contre Édouard Ier. Philippe le Bel, qui était alors en guerre avec l'Angleterre et méditait la conquête de la Flandre, vit dans cette bulle un péril pour ses intérêts, et s'op-

---

1. Le P. Tosti et M. Kervyn se trompent en datant cette bulle du 18 août 1296. Elle n'a pas, il est vrai, de date de mois. Mais, d'une autre bulle datée du 18 août 1296 (Rayn., IV, p. 209), et où il est parlé de la bulle *Clericis laicos* comme « nuper edita », il résulte que celle-ci est antérieure au 18 août.

2. Rayn., IV, p. 207-209

posa aussitôt par un édit à l'exportation de l'or et de l'argent hors du royaume [1]. Atteint à son tour par une mesure qui privait Rome de revenus considérables, le pape répliqua par la bulle *Ineffabilis* [2], où, tout en rectifiant sur quelques points sa première constitution, — qu'il disait avoir été interprétée avec malignité, — il la confirmait dans ses dispositions générales, qualifiait d'insensée la conduite d'un prince qui risquait par sa témérité de s'aliéner la protection du Saint-Siège, et déclarait, quant à lui, qu'il affronterait la persécution, l'exil et la mort, pour défendre les libertés de l'Église [3].

La vivacité de langage qui régnait dans cette bulle n'était pas moindre dans la réponse attribuée à Philippe le Bel, et qui commençait par ces mots : *Antequam clerici essent, rex Franciæ habebat custodiam regni sui et poterat statuta facere* [4]. La suite était digne de cet exorde. Le roi y disait que tout sujet, clerc ou laïque, noble ou non noble, qui refusait d'assister l'État dans ses besoins en était un membre

---

1. Philippe rendit plusieurs édits de ce genre. L'édit daté du 17 août 1296, que donne Dupuy, *Hist. du diff.*, p. 13, ne semble pas répondre par son dispositif à celui dont se plaint Boniface dans sa bulle *Ineffabilis* (« quod si forsan assumpseris causam edendæ ejusdem constitutionis prætextu nostræ constitutionis quam nuper edidimus »). Baillet (*Hist. des Démêlés*) se borne à dire que Dupuy a confondu deux édits en un seul, et ne donne le texte ni de l'un ni de l'autre. Cf. Fleury, *Hist. eccés.*, XVIII, p. 535.
2. 21 septembre 1296.
3. Dupuy, p. 15-19.
4. Dupuy, p. 21-23.

inutile; et, reprenant le mot de Boniface, il ajoutait qu'il fallait être insensé pour défendre, sous peine d'anathème, à des clercs enrichis et engraissés (*impinguati*) par la piété des princes d'aider leurs bienfaiteurs. Mais cette réponse ne dut pas être envoyée à Rome. Outre qu'elle n'est pas datée et manque des formules de chancellerie, il n'est pas admissible que le pape, recevant une lettre de ce genre, ne l'ait pas mentionnée dans quelques-unes de ses bulles; or nulle part il n'y fait allusion. D'un autre côté, certaines particularités, omises à dessein par Dupuy, portent à penser que cette lettre ne dut être qu'un projet de missive transmis au roi par l'un de ses légistes et tel qu'il en reçut nombre de fois dans le cours du différend [1].

Pour être demeuré à l'état de projet, ce document ne laisse pas d'avoir une grande importance par l'attitude qu'il révèle dans l'entourage du roi. Celle des évêques ne fut pas moins significative. Vingt-trois prélats écrivirent à Boniface pour le prier de tempérer les scandales causés par sa dernière constitution, et, lui demandant l'autorisation de ne la point observer, annonçaient l'envoi de délégués chargés

1. Le seul exemplaire contemporain que l'on connaisse de cette pièce porte en effet ce titre caractéristique, titre que Dupuy a supprimé et remplacé par un autre qui convenait à ses vues : « Pulcherrime responsiones facte pro rege ad bullam precedentem (*Ineffabilis*) et ad puncta aliqua in ea contenta, et est totum notabilissimum, *licet non sit opus perfectum*. » Boutaric, p. 97, note 2.

de lui porter de plus amples explications[1]. Il y a plus : la plainte adressée au pape contre Philippe avant la publication de la bulle avait été rédigée sans la participation des membres de l'épiscopat ; c'étaient les moines de Cîteaux, qui, dans cette circonstance, avaient pris la parole au nom du clergé[2]. Ainsi, dès les premières difficultés, Boniface se heurtait aux dispositions que nous avons signalées, savoir : l'hostilité des pouvoirs civils et l'inertie des évêques.

Bien qu'on ait dit de la bulle *Clericis laicos* qu'elle avait été l'étincelle qui alluma l'incendie, ces difficultés naissantes furent aussitôt apaisées. M. Boutaric et, avant lui, M. Kervyn de Lettenhove ont donné, à cet égard, des éclaircissements que nous n'avons qu'à compléter. Par des bulles successives, dont la première date du 7 février 1297, Boniface revint sur ses décisions antérieures. Le 31 juillet, il autorisait Philippe et, après lui, ses successeurs, en cas de pressante nécessité pour la défense du royaume, à demander des subsides au clergé sans l'avis du Saint-Siège (*inconsulto etiam pontifice Romano*), laissant au roi, s'il était majeur, ou à son conseil, s'il était mineur, l'appréciation de cette nécessité[3]. Peu après, il décrétait par une autre bulle

---

1. Dupuy, p. 27.
2. Voy. dans Kervyn, p. 15, la lettre des moines de Cîteaux sous la protection desquels s'étaient placés « canonici, presbyteri ac totus clerus Franciæ ».
3. Dupuy, 38-40.

que si, dans les guerres que soutenait alors Philippe, ce prince ou ses fils venaient à être faits prisonniers, le clergé serait tenu par ce seul fait de contribuer au paiement de la rançon[1]. Il ne se borna pas à ces déclarations. Vers le milieu du mois d'août, il accordait à Philippe la moitié des collectes destinées à l'expédition de la Terre sainte[2], lui abandonnait une année de revenu de tous les bénéfices vacants[3], et ordonnait aux prélats, tant que dureraient les hostilités, de saisir et d'emprisonner les clercs coupables de révéler aux ennemis de ce prince les secrets de son royaume (*regni secreta*)[4]. En outre, il déliait le roi des censures qu'il avait pu s'attirer par la promulgation d'édits contraires à la bulle *Clericis laicos*[5], et témoignait solennellement de ses bonnes relations avec la maison de France en publiant la bulle de canonisation de saint Louis[6]. Ajoutons que, le 30 juin de l'année suivante, il donnait à Philippe une nouvelle preuve de bienveillance par la sentence arbitrale qu'il prononçait entre lui et le roi d'Angleterre, sentence que les écrivains

1. Archives nationales, J. 712. N° 302 ª.
2. Rayn., IV, p. 236.
3. Bulle du 9 août. Kervyn, p. 22.
4. Arch. nat., J. 701. N° 119.
5. Rayn., IV, p. 237.
6. Tosti, t. I. Voir les *Documents* à la fin du volume. A la même époque, Boniface accordait à Philippe un autre genre de faveur; il lui concédait la nomination aux prébendes et aux canonicats qui viendraient à vaquer dans les églises cathédrales et collégiales du royaume. (Arch. nat., J. 684. Nᵒˢ 33, 33 *bis*, 33 *ter*.)

gallicans ont présentée à tort comme défavorable à Philippe[1]. Le pape consentit même en cette occasion, par condescendance pour un prince qu'il savait jaloux de son autorité, à n'intervenir entre les deux rois qu'à titre de simple particulier et sous le nom de Benoît Cajétan[2].

Comment expliquer ces concessions après le fier langage de la bulle *Ineffabilis*? Faut-il croire, comme on l'a dit, que le pape s'y décida par des raisons pécuniaires et en vue de porter Philippe à révoquer des prohibitions qui privaient la cour de Rome d'une partie de ses revenus? Il est hors de doute que Boniface avait alors besoin d'argent. Le pape reconnaît cette nécessité dans une lettre datée du même jour que la bulle *Romana mater* (7 février 1297), qui apporta les premières atténuations aux dispositions de la bulle *Clericis laicos*; et, en fait, ce prince, revenant sur ses édits, autorisa l'envoi en Italie des sommes destinées au pape et séquestrées par suite de sa défense[4]; il permit même qu'on prélevât sur le clergé de son royaume une dîme particulière, en vue d'aider Boniface dans la

---

1. Kervyn, p. 41.
2. Rayn., IV, p. 250-252. Cf. Dupuy, p. 27.
3. « Ad habendam pecuniam nostram pro causa prædicta. » Rayn., IV, p. 237. Dans une lettre à Philippe écrite vers la même date, Boniface disait : « Exiit a te nuper editum quo inter cætera pecuniarum... de regno tuo... prohibetur exportatio. » Rayn., *ibid*. p. 236.
4. Baillet, p. 75.

guerre qu'il venait d'engager contre le nouveau roi de Sicile, Frédéric d'Aragon[1]. Toutefois ce motif, qui peut expliquer les premières concessions, ne saurait expliquer celles qui suivirent. Des nécessités d'un autre ordre ont pu porter Boniface à continuer ses libéralités. Vers le milieu de l'année 1297, il était en pleine lutte avec les Colonne. Le pamphlet dans lequel ils lui contestaient publiquement le titre de pontife est du 10 mai 1297. Au mois de septembre suivant, il ordonnait la levée de compagnies militaires à l'effet de combattre par les armes les cardinaux rebelles[2], et, le 14 décembre, faisait prêcher contre eux une croisade[3]. La ville de Palestrine, où ils se réfugièrent, ne se rendit qu'au mois d'octobre 1298[4]; et, cette année même, le pape redoutait tellement leurs embûches, qu'il n'osait sortir de son palais et s'y faisait garder avec soin[5]. Le péril où ce conflit mit son autorité lui rendant nécessaire un appui

---

1. Kervyn, p. 22. On sait que, lorsque le frère de Frédéric, Jacques II, qui avait d'abord régné sur la Sicile, alla en 1291 prendre possession du trône d'Aragon, il céda à Charles d'Anjou, par l'entremise du Saint-Siège, ses droits sur le pays qu'il abandonnait. Frédéric, chargé provisoirement par son frère du gouvernement de l'île, refusa de la livrer, malgré les injonctions du pape, et se fit proclamer roi.

2. Tosti, t. I, p. 438, *Documents*. La conduite de ces compagnies fut confiée par le pape à Landolphe Colonne, cousin des séditieux.

3. Tosti, t. II, p. 453, *Documents*.

4. *Chronique de Guill. de Nangis,* anno 1298.

5. « Se fait moult près warder et pau ist (peu sort). » *Dépêche transmiset de Rome au comte de Flandre le 2 avril 1298*, Kervyn, p. 32.

hors de l'Italie, il le chercha sans doute auprès de Philippe le Bel, qu'il voulut s'attacher par des faveurs particulières.

Bien que l'intérêt qu'avait Boniface à triompher des Colonne se confondît à ses yeux avec celui de l'Église, certains sentiments, dont les historiens ne semblent pas avoir tenu compte, ont pu contribuer encore à sa bienveillance pour Philippe. Boniface avait passé à Paris une partie de sa jeunesse, et, selon toute apparence, y avait exercé personnellement l'office de chanoine[1]. Comme plusieurs de ses prédécesseurs, il se sentait attiré vers la France[2]. Il avait connu saint Louis et Philippe le Hardi[3]. Venu en France comme légat en 1290[4], il avait vu Philippe le Bel, dont l'apparente piété l'avait séduit[5]. Ce prince fut même le seul à qui Boniface fit part de son élévation au pontificat[6]. Dans ces dispositions,

1. Tosti, t. I, p. 44, *notes*.
2. Il donne des marques de cette sympathie dans des lettres trop nombreuses et sous une forme trop vive pour qu'il soit possible de n'y voir que des témoignages dictés par l'intérêt.
3. Dupuy, p. 78.
4. Rayn., IV, p. 80.
5. Tosti (t. I, p. 74) dit, à cette occasion, que Boniface trouva Philippe « âpre et sauvage et s'en souvint toujours ». Ce n'est là qu'une idée personnelle à l'auteur, contredite et par ce qu'on sait de l'habituelle dissimulation de Philippe et par les lettres nombreuses où Boniface félicite ce prince de sa piété et de sa condescendance pour le Saint-Siège.
6. La lettre adressée à Philippe est, du moins, la seule de ce genre qui soit transcrite sur les registres du Vatican. Voy. Tosti, t. I, p. 379, *Documents*. Cf. *ibid.*, p. 152.

le pape dut écouter avec faveur les députés que lui adressèrent les évêques pour l'informer des dangers qui menaçaient le royaume et lui remontrer l'utilité d'aider à sa défense. Il est difficile de ne pas voir un signe de cette sollicitude dans la bulle *Coram illo fatemur*[1], qui fut la réponse du pape à cette démarche. D'un autre côté, on a la preuve que Philippe envoya lui-même, à diverses reprises[2], des ambassadeurs au pontife. Il n'est pas douteux que, par leur entremise, il n'ait attiré l'attention du pape sur sa situation ou tout au moins fait preuve de sentiments qui achevèrent de lui rendre les sympathies du Saint-Siège. Dans les derniers mois de 1298, il demandait à Boniface une entrevue, que celui-ci refusa, alléguant son grand âge et ses infirmités, et dont il paraît qu'il avait déjà été question entre eux quelque temps auparavant. On peut même conjecturer qu'à l'occasion de la guerre soutenue par le Saint-Siège contre Frédéric d'Aragon Philippe fit au pape des offres de service. Ce qui est certain, c'est qu'au mois de décembre 1298 le frère du roi, Charles de Valois, se préparait à venir au secours du Saint-Siège avec mille hommes d'armes, que son intervention était depuis longtemps (*pridem*) concertée entre lui et le pontife,

1. 28 février 1297. Archives nationales, JJ. 28, f° 239. — Cf. Dupuy, p. 26, 27.

2. *Docum. relat. à Philippe le Bel. Not. et mss.* XX, 2ᵉ part., n° VIII.

qu'elle était agréée par le roi, et que, dans cette circonstance, celui-ci offrit à Boniface de lui prêter soixante mille livres tournois [1].

Quels que soient les motifs qui aient ramené Boniface vers Philippe, on voit, par ces détails, qu'à la fin de l'année 1298 il y avait entre eux une complète réconciliation, et qu'il faut rejeter à une date plus éloignée le véritable point de départ du différend qui provoqua leur rupture. Il y a plus; d'après une lettre que, le 19 février 1299, adressaient de Rome au comte de Flandre des députés de ce prince en mission près du Saint-Siège, le pape se montrait à ce point disposé en faveur du roi de France que les cardinaux n'osaient parler de Philippe, en présence de Boniface, que « pour en faire l'éloge [2] ». Toutefois, dans le cours de cette année, les sentiments du pape semblent tout à coup se modifier. Était-ce que, délivré des Colonne, il sentit sa sollicitude diminuer pour Philippe avec l'intérêt qu'il avait eu à se ménager son appui? On ne peut, à cet égard, former que des conjectures. Était-ce, comme il le déclarait plus tard [3], que ce prince lui parût abuser des bontés du Saint-Siège, en continuant à lever des subsides que ne justifiait en apparence aucune nécessité? Le

1. *Docum. relat. à Philippe le Bel. Not. et mss.*, 2ᵉ part., n° ɪx.
2. « Li Rois (Philippe) a si le court pervertie que à paines i a-il nul qui en apiert ose de li dire fors que loenge ; mais cascuns connoist bien et seit que ce est li volenteis dou souverain. » *Dépêche au comte de Flandre*, Kervyn, p. 58.
3. Bulle *Salvator mundi*, déc. 1301. Dupuy, p. 42, 43.

fait est que de nouvelles plaintes du clergé parvinrent à Boniface sur les exactions persistantes de Philippe[1]. Or, non seulement, par la sentence arbitrale du 30 juin 1298, Boniface avait ouvert les voies à un traité de paix entre la France et l'Angleterre, mais, quelques mois auparavant, Philippe avait lui-même conclu avec la Flandre une trêve qui n'était pas encore expirée[2].

Deux évènements durent aussi concourir, selon toute vraisemblance, à changer les dispositions du pontife. Au mois de juin 1299, les Colonne s'échappèrent de la ville où, depuis la reddition de Palestrine, Boniface les tenait prisonniers avec ceux de leurs proches qui avaient partagé leur disgrâce. Très troublé de cette évasion, le pape ne sut d'abord ce qu'ils étaient devenus[3]. Il apprit ensuite que plusieurs membres de cette famille rebelle avaient

1. Kervyn, p. 24.
2. Pour parler exactement, cette trêve avait été conclue par Philippe avec le roi d'Angleterre; et le comte de Flandre, allié de ce prince, avait été compris dans la trêve. Négociée en octobre 1297, elle fut successivement prorogée jusqu'au mois de février suivant, puis étendue à deux années à partir de l'Épiphanie (6 janvier 1298). On sait que, sur la demande du roi d'Angleterre, le comte de Flandre devait également être compris dans la sentence arbitrale du 30 juin; mais Philippe s'y opposa; Édouard s'opposa de même au désir de Philippe qui voulait y comprendre les Écossais, alliés de la France. Ajoutons que, le 20 mai 1303, eut lieu le traité définitif qui consomma la paix préparée par Boniface entre la France et l'Angleterre.
3. « Ne set-on mie en le court de certain k'il (les Colonne) sont devenus, et en est destourbés li papes. » *Dépêche au comte de Flandre*, Kervyn, p. 61.

trouvé refuge en France[1]. D'un autre côté, Philippe avait, cette année même, entamé des négociations avec Albert d'Autriche, malgré les remontrances du Saint-Siège. Le pape, qu'offensaient des relations avec un souverain qu'il avait refusé de reconnaître, sentit croître son mécontentement à la nouvelle du traité de Vaucouleurs (1ᵉʳ décembre 1299) qui consommait cet accord[2]. Il était encore sous le coup de ce ressentiment, quand s'ouvrit le jubilé.

On ne s'accorde pas sur les motifs qui portèrent Boniface VIII à instituer le jubilé. Quelques écrivains ont pensé qu'il s'était proposé, par ce moyen, d'attirer à Rome l'argent de la chrétienté. Selon d'autres, tels que le P. Tosti, Boniface, qui voyait la foi décliner sensiblement, aurait espéré la ranimer au spectacle des magnificences de l'Église. Cette dernière explication nous paraît mieux convenir que la première au caractère du pontife, sans que néanmoins elle nous semble plus exacte. Nous inclinerions, quant à nous, vers une autre opinion. Boniface, qui venait à peine de sortir victorieux de sa longue lutte avec les Colonne, savait que des libelles avaient été répandus par eux dans toute l'Europe[3]. Il pouvait craindre que, depuis leur éva-

---

1. *Chron. de Guill. de Nangis*, anno 1299.
2. *Chron. de Guill. de Nangis, ibid.* — Cf. *Dépêche au comte de Flandre du 9 juillet* 1299, Kervyn, p. 63.
3. *Act. sanct.* maii, t. IV, p. 421 : « libellum famosum quem direxerunt per omnes partes mundi. »

sion, ils ne voulussent renouveler leurs attaques, et il pensa qu'il dissiperait les doutes propagés par ses ennemis sur la légitimité de son pouvoir, en se montrant, aux yeux du monde, dans tout l'éclat de sa dignité.

Une autre considération a pu, dans l'esprit de Boniface, s'ajouter à celle-là. Il semble qu'après avoir triomphé des Colonne, dont la rébellion avait été d'abord le principal objet de ses préoccupations, il ait tourné son attention sur les affaires troublées de l'Europe et résolu d'y faire sentir son autorité. Au mois de juillet 1299, bien qu'accablé par la maladie et se croyant proche de sa fin[1], on le voit nourrir la pensée d'appeler à son tribunal Philippe le Bel avec le comte de Flandre et le roi d'Angleterre. « S'il plaît à Dieu, nous mettrons tout le monde à paix, disait-il; et, si nous réussissions dans cette œuvre, nous croirions bien mourir[2]. » L'alliance du roi de France avec l'empereur d'Allemagne l'inquiétait également. « Ils veulent tout ébranler », répétait-il à ses cardinaux[3]. La situation des chrétiens en Orient, qui, dès son avènement, avait éveillé sa sollicitude[4], paraît aussi l'avoir préoccupé plus particulièrement depuis que le roi

---

1. « Les maladies l'on travaillet et menet près dusques à la mort,... ne nuls ne li promet k'il doit longhement vivre. » *Dépêche au comte de Flandre*, 9 juillet 1299, Kervyn, p. 63.

2. *Dépêche au comte de Flandre*, 23 juillet 1299, Kervyn, p. 65.

3. *Dépêche au comte de Flandre*, 16 janvier 1300, Kervyn, p. 79.

4. Rayn., IV, p. 185-190.

d'Arménie avait envoyé des ambassadeurs en Europe pour demander des secours. Non qu'il eût, à cet égard, des sentiments qui n'étaient plus de son époque, mais il obéissait à l'influence de traditions non encore effacées et peut-être à l'espoir de reconquérir quelque ascendant sur les princes en les poussant vers la Terre sainte. En fait, au mois d'octobre 1298, il écrivait à Philippe le Bel pour l'intéresser à la situation du roi d'Arménie[1]. Le 10 avril de l'année suivante, il envoyait des missionnaires chez les Tartares ou Mongols[2], à l'aide desquels la papauté se flattait, depuis quelque temps, de relever les affaires de la Terre sainte[3]. Enfin il n'est pas impossible que le bruit des préparatifs qu'au mois de septembre 1299[4] le roi des Tartares faisait de concert avec le roi d'Arménie contre le soudan d'Égypte, et que devait suivre bientôt une éclatante victoire, ne soit parvenu jusqu'au pape et ne lui ait suggéré l'idée de tenter un suprême effort en faveur d'une croisade[5]. Boniface n'ignorait pas que, dans la réalisation de ces divers projets, il rencontrerait des oppositions, soulèverait des résistances,

1. Rayn., *Ann. eccles.*, IV, p. 255-257.
2. Rayn., IV, p. 270-280.
3. Tosti, t. II, p. 125, 126.
4. *Chron. de Guill. de Nangis*, anno 1299.
5. On sait que, dès que cette victoire, — qui eut lieu vers la Noël 1299, — fut connue en Europe, le pape écrivit à tous les princes de la chrétienté pour les entraîner à une croisade et qu'il parut un moment les tirer de leur indifférence. Voy. Rayn., IV, p. 299.

et il put espérer qu'en rehaussant le prestige du Saint-Siège par des pompes inaccoutumées, il lui serait moins difficile d'en triompher.

On sait que, dans cette cérémonie du jubilé, qui s'ouvrit dans les derniers jours de février de l'an 1300[1], Boniface parut avec les doubles insignes de l'autorité spirituelle et de l'autorité temporelle. Un héraut, placé à ses côtés, répétait à haute voix : *Ecce duo gladii; hic vides, Petre, successorem tuum; tu, salutifer Christe, cerne tuum vicarium.* Ce n'était point là un vain appareil ; il se rattachait à des idées que Boniface allait bientôt soutenir à la face du monde. Comment le pape avait-il été amené à déployer, sous cette forme, l'éclat de la puissance pontificale ? Les documents publiés par M. Kervyn de Lettenhove contiennent, sur ce point, les plus curieuses révélations. Elles se relient étroitement, comme nous allons le montrer, au différend de ce pape avec Philippe le Bel.

Au mois de janvier 1297, le comte de Flandre, qui s'était allié à l'Angleterre et dont le roi de France menaçait les possessions, avait interjeté appel au pape contre Philippe et envoyé des députés à Rome pour soutenir cet appel. Malgré tout le zèle qu'ils déployèrent, les ambassadeurs ne purent obtenir du pape de comprendre le comte de Flandre dans la sentence arbitrale rendue l'année suivante entre les

---

1. Rayn., *Ann. eccles.*, IV, p. 286.

rois de France et d'Angleterre [1]; et, en février 1299, ils désespéraient visiblement de leur cause, quand le mécontentement de Boniface au sujet des relations de Philippe avec Albert d'Autriche, — mécontentement accru bientôt par le traité de Vaucouleurs, — leur suggéra l'idée de tirer parti de la situation. Les moments étaient précieux, car, le 6 janvier 1300, allait expirer la trêve conclue précédemment entre la Flandre et la France [2]. Dans les derniers jours de décembre, les ambassadeurs remirent au pape un long mémoire, dans lequel, exposant les torts de Philippe le Bel et la détresse de la Flandre, ils flattaient avec habileté les secrets sentiments de Boniface [3]. Comme pour justifier à ses yeux le secours qu'ils attendaient du Saint-Siège, ils disaient, en cet écrit, que tous les opprimés, quels qu'ils fussent, avaient le droit d'appeler au pape; que le souverain pontife était le juge universel dans les choses spirituelles et temporelles (*judex omnium tam in spiritualibus quam in temporalibus*); qu'il tenait la place du Christ tout-puissant et succédait à tous ses droits dans l'empire de la terre et du ciel (*successor per omnia jura terreni et cœlestis imperii*); qu'il pouvait

---

1. Le pape se borna, pour toute faveur, à proroger les délais de l'appel interjeté par le comte de Flandre. Voy. la bulle de prorogation dans Kervyn, p. 50. Voy. aussi la note ci-dessus, p. 250, n° 2.
2. On sait qu'à l'expiration de la trêve la Flandre fut envahie par Charles de Valois et réunie à la France.
3. Voy. ce long mémoire publié en entier dans Kervyn, p. 74-78. Il est daté : *die Martis post diem Nativitatis Domini.*

juger et déposer (*judicat et deponit*) l'empereur, le premier entre les souverains séculiers, comme juger et déposer le roi de France, qui prétendait ne reconnaître aucun pouvoir au-dessus de lui (*qui nullum superiorem recognoscit*); tout cela mêlé d'extraits des Décrétales et de citations de l'Écriture telles que celles-ci : *Ecce duo gladii. Per me reges regnant. Constitui te super gentes et regna.*

Ce mémoire ne fut pas l'œuvre unique des députés flamands, lesquels n'agissaient d'ailleurs, comme ils l'avouent en leurs dépêches, qu'avec l'avis des protecteurs qu'ils s'étaient ménagés dans la curie. Au nombre de ces protecteurs, dont ils achetèrent ou tout au moins récompensèrent les bons offices, était le cardinal Matthieu d'Acqua-Sparta[1]. Selon toute probabilité, ce cardinal fut, sinon l'auteur, du moins l'inspirateur du mémoire. On a d'autant plus de raison de le lui attribuer que, le 6 janvier 1300, jour où expirait la trêve, il développait publiquement dans l'église de Saint-Jean de Latran, en présence

---

1. Le cardinal Gérard de Parme était aussi, avec le cardinal d'Acqua-Sparta, un protecteur des Flamands. Voir *Dépêches au comte de Flandre*, Kervyn, p. 44, 45. « On devera, à la Magdelaine, à mon segneur Gerard de Parme, cc florins ; et à mon segneur Matthiu d'Expert (d'Acqua-Sparta), si, comme j'entends, devoit-on c livres tournois par an de trois années dont messire Michiel a payé une année. » *Ibid.*, p. 63 ; et ailleurs : « Sire, savoir devés que li cours de Romme est moult désirans, et qui besoingner vielt (veut), il convient qu'il fache moult de dons, de promesses et de obligations... Et nous avons pourvu, sire, en la court les mindres (moindres) advocats de le court... » *Ibid.*, p. 31, 32.

du pape et des cardinaux, les idées émises par les députés, disant « que le pape a seul la souveraineté temporelle et spirituelle sur tous les hommes, quels qu'ils soient, en place de Dieu, par le don que Dieu en fit à saint Pierre et aux apôtres après lui, et que quiconque veut s'opposer à sa volonté, sainte Église peut aller contre lui, comme mécréant, avec l'épée temporelle et spirituelle, de par l'autorité et le pouvoir de Dieu [1] ». Ce qui, au reste, démontre que ce langage se rattachait à la thèse soutenue par les Flamands, c'est que, dans une dépêche qu'ils adressaient au comte de Flandre et où ils reproduisaient ce discours, ils ajoutaient : « Ces paroles sont un premier secours apporté au mémoire dont nous vous avons envoyé la copie [2]. »

Il est superflu de faire remarquer la parfaite similitude qui existe entre la requête des députés flamands, le discours du cardinal d'Acqua-Sparta et les paroles par lesquelles, dans les cérémonies du jubilé, le héraut indiquait à la foule le sens des insignes portés par le pontife. Ce cardinal ne paraît pas seulement avoir été l'un des plus zélés partisans de Boniface; tout semble prouver qu'il jouissait de sa confiance [3]. Ce fut à lui que Boniface, en 1297,

1. Kervyn, p. 79.
2. « Et ches paroles sont bien pour le premier aivve (aide) de vos raisons qui sont données au pape, dont nous vous avons envoiet autrefois les transcrits. »
3. Dès 1280, on le voit chargé, de concert avec Benoît Cajétan, d'une légation en Allemagne. Rayn., t. III, p. 505.

donna la mission de prêcher la croisade contre les Colonne[1]. Au mois de mai 1300, il l'envoyait pacifier les Florentins[2]. L'année suivante, il le députait auprès de Charles de Valois[3]. Enfin, dans le consistoire qui se tint à Rome, en 1302, à la suite des États généraux rassemblés le 10 avril par Philippe le Bel, ce même cardinal prit la parole pour soutenir le pape contre le roi de France[4]. De ces diverses considérations il ressort, ce nous semble, que Boniface, en se décidant, à la veille du jubilé, à revêtir l'appareil des deux puissances, ne suivit pas seulement ses propres inspirations, mais celles du cardinal d'Acqua-Sparta, lequel n'agissait lui-même que dans l'intérêt des Flamands, ennemis de Philippe le Bel.

On a dit avec raison que les pompes du jubilé durent jeter Boniface dans un enivrement qui ne fut pas sans influence sur la vivacité de ses rapports avec Philippe le Bel. Le fait est que, depuis ce moment jusqu'au drame d'Anagni, une exaltation, aidée vraisemblablement par l'âge et par la maladie, sembla dominer Boniface, exaltation qui, chez lui, se traduisit souvent par les mêmes mots qu'il avait lus dans le mémoire des députés flamands ou entendus de la bouche du cardinal d'Acqua-Sparta en

---

1. Rayn., *Ann. ecclés.*, IV, p. 233.
2. Tosti, t. II, p. 488, *Documents*.
3. Tosti, *ibid.*, p. 480, *Documents*.
4. Dupuy, p. 73-76.

l'église de Latran. Avant la publication de la bulle *Ausculta fili* (5 décembre 1301), on rencontre des traces de cette exaltation. C'est dans l'année même du jubilé, en 1300, que Boniface déclarait que le pape porte tous les droits dans sa poitrine. L'année suivante, au mois d'octobre 1301, il adressait à l'un de ses légats ces altières paroles : « Le pontife romain, établi par Dieu au-dessus des rois et des royaumes, est chef souverain dans la hiérarchie de l'Église militante ; assis sur le trône de la justice et placé par sa dignité au-dessus de tous les mortels (*super omnes mortales*), il prononce ses sentences d'une âme tranquille et dissipe tous les maux par son regard[1]. »

Dans cette situation d'esprit, déjà mécontent de Philippe le Bel, et de plus en plus animé contre lui par les députés flamands qui étaient restés à Rome[2] et avaient alors à se plaindre de l'envahissement de la Flandre et de la captivité de leur souverain[3], Boniface devait éclater au premier grief que lui fournirait le roi de France. Il laissa en effet échapper sa colère quand il sut que ce prince, au mépris des droits de l'Église, avait arrêté l'évêque de Pamiers, Bernard Saisset, et l'avait traduit devant une cour

1. Rayn., *Ann. eccles.*; IV, p. 305.
2. Kervyn, p. 87.
3. Le comte de Flandre, après l'envahissement de ses États, était venu à Paris, le 24 mai 1300, se remettre entre les mains de Philippe le Bel. Retenu quelques jours au Châtelet, il fut conduit ensuite à la tour de Compiègne.

laïque. L'insolence de Pierre Flotte, que Philippe avait, à cette occasion, député vers le pape, acheva de précipiter les choses. Le 4 décembre 1301, Boniface expédiait plusieurs bulles par lesquelles, revenant sur ses concessions antérieures, il privait le roi des subventions ecclésiastiques, le dépouillait des privilèges attachés à sa couronne et convoquait le clergé de France à Rome pour le 1er novembre 1302, en vue d'aviser avec lui « à la conservation des libertés de l'Église, à la correction du roi, et au bon gouvernement de la France ». A ces bulles se trouvait jointe la fameuse bulle *Ausculta fili,* où était proclamée la supériorité du Saint-Siège sur les rois[1]. Elle reproduisait, en plusieurs points, non seulement les idées, mais les mots mêmes des députés flamands. Il convient d'ailleurs de remarquer que les longs griefs développés dans cette bulle ne contenaient rien de nouveau[2]. Boniface y reprochait à Philippe des fautes depuis longtemps commises. Lui-même le reconnaissait, disant : « Vous n'ignorez pas que, sur toutes ces fautes qui provoquent aujourd'hui notre blâme, nous avons nombre de fois élevé nos cris vers le ciel et vers vous, en sorte que notre gorge en est comme desséchée. » Lorsqu'on se rappelle qu'au mois de février 1299 les cardi-

---

1. Voy. ces diverses bulles dans Dupuy, p. 42-54.
2. L'affaire de l'évêque de Pamiers ne s'y trouve pas même mentionnée. Le pape ne fait du moins qu'une vague allusion à cette affaire (*Prælatos ad tuum judicium pertrahis*).

naux n'osaient parler du roi, en présence du pontife, que pour en dire des louanges, il faut bien admettre qu'une révolution soudaine, due aux diverses causes que nous avons signalées, s'était opérée dans l'âme de Boniface.

III

On sait par quel coup hardi riposta Philippe le Bel aux attaques de Boniface. A la bulle *Ausculta fili* il substitua une fausse bulle (*Scire te volumus*) où les principes du pontife étaient exagérés, en même temps que présentés sous la forme la plus brutale et la plus injurieuse pour le roi; et, quand il eut, par cette fraude, éprouvé l'opinion, il fit brûler publiquement, le 11 février 1302, la véritable bulle[1]. Il

---

1. Il est douteux que la réponse de Philippe à la fausse bulle, réponse commençant par ces mots : *Sciat tua maxima fatuitas*, ait été mise en circulation. D'une part, en n'imitant pas la forme injurieuse de la fausse bulle, le roi se donnait l'apparence de laisser tous les torts au pape; d'une autre part, il n'était point dans ses habitudes de réserve de prendre ouvertement et pour lui seul la responsabilité d'une lettre de ce genre. Enfin Boniface, qui se plaignit de la fausse bulle, n'a jamais rien dit de la réponse. Il est vrai que, selon Baillet (p. 190, *in fine*), le pape, au consistoire d'août 1302, aurait, au contraire, parlé de cette réponse; mais Baillet a été ici traducteur infidèle ou inexact des documents. Il convient donc de classer cette prétendue lettre parmi les nombreux écrits que le zèle inspirait aux légistes du roi, et dont celui-ci prenait connaissance sans toujours y donner suite. Quant au mémoire où Du Bois (Dupuy, p. 45-47) établit que, en raison de la bulle *Scire te volumus,* Boniface peut être déclaré hérétique, il demeura

alla plus loin ; le pape avait convoqué les évêques français à Rome pour le 1ᵉʳ novembre de cette année; le roi convoqua les États des trois ordres pour le 10 avril. Pierre Flotte, à qui l'on attribue la rédaction de la fausse bulle, porta la parole devant l'assemblée. Il lui fut facile d'émouvoir la fierté des nobles, en imputant au pontife le dessein téméraire de faire du royaume de France un fief de la cour de Rome. Il obtint qu'ils missent leurs sceaux à une lettre de protestation, qui vraisemblablement avait été rédigée d'avance, car elle est datée du jour même où s'assemblèrent les États[1]. Une lettre analogue fut présentée à l'adhésion des bourgeois. L'une et l'autre étaient adressées, non au pape, mais aux cardinaux. C'était là sans aucun doute une habileté

de même sans résultat, soit que Philippe ne voulût encore aller aussi loin, soit qu'il n'osât risquer un coup d'éclat sur un faux qu'il n'était point impossible de démasquer. A cette occasion, M. Renan, dans une étude intitulée : *Un Publiciste du temps de Philippe le Bel* (*Revue des Deux Mondes*, 15 février et 1ᵉʳ mars 1871), émet l'opinion que Du Bois devait être instruit de la fraude. Nous croyons que l'opinion contraire peut être également soutenue. Philippe avait recours à la dissimulation avec les hommes même les plus dévoués à sa personne, et se servait d'eux sans les mettre toujours dans la confidence de leurs mutuelles opérations. Voy. dans *Clément V, Philippe le Bel et les Templiers*, p. 61-77, une pièce publiée par M. Boutaric, d'où il résulte qu'en 1309 Philippe avait envoyé au pape trois ambassadeurs (Guillaume de Nogaret, Geoffroy du Plessis, évêque de Bayeux, et l'abbé de Saint-Médard), lesquels, présents à la fois à la cour de Clément V, agissaient chacun de leur côté en toute indépendance, souvent à l'insu les uns des autres, et même en un sens opposé.

1. Dupuy, p. 60-62.

de Philippe, qui espérait isoler, par ce moyen, le pape des cardinaux ou tout au moins introduire la division dans le sacré collège. Il se trompa dans ses prévisions. Soit que les cardinaux cédassent en cette circonstance, comme en quelques autres, à l'ascendant de Boniface, soit plutôt que les intérêts de la curie leur parussent se confondre cette fois avec ceux du pontife, ils se montrèrent, dans leur réponse, en plein accord avec lui[1]. Il ressort même des documents que la bulle *Ausculta fili*, avant d'être expédiée, avait été, à diverses reprises, apportée en consistoire, lue, relue, et soumise à un examen minutieux[2].

Quant aux évêques, ils se conduisirent de la manière qu'ils avaient fait à l'occasion de la bulle *Clericis laicos*. Ils adressèrent à Boniface une lettre embarrassée, où, n'osant se décider ni pour le roi ni pour le pape, et reproduisant, comme malgré eux, les plaintes portées dans l'assemblée contre le Saint-Siège, ils annonçaient que le roi leur avait défendu expressément de se rendre au concile de novembre et sollicitaient du pape la permission de ne point enfreindre cette défense[3]. Boniface, dans une lettre élo-

---

1. Dupuy, p. 63, 64.
2. *Id.*, p. 73-76.
3. *Id.*, p. 67-71. Michelet (*Hist. de Fr.*, t. III, p. 73, note) dit que cette lettre est datée de mars, et il en conclut qu'elle est antidatée. Son erreur vient de ce qu'il a confondu *mardi* avec *mars*. Il traduit en effet les mots *die Martis prædicta* par « le susdit jour de mars ».

quente[1], leur fit honte de leur faiblesse et se montra inflexible sur l'objet de leur demande. Dans un consistoire qui eut lieu au mois d'août 1302, en présence de l'évêque d'Auxerre, envoyé du roi, et des députés de l'épiscopat, il déclara que les prélats étaient tenus de venir à Rome, par quelque moyen que ce fût. Il donna, en cette occurrence, de nouvelles preuves de cette exaltation que nous avons signalée. Comme un homme infatué de sa toute-puissance : « Sans nous, se serait-il écrié, le roi de France ne conserverait pas un pied sur son trône (*rex vix pedem teneret in stallo, nisi nos essemus*). » Il ne serait pas impossible que, cette fois encore, il eût subi l'influence du cardinal d'Acqua-Sparta. Ce qui est certain, c'est que ce cardinal porta la parole dans le consistoire et reprit, tout en l'adoucissant, la thèse soutenue par lui le 6 janvier 1300 en l'église de Saint-Jean-de-Latran. Il semble même qu'il se soit proposé de stimuler ou de soutenir la fermeté du pontife; car il s'étendit longuement sur les prérogatives du Saint-Siège, sur le respect que lui devaient tous les rois, et ce ne fut qu'après qu'il eut parlé que Boniface prit à son tour la parole. Néanmoins il ne faudrait pas attacher trop d'importance à un discours dont le texte ne nous est connu que par un manuscrit du xve siècle de l'abbaye de Saint-Victor. Il convient aussi d'observer que ce texte contient plusieurs

---

1. Dupuy, p. 65, 66.

inexactitudes historiques; et quant au mot célèbre *sicut unum garcionem deponerem* qu'aurait proféré Boniface, on doit douter d'autant plus de son authenticité, que le pape eut plus tard des raisons bien autrement puissantes pour tenir ce langage, sans que néanmoins il ait rien dit de semblable [1].

Une chose qu'on n'a point assez remarquée, c'est une tentative de réconciliation qui eut lieu sur ces entrefaites. Il résulte des documents publiés par Dupuy que le duc de Bourgogne aurait écrit dans ce sens à divers cardinaux; mais ceux-ci répondirent qu'après ce qui s'était passé, après surtout le fait inouï de la mise au feu des lettres pontificales, ils ne se sentaient pas la hardiesse d'être auprès du pape les interprètes d'un tel vœu, et que demander l'indulgence pour le roi avant qu'il l'eût méritée par son repentir, c'était exposer le Saint-Siège à devenir un objet de risée et d'opprobre [2]. Cette réponse des cardinaux étant datée du 5 septembre 1302, et la défaite de Philippe à Courtray ayant eu lieu le 2 juillet de la même année, on peut croire que ce prince ne fut pas étranger à une démarche dont le mauvais état de ses affaires devait lui indiquer l'opportunité. Le jugeant affaibli par cette défaite, les prélats français osèrent enfreindre sa défense et se rendirent à Rome pour assister au con-

---

1. Voy. ces deux discours dans Dupuy, p. 73-79. Voir aussi Boutaric, *la France sous Philippe le Bel*, p. 113.
2. Dupuy, p. 80-83.

cile. L'assemblée ne fut pas toutefois aussi nombreuse qu'on l'a prétendu[1]. Dans ce concile, on publia la bulle *Unam sanctam,* qui, plus explicite que la bulle *Ausculta fili,* consacrait avec éclat la supériorité du Saint-Siège sur les rois, et où Boniface, dépassant les doctrines de Grégoire VII, établissait, comme une nécessité du salut, l'obligation de croire que toute créature humaine est soumise ici-bas au pontife[2]. Cette bulle, datée du 18 novembre 1302, fut connue en France dans les premiers jours du mois de janvier suivant[3]. C'est à partir de ce moment que, selon toute apparence, Philippe se décida à rompre avec le pape.

D'après une lettre de Philippe, on a supposé, il est vrai, qu'avant d'en venir à un éclat, ce prince s'était prêté une dernière fois aux moyens de le prévenir. Sur l'assurance que l'évêque d'Auxerre avait donnée au pape des bonnes dispositions de Philippe, Boniface avait chargé le cardinal de Saint-Marcellin, son légat en France, de présenter au roi un énoncé des divers articles sur lesquels il exigeait satisfaction[4]. Philippe répondit par une lettre dont la modération, au dire de certains historiens, déno-

---

[1]. Voy. une note de Mansi qui corrige, sur ce point, les assertions de Raynaldi (Rayn., IV, p. 327, 328).

[2]. Dupuy, p. 54-56.

[3]. M. de Wailly estime à une moyenne de quarante jours le temps nécessaire alors pour le trajet de Rome à Paris.

[4]. Dupuy, p. 89-92.

tait des idées conciliantes [1]. Cette lettre fut modérée sans doute, mais dans la forme seulement; en réalité, elle était dérisoire. Ainsi, pour ne parler que d'un des articles, le roi, mis en demeure de s'excuser sur le fait d'avoir brûlé la bulle *Ausculta fili,* répondait par le récit d'un incident qui s'était passé à Laon entre l'évêque et les échevins, et dans lequel une bulle avait été brûlée. Il répondait de la même manière sur tous les autres points. Le pape prétendit à juste titre que ces réponses, vagues, obscures, sans rapport avec les questions et dépourvues de sincérité, ne pouvaient le satisfaire, et, adressant au légat ses plaintes sur ce sujet en des lettres datées du 13 avril 1303, il lui enjoignit, au cas où le roi persisterait à ne point s'amender, de lancer contre lui l'excommunication [2].

Ce qui prouve que Philippe avait déjà les intentions de rupture que nous lui attribuons, c'est qu'avant de connaître l'impression que ses prétendues réponses avaient pu faire sur l'esprit du pontife, il convoquait au Louvre, le 12 mars 1303, une assemblée de barons, de prélats et de légistes, dans laquelle Nogaret, reproduisant les attaques jadis portées par les Colonne, déclarait Boniface pape illégitime, requérait la convocation d'un concile général, où, après avoir procédé à sa condamnation,

---

1. Arch. nat. J. 490, n° 752. Cf. Dupuy, p. 92-95.
2. Dupuy, p. 95-99.

les cardinaux aviseraient au choix d'un autre pape, et demandait que jusque-là Boniface fût privé du pontificat et incarcéré [1]. Il y a plus ; un document tiré du recueil de Dupuy [2], et mis en lumière par M. Renan dans l'étude où il a fait revivre en traits si saisissants la figure de Nogaret [3], atteste que, cinq jours avant l'assemblée du Louvre, le 7 mars 1303, le roi chargeait celui-ci de se rendre *ad certas partes pro quibusdam negotiis*. M. Renan conclut de ce document que, dès cette date, Nogaret reçut l'ordre de préparer l'enlèvement de Boniface. Peut-être l'ordre ne fut-il pas aussi précis ; peut-être Nogaret dut-il uniquement se rendre en Italie et, tout en s'assurant d'auxiliaires pour un coup de main, y attendre les évènements.

Telle était la situation, quand arrivèrent en France les lettres d'excommunication datées du 13 avril. Philippe fit saisir les lettres et jeter le messager en prison [4]. De son côté, le pape, qui devait avoir eu connaissance de l'assemblée du 12 mars et se voyait exposé en France au même genre d'attaques qu'il avait subies en Italie, usa d'une politique analogue à celle qu'il avait pratiquée six ans

---

1. Dupuy, p. 56-59. M. Boutaric, p. 108-110, a, par inadvertance, fait parler ici Guillaume de Plasian, et confondu l'assemblée du 12 mars avec celle du 13 juin dont il sera parlé ci-après.

2. Dupuy, p. 175.

3. *Un Ministre de Philippe le Bel, Guillaume de Nogaret* : Revue des Deux Mondes, 15 mars, 1er et 15 avril 1872.

4. Dupuy, p. 181.

auparavant. De même qu'en 1297 il s'était tourné vers Philippe le Bel par crainte des Colonne, il se tourna, en 1303, vers Albert d'Autriche par crainte du roi de France. Le 30 avril, il reconnut Albert comme empereur et le détacha de son alliance avec Philippe[1]. Celui-ci dut être instruit de cet évènement peu après qu'étaient parvenues en France les lettres d'excommunication. En présence de ce double péril, il abandonna toute mesure, et, le 13 juin, convoquait au Louvre une nouvelle assemblée[2].

Dans cette seconde assemblée[3], beaucoup plus nombreuse que la première, Guillaume de Plasian reprit et développa la requête de Nogaret. Il semble même que, dans les desseins de Philippe, l'assemblée du 12 mars n'ait été qu'un coup d'essai pour préparer l'opinion. Ce qui est hors de doute, c'est que celle-ci demeura d'abord sans résultats apparents. Dans le procès-verbal que nous en possédons, rien

---

1. Il est juste de signaler que Boniface ne reconnut Albert qu'après que celui-ci eût imploré « miséricorde et non jugement » du Saint-Siège (Rayn., an. 1303, IV). Quant aux efforts que le pape fit ensuite pour le détacher de l'alliance de Philippe, voy. ce qu'en dit M. Boutaric.

2. On conçoit l'intérêt que peut présenter ici la date précise des évènements. Ainsi, en tenant compte des quarante jours du trajet de Paris à Rome, Boniface ne dut être instruit que le 22 avril, au plus tôt, des actes de l'assemblée du 12 mars. De son côté, Philippe ne put recevoir avant le 23 mai les lettres pontificales datées du 13 avril; et ce ne fut que dans les premiers jours de juin qu'il dut être informé de l'acte par lequel le pape reconnaissait Albert d'Autriche.

3. Dupuy, p. 101-109.

n'indique en effet que le roi ni les assistants eussent consenti à la demande de Nogaret. Dans la réunion du 13 juin, le roi donne, au contraire, son adhésion formelle; et, comme s'il eût attendu jusque-là pour se prononcer sur la requête du 12 mars, il déclare qu'il se rend aux propositions exprimées par Plasian et qu'avant lui, dit-il, avait présentées Nogaret[1]. Par son attitude en cette occasion, le clergé donna la mesure de l'abaissement où il était descendu. L'assemblée dura deux jours, le 13 et le 14 juin. Le premier jour, Plasian s'était borné à formuler contre Boniface des accusations générales, sans en spécifier aucune, se déclarant prêt à en fournir la preuve et conjurant, dans l'intérêt de l'Église, les barons et les prélats d'adhérer à la convocation du concile dont il sollicitait le roi de prendre l'initiative. Les évêques, jugeant la chose grave, très grave (*negotium arduum, immo arduissimum*), se retirèrent pour délibérer. Le lendemain ils revinrent et entendirent Plasian lire contre Boniface un des plus infâmes réquisitoires qu'ait jamais inventés une politique sans honneur. C'étaient tous les vices, tous les crimes d'une époque avilie, accumulés sur un homme. Loin de s'indigner, les prélats s'empressèrent de donner leur adhésion à la réunion du concile, lequel, disaient-ils, ne manquerait pas de

---

1. « Nos Philippus... auditis per vos G. de Plesseiano et antea per dilectum... G. de Nogareto. »

mettre en lumière l'innocence de Boniface, imitant en cela l'hypocrisie de Philippe, qui déclarait de son côté qu'il aurait volontiers « caché de son propre manteau les nudités de son Père ». Il est vrai que, redoutant quelque entreprise hostile de la part de Boniface, ils mirent leurs personnes, leurs droits et leurs biens sous la protection du concile et du futur pape légitime. Une seule voix protesta au sein de ce clergé sans pudeur, celle de l'abbé de Cîteaux. Dupuis a nié le fait[1]. Mais, d'une part, ce fait est attesté par des textes précis[2]; et, d'une autre part, dans l'adhésion écrite que donnèrent les prélats[3], le nom et le sceau de l'abbé sont également absents.

Il est superflu de démontrer qu'on ne saurait donner à l'assemblée du 13 juin, si considérable qu'elle ait été, le nom d'États généraux. Les accusations monstrueuses dont on flétrissait Boniface, énoncées en présence de véritables États, eussent vraisemblablement soulevé quelques protestations. Philippe jugea plus prudent d'obtenir l'assentiment d'une assemblée qu'il savait lui être dévouée et d'agir ensuite sur le pays. Nous disons dévouée, et ce n'est pas sans raison. Ainsi, à ne parler que du clergé, sur cinq archevêques, vingt et un évêques et onze abbés présents à la réunion du 13 juin, on ne compte qu'un archevêque, six évêques et quatre abbés (dont

1. Dupuy, p. 111.
2. Kervyn, p. 95, notes.
3. Dupuy, p. 112, 113.

celui de Cîteaux), qui, malgré les défenses du roi, avaient été à Rome en novembre 1302; tous les autres étaient restés en France[1]. Les trois quarts du clergé, dans l'assemblée du 13 juin, se trouvaient donc favorables à Philippe.

Au lendemain de cette assemblée, des agents furent envoyés dans toutes les parties de la France pour recueillir les adhésions du clergé, de la noblesse et de la bourgeoisie à la convocation du concile. Ces agents n'étaient pas seulement, comme on doit le penser, de zélés serviteurs de la royauté, mais des hommes habiles autant que déterminés. Parvenus dans les localités dont ils devaient consulter les habitants, ils exhibaient leurs lettres de pouvoirs, lisaient le procès-verbal de l'assemblée du 13 juin écrit sur expédition authentique, le commentaient par leurs récits, déployaient les lettres d'adhésion qu'ils avaient pu déjà recueillir dans le cours de leur mission, et finalement requéraient au nom du roi l'assentiment qu'ils étaient venus chercher[2]. Il était difficile que, dans ces conditions, la volonté royale rencontrât des résistances. On n'en constate pas, en effet, de la part des barons, non plus

---

1. Voy. dans Dupuy, p. 86, la liste où avaient été inscrits, par ordre du roi, les noms de tous les prélats qui étaient allés à Rome.

2. « Lectis litteris domini regis et vulgariter explanatis... ex parte regis requisivit eos diligenter utrum adhæererent. » Dupuy, p. 176. — « Ostenderunt processus Parisius coram rege habitos, per instrumenta authentica, et litteras diversis sigillis sigillatas. » *Id.*, p. 138-141 et *alias*.

que de celle des villes[1]. Il convient de remarquer toutefois que, parmi les adhésions dont Dupuy a publié les actes, une seule, émanée des habitants de Bourges, fut donnée sans réserve et avec acclamation[2]. Le clergé ne se montra pas tout à fait aussi facile. Tout prouve qu'on procéda contre lui par les moyens de la violence et de l'intimidation[3]. Mais il importe d'entrer, à cet égard, en des développements qu'à notre connaissance on ne rencontre dans aucun ouvrage écrit en France sur Boniface VIII.

L'abbé de Cîteaux, qui avait protesté à l'assemblée du 13 juin et refusé son adhésion, se vit l'un des premiers en butte à ces rigueurs et fut incarcéré[4]. Un passage d'une bulle de Boniface nous apprend en outre que les religieux d'origine italienne qui osèrent résister furent bannis du royaume[5]. D'un autre côté, nous possédons une lettre du roi enjoignant

---

1. Parmi les adhésions de la noblesse, nous signalerons l'adhésion pleine de réserves et fort curieuse du comte de Rhodez : « Adhæremus quantum de jure possumus et debemus secundum Deum et justitiam, et prout sanctæ permittunt canonicæ sanctiones, salva reverentia et auctoritate sedis apostolicæ sanctæque ac catholicæ ecclesiæ unitate, et cum protestationibus quas alii barones fecerunt... Et si aliæ protestationes meliores vel utiliores factæ sunt per aliquos barones nos pro nobis ipsas factas esse volumus. » Dupuy, p. 168, 169.
2. « Una voce concordi et clamore, nemine contradicente, responderunt : Placet, placet. » Dupuy, p. 176.
3. « Mittuntur per regnum... ad perurgendum personas ecclesiasticas » Rec. des hist. de France, t. XXI, p. 713.
4. Kervyn, p. 25. — Gall. christ., t. IV, col. 998.
5. Voy. la bulle *Super Petri solio*. Dupuy, p. 184.

à ses baillis et sénéchaux de prêter main-forte à l'abbé de Cluny pour châtier tous ceux de son ordre qui feraient opposition[1]. Philippe ne se borna pas à ces actes de sévérité. Comme une partie du clergé aurait pu être tentée de quitter le royaume pour se soustraire à ce qu'on exigeait de lui, il rendit une sentence de mort contre tous les ecclésiastiques qui sortiraient de France[2]. Il prit enfin une mesure qui, pour être d'une autre nature, n'en était pas moins efficace. Afin d'encourager les adhésions, il délivra nombre de lettres par lesquelles il engageait solennellement lui, la reine et ses deux fils, Louis et Philippe, à protéger les adhérents contre toute entreprise de Boniface[3].

Ainsi menacé ou circonvenu, le clergé adhéra, non sans réserves toutefois. Il est vrai que ces réserves, au fond insignifiantes et inspirées presque toutes de l'intérêt ou de la peur, importaient peu au roi. Les uns mettent à leur assentiment la condition que le concile traitera uniquement des questions d'hérésie[4]. D'autres établissent cette réserve dérisoire que le pape devra consentir lui-même à la réunion du concile[5]. La plupart se contentent de la clause *salvo honore Ecclesiæ Romanæ ac fidei catho-*

1. Dupuy, p. 117.
2. Dupuy, p. 131-133.
3. Dupuy, p. 113-116.
4. Arch. nat., Inventaire du *Trésor des chartes*, par Dupuy. n⁰ˢ 687, 688.
5. Arch. nat., *ibid.*, n⁰ 639.

*licæ veritate*¹. Certains donnent leur adhésion, à la seule condition que le roi ne s'en prévaudra point pour acquérir sur eux un droit nouveau². Les refus étaient d'autant plus difficiles, que le roi exigeait des ecclésiastiques un consentement nominatif et formulé par écrit dans une lettre ouverte et scellée, qui devait ensuite lui être retournée. C'est du moins ce qui se produisit pour les ecclésiastiques des diocèses d'Angers et du Mans³, et il y a lieu de supposer que la mesure fut générale.

Parfois cependant le clergé tentait un semblant de résistance, usant pour cela des plus misérables prétextes. A Angers, les commissaires royaux entrent un jour dans un couvent ; ils y trouvent les moines rassemblés et requièrent leur adhésion : alléguant que le prieur et le sous-prieur sont absents, les moines refusent de répondre⁴. Peu après, les mêmes commissaires pénètrent dans une église ; ils n'y rencontrent qu'un chanoine, qui refuse également de répondre, disant que le chapitre ne réside pas en lui seul⁵. Dans une autre église, ils trouvent tout à la fois les chanoines et le doyen ; ceux-ci s'excusent, déclarant que, sans l'avis préalable de l'archevêque de Tours, ils ne peuvent rien décider⁶. On doit pen-

1. Dupuy, *Hist. du différend*, 120-122.
2. Dupuy, *ibid.*, p. 123, 163-165.
3. Arch. nat., J. 490, nos 708 et 709.
4. *Ibid.*, J. 490, n° 706.
5. *Ibid.*, J. 490, n° 705.
6. *Ibid.*, J. 490, n° 706 *bis*.

ser que les agents du roi accueillaient assez mal toutes ces allégations. Dans le Languedoc, les frères Mineurs de la sénéchaussée de Beaucaire ayant déclaré qu'ils ne pouvaient prendre aucune détermination en l'absence de leur supérieur : « Fort bien, dirent les commissaires au nombre desquels se trouvait Guillaume de Plasian ; nous saurons l'avis de votre supérieur. Si sa réponse est bonne, nous tenons la vôtre pour telle ; si elle est mauvaise, nous tiendrons la vôtre pour mauvaise, et nous en informerons le roi [1]. » Les frères Prêcheurs de Montpellier avaient allégué de même qu'ils ne pouvaient donner leur adhésion sans la volonté expresse du prieur général de l'ordre, lequel avait été, croyaient-ils, mandé à Paris par le roi. Les commissaires usèrent cette fois d'un autre procédé. Ils renvoyèrent les religieux, puis les firent revenir un à un en leur présence, et les interrogèrent individuellement. La réponse ainsi obtenue fut la même. Alors, rassemblant tous les frères, les commissaires leur dirent : « Sous trois jours, vous sortirez du royaume, et vous cessez dès ce moment d'être sous la protection du roi [2]. »

Pour compléter par quelques traits ce rapide exposé, ajoutons qu'il y avait tels ecclésiastiques qui, après avoir refusé leur consentement, se sentaient

1. Arch. nat., J. 490, n° 702.
2. Dupuy, p. 155.

pris de peur et se rétractaient. Martin de la Rive, chanoine en l'église de Paris et régent de la Faculté de théologie, déclara, en plein chapitre de Notre-Dame, renoncer expressément à toutes les protestations qu'il pouvait avoir faites[1]. Un trait curieux fut celui du prieur provincial de l'ordre des frères Prêcheurs. Il écrivit de Paris à tous les prieurs et frères de l'ordre qu'en présence d'adhésions si nombreuses et données par de si hauts personnages, il ne voulait pas se *singulariser* (*ne inter tot et tantos singularitas in nobis appareat*), qu'il lui eût été malséant « de paraître se glorifier dans son sentiment personnel », qu'il donnait donc son adhésion et invitait tous les frères à suivre son exemple, de crainte d'encourir la colère du roi[2].

Sur ces détails peu connus et dont quelques-uns sont empruntés à des pièces inédites, on peut juger de la valeur des adhésions qui remplissent près de cent pages du recueil de Dupuy[3], et que lui-même présente comme l'expression spontanée des sentiments de la nation. Sur ce point, les assertions hasardées semblent peu lui coûter; car il dit à quelque endroit que trois cardinaux adhérèrent au concile[4] : or nulle part nous n'en avons trouvé la preuve. Il y eut des refus pourtant; avec l'abbé de Cîteaux, onze

---

1. Dupuy, *Hist. du différend*, p. 133, 134.
2. *Id*. p. 153, 154.
3. *Id*. p. 101-174.
4. *Id*. p. 111.

couvents du même ordre refusèrent nettement leur adhésion[1]. Hormis ces exceptions, évêques, abbés, moines mendiants, le clergé tout entier consentit, descendant par sa lâcheté aussi bas que les pouvoirs laïques qui le contraignirent à se déshonorer.

Philippe ne se contenta pas des adhésions recueillies dans son royaume. Il en demanda en Espagne, en Navarre, en Portugal, en Italie, envoyant de tous côtés des agents[2]. Partout il répandit l'outrage sur le Père des fidèles ; car partout se lisait, se commentait par son ordre l'odieux réquisitoire de Guillaume de Plasian. Boniface connut toutes ces machinations[3]. On a de lui une bulle qu'on peut considérer comme la réponse à l'assemblée du 13 juin et aux manœuvres qui la suivirent[4]. Par cette bulle, il faut le reconnaître, Boniface rachète, aux yeux de la postérité, plus d'une faute que l'ambition, l'orgueil ou l'excès de sévérité, avaient pu le porter à commettre. Non seulement il s'y élève par son langage à une grande hauteur au-dessus de ses adversaires, il s'y élève au-dessus de lui-même. Comme s'il eût dédaigné les accusations ignominieuses par lesquelles on avait cherché à l'avilir, il n'a qu'un mot pour s'en souvenir, de même qu'il n'a qu'un

---

1. Dupuy, p. 174. De ces onze actes de refus, qui se trouvaient primitivement au *Trésor des chartes,* huit ont disparu. Les trois restants sont conformes au modèle donné par Dupuy.
2. Dupuy, p. 126-131.
3. Voy. les bulles *Nuper ad audientiam* et *Super Petri solio.*
4. Bulle *Nuper ad audientiam.* Dupuy, p. 166-168.

mot pour en flétrir les auteurs : « Nous savons, dit-il, de quels crimes on nous a accusé; c'est par des hommes dont la langue était dans la boue, pendant que leurs yeux se tournaient vers le ciel, que notre réputation a été souillée. » A l'égard de Philippe, il se borne à lui reprocher son ingratitude : « Tant que nous lui avons montré de la bienveillance, il nous appelait humblement dans ses lettres Père très saint, et, lorsque, pressé par notre concience et fidèle au devoir de notre mission pastorale, nous avons voulu le corriger de ses fautes, il s'est dressé avec haine contre nous. » Puis, parlant de la témérité des princes qui, pour demeurer dans leurs crimes, osaient frapper le Saint-Siège : « L'autorité des pontifes ne serait-elle pas avilie et l'Église tout entière ne serait-elle pas bouleversée, si une pareille voie était laissée ouverte aux puissants de la terre ? » Il s'étonne de l'orgueilleuse rébellion de Philippe, quand tant de princes avant lui se sont humiliés devant les papes : « Sommes-nous donc moindre que nos prédécesseurs ? » s'écrie-t-il. « Valentinien-Auguste n'a pas rougi de s'incliner devant l'évêque de Milan; or nous sommes plus que l'évêque de Milan, et Philippe est moins que Valentinien. » Enfin, opposant avec force aux outrages de ses ennemis la majesté du Saint-Siège : « Que Philippe, ce nouveau Sennachérib, se souvienne des paroles dites à celui dont il imite le pernicieux exemple : — Qui as-tu déshonoré ? Qui as-tu blasphémé? Contre qui as-tu élevé tes regards hautains et ta voix altière? Contre le Saint d'Israël. — Le Saint d'Israël, c'est le vicaire de Dieu, c'est le successeur de celui à qui il a été dit : Tu es Pierre, et sur cette pierre je bâtirai mon Église. »

Lorsque Boniface tenait ce langage, on eût dit que l'âme de Grégoire VII avait passé en lui. Il semble qu'à cette heure suprême, qui allait décider des destins de la papauté, il ait eu sous les yeux les célèbres *Dictatus*, où il ne trouvait pas seulement l'éclatante affirmation de la sainteté des pontifes, mais la justification de toutes les prétentions excessives que lui reprochaient ses contemporains. Grégoire VII n'y déclarait-il pas qu'il n'y avait qu'un nom dans le monde, celui du pape; que tous les princes de la terre étaient tenus de lui baiser les pieds, et qu'il pouvait juger et déposer les rois, tandis qu'il n'était lui-même justiciable que de Dieu? Et si Boniface, se reportant aux souvenirs du jubilé, songeait au blâme qu'avait attiré sur son orgueil cet appareil des deux puissances dont il s'était revêtu, ne rencontrait-il pas également, dans les *Dictatus,* ces mots qui devenaient son excuse : *Quod solus possit uti imperialibus insigniis?* Mais les temps n'étaient plus les mêmes. Tandis que Boniface, subissant le fatal aveuglement des hommes attachés à des doctrines immuables, persistait à faire revivre le passé, une société nouvelle, qui en repoussait les principes, s'élevait à ses côtés; et, si l'on ne saurait trop flétrir, au nom de l'universelle morale, les moyens odieux qui furent employés pour le combattre, on doit du moins reconnaître la légitimité des droits revendiqués contre lui par les contemporains.

Cette bulle était datée du 15 août 1303; le dénouement ne se fit pas attendre. Une autre bulle, qui frappait Philippe d'excommunication, devait être affichée le 8 septembre dans Anagni, où le pape s'était retiré[1]. Les écrivains gallicans, pour excuser l'attentat dont le pontife allait être la victime, ont prétendu que Boniface avait, dans cette bulle, prononcé la déposition du roi. Il est vrai qu'il y déclare Philippe incapable de régner et délie de leur serment de fidélité ses vassaux et ses sujets (*vassalos et fideles*); mais il ajoute que ces rigueurs ne sont que la conséquence de l'excommunication encourue par ce prince. Elles devaient donc prendre fin avec le châtiment qui en était la cause. L'on sait comment, le même jour où cette bulle devait être affichée, Nogaret, à la tête d'une bande d'aventuriers, pénétra dans Anagni et arrêta le pape en son palais. Pour les détails de ce tragique évènement, nous renvoyons le lecteur à l'éloquent récit qu'en a tracé M. Renan[2]. Deux siècles auparavant, un empereur d'Allemagne, pieds nus et vêtu d'un cilice,

1. Bulle *Super Petri solio*. Dupuy, p. 182-186.
2. *Revue des Deux Mondes*, 15 mars 1872, dans l'étude sur Nogaret.

avait imploré pendant trois jours le pardon de Grégoire VII ; il trouva son vengeur dans Philippe le Bel. Le drame d'Anagni fut la contre-partie du drame de Canossa.

Les nombreux écrits que provoquèrent, du côté de Philippe le Bel, les ardeurs de la lutte, et dans lesquels on soutenait, à l'encontre de Boniface, que les rois étaient indépendants du Saint-Siège, démontrent que les faits auxquels nous venons d'assister n'étaient que la violente application des doctrines. Ce prince, qui s'érigeait en défenseur de la foi, en juge de l'hérésie, qui convoquait de son autorité un concile général, cette bulle brûlée publiquement, ces souillures jetées sur le Saint-Siège, ce pontife arrêté par les agents du roi, tant d'évènements qui bouleversaient les traditions et brisaient des symboles si longtemps respectés, étaient en effet les signes incontestables d'une révolution profonde opérée dans les esprits.

Rien ne témoigne plus clairement du fait de cette révolution que les écrits de Pierre Du Bois, l'un des plus célèbres légistes de Philippe le Bel. Sans passion, sans colère, et comme s'il eût abordé des questions familières aux intelligences de ce temps, Du Bois s'élève, dans ces écrits, aux principes les plus hardis. Sa pensée dominante est la résistance aux empiétements de l'Église et l'extension des pouvoirs de la société civile. Mais il ne se borne pas à développer les considérations qui se rattachent à cette idée. Entrant droit dans les faits, il propose de dépouiller le clergé de ses biens, auxquels on devra, dit-il, substituer des pensions que paieront les pouvoirs séculiers. Il veut réduire *ad victum et vestitum* moines, évêques, cardinaux, qui lui paraissent également corrompus par l'excès du bien-être et des richesses, et les régénérer par la pauvreté. Le pape lui-même, renonçant à sa puissance temporelle, devra céder ses États, qu'il est incapable d'administrer, aux souverains séculiers, et recevoir en échange une somme proportionnelle de revenus. Il ne doit avoir en vue d'autre gloire, écrit l'audacieux légiste, que « celle de pardonner, d'annoncer la parole de Dieu et de prêcher la concorde. Quand, agissant comme souverain temporel, il suscite la guerre et provoque l'homicide, ne fait-il pas ce qu'il déteste, ce qu'il blâme, et ne donne-t-il pas par cela même un pernicieux exemple? » Du Bois attaque même le célibat des clercs ; il ose dire que les saints Pères se sont trompés en prescrivant une continence qui, en réalité, n'est jamais observée, et il ajoute qu'à l'imitation de Dieu, qui a changé plusieurs choses de l'Ancien Testament dans le Nouveau, on peut corriger, sur ce point, les anciennes lois de l'Église. Dans presque tous ses écrits, il revient sur ces idées. En fait de dogme, il ne veut rien innover. Il se contente de proposer des réformes ; mais, à ses yeux, c'est du pouvoir civil qu'en doit venir l'initiative ; c'est à lui qu'il appartient de veiller sur l'Église et de corriger le clergé. Ainsi que l'a observé un esprit éminent[1], les principes de Du Bois vont directement jusqu'au protestantisme, à la façon de Henri VIII et d'Élisabeth d'Angleterre.

D'un génie inférieur à celui de Frédéric II, Philippe le Bel ne se prêta point à ces idées de réforme. Il lui suffisait d'avoir terrassé un pouvoir qui menaçait son indépendance ; mais le coup dont il l'atteignit l'abattit pour jamais. A partir de ce moment, l'histoire de la papauté devient celle de son abaissement et parfois de sa servitude. C'était à l'immense prestige dont elle avait été si longtemps environnée qu'elle avait dû sa puissance. Dès que ce prestige s'évanouit, elle perdit ce qui faisait sa force et ne fut tout d'abord qu'un instrument aux mains de ceux qui l'avaient dégradée. Impuissant à la relever, Benoît XI essaya du moins d'en dissimuler la chute. Il leva les censures ecclésiastiques qui pesaient sur Philippe le Bel ; mais, en prévenant, à cet égard, la demande que ce prince allait lui adresser[2], il parut céder à des idées de clémence, et non à la contrainte. Il délivra également les Colonne des liens de l'excommunication ; mais il ne les réintégra point

---

[1]. M. Renan, dans le travail intitulé : *Un Publiciste du temps de Philippe le Bel* (*Revue des Deux-Mondes*, des 15 février et 1er mars 1871). Cf. Boutaric, *Étude sur Pierre Du Bois*, in-8°, Paris 1864 (extrait de la *Revue Contemporaine*).

[2]. « Tibi absenti, non petenti. » Voy. cette bulle dans Dupuy, p. 207.

dans leurs dignités, et défendit même la reconstruction de la ville de Palestrine[1]. Il voulut aller plus loin. Sans comprendre que la papauté était désormais trop faible pour frapper, il voulut châtier les auteurs de l'attentat d'Anagni et les cita à comparaître devant son tribunal[2]. Cette témérité lui coûta la vie[3].

Plus prudent que Benoît XI, Clément V ne chercha point à punir. Loin de dissimuler, comme son prédécesseur, la sujétion du Saint-Siège, il la rendit publique. Il se fit couronner à Lyon et vint demeurer en France, sous la main du roi. Il ne réintégra pas seulement ce prince dans tous les privilèges dont l'avait dépouillé Boniface, il lui en accorda de nouveaux[4]. Il mit à son service les revenus et l'influence de l'Église ; il lui accorda pour cinq ans les décimes sur le clergé[5] ; il nomma ses créatures aux plus hautes charges ecclésiastiques[6], gratifia son

---

1. Dupuy, p. 227, 228.
2. *Id.*, p. 232, 233, bulle *Flagitiosum scelus*.
3. Le P. Tosti accuse Philippe de cette mort. Nous croyons, avec M. Boutaric, que le roi n'avait pas d'intérêt à cette mort. Tel est, en effet, le caractère de ce prince, qu'on est réduit à des considérations de ce genre pour défendre son honneur. M. Renan, sans disculper entièrement Nogaret, à qui cet évènement était utile en le dispensant de comparaître, accuse de préférence ses compagnons Rainaldo de Supino ou Sciarra Colonne (*Revue des Deux-Mondes*, 1er avril 1872).
4. Notamment des dispenses générales pour les mariages de ses fils.
5. Baillet, p. 349.
6. Baluz., *Vitæ papar. Avenion.*, t. II, 85-88, et *passim*.

frère, Charles de Valois, du titre d'empereur de Constantinople[1], aida son fils aîné, Louis, à monter sur le trône de Navarre[2]. Sa complaisance n'eut d'égale que l'exigence de Philippe le Bel. A la demande de ce prince, il rétablit les Colonne dans leurs dignités[3], fit biffer sur les registres de Boniface les bulles qui offensaient l'autorité du roi, ordonna, sous peine d'excommunication, que les exemplaires en fussent partout supprimés; enfin il déclara solennellement Philippe pur de tout reproche dans ses attaques contre Boniface, et accorda une pleine absolution aux auteurs de l'attentat d'Anagni[4]. Son seul acte de sévérité fut d'imposer quelques pèlerinages à Nogaret à titre de pénitence; encore fut-ce Nogaret qui le demanda par scrupule de conscience[5]. Touché de ce témoignage de piété, le pape accorda même au scrupuleux légiste la permission d'avoir un autel portatif pour faire dire la messe dans les lieux interdits[6].

On peut se demander comment Clément V consentit à livrer ainsi l'honneur de l'Église. Des historiens ont parlé d'un lien de reconnaissance envers Philippe. Il lui dut en effet son élévation au pontificat; mais un sentiment louable ne porte pas un

1. Rayn., IV, p. 404. — Tosti, II, p. 374.
2. Rayn., IV, p. 423.
3. Baluz., *Vitæ papar. Avenion.*, t. II, 63.
4. Voir cette bulle dans Dupuy, p. 590-601.
5. Voir la fin de la bulle, *ibid.*, p. 601, 602.
6. Arch. nat., J. 688, n° 121.

homme à s'avilir. Le pacte même qu'au début de son élection il aurait, au dire de Villani, conclu avec le roi, n'est point une explication suffisante de semblables faiblesses. Clément se sentait menacé. En se montrant sévère, il pouvait craindre le sort de Benoît XI, frappé par ceux-là mêmes qu'il se préparait à punir. D'un autre côté, par le genre d'attaques auxquelles avait été exposé Boniface, il savait de quoi était capable le roi pour briser les résistances que rencontrait sa volonté; il l'apprit à ses dépens dans l'affaire des Templiers. Comme il ne se prêtait qu'avec lenteur aux mesures exigées de sa complaisance, Philippe rassembla les États généraux, fit circuler contre lui des pamphlets injurieux, usa en un mot de moyens analogues à ceux qu'il avait employés dans les premiers temps de sa rupture avec Boniface VIII. Enfin, une autre sorte de péril pesait sur Clément V. Le roi persistait à requérir la réunion d'un concile où Boniface aurait été condamné comme hérétique. Selon les usages suivis en matière d'hérésie, il ne s'agissait de rien moins que d'exhumer et de brûler publiquement le corps du pontife. Clément sentait que c'eût été là le comble des outrages faits à la papauté et à l'Église tout entière. Philippe le sentait aussi, et il se servit de cette menace pour faire du pape son esclave.

Toutefois, il faut reconnaître que Clément V ne montra pas toujours une égale condescendance pour le maître qui l'opprimait. Des documents, mis depuis peu en lumière [1], attestent que les Templiers furent arrêtés par l'ordre de Philippe sans la participation du pape; les mêmes documents établissent que Clément ne se prêta point au désir que nourrissait Philippe de voir transmettre à Charles de Valois l'Empire devenu vacant par la mort d'Albert d'Autriche, et qu'il favorisa secrètement l'élévation de Henri de Luxembourg [2]. Ce pape sut aussi arracher des mains de Philippe les biens des Templiers, que ce prince convoitait ardemment; enfin il ne céda point sur la question de Boniface, ou du moins obtint le désistement du roi en supprimant l'ordre du Temple, dont celui-ci demandait l'abolition. Mais qu'étaient-ce que ces efforts, en regard des nombreuses concessions auxquelles se prêta sa complaisance? Si, dans l'affaire de Boniface, il évita la condamnation qu'il redoutait, ne laissa-t-il pas souiller la mémoire du pontife dans un procès dont l'ignominie finit par révolter les consciences les moins sévères [3]? Qu'on lise d'ailleurs, dans le recueil de Baluze, la correspondance échangée entre Clément et Philippe sur la question des Templiers; c'est là qu'apparaissent les

1. Voir un travail de M. Boutaric intitulé : *Clément V, Philippe le Bel et les Templiers*, in-8º de 77 pages. Paris, Palmé, 1874 (Extr. de la *Revue des questions historiques*).
2. *Ibid.*, p. 61-77. (Dépêche de l'évêque de Bayeux à Philippe le Bel, 24 déc. 1309.)
3. Voy. l'historique de ce procès par M. Renan, *Revue des Deux-Mondes*, 15 avril 1872.

signes trop visibles de l'avilissement de la papauté. Qu'oppose le pontife aux coupables exigences d'un prince qu'il appelle son fils chéri, qu'il nomme « l'étoile éblouissante de la foi » [1]? Il temporise, et c'est tout ; il temporise, en alléguant les soins de sa santé, en parlant de potions, de médecines qui lui interdisent toute grave occupation [2]. Tout au plus demande-t-il à Philippe de prendre garde à ne pas compromettre trop ouvertement l'honneur du Saint-Siège [3].

Assurément, si l'on jugeait de la situation de la papauté par les seuls rapports de Clément V avec Philippe le Bel, on risquerait, au point de vue des faits, de commettre plus d'une erreur. Dans un récent travail sur ce pontife [4], M. Renan observe avec raison que la papauté, sujette en France, n'avait pas perdu toute influence en Europe. Clément V semble en effet, à l'exemple de ses prédécesseurs, y disposer des couronnes ; il réconcilie les souverains entre eux, avec leurs barons et leurs peuples, et transmet, au besoin, des ordres par ses légats. Ajoutons que, loin de se relâcher, l'autorité du Saint-Siège sur l'Église ne fit, sous Clément V, que s'étendre ou, pour mieux dire, se centraliser davantage. Mais cette autorité

---

1. « Inter cunctos principes catholicos orbis terræ te scimus, velut quoddam sydus lucidissima claritate coruscans, veræ religionis ac fidei pura... devotione clarere. » Baluz., II, 67.
2. Baluz., II, 91, 96 et *passim*.
3. Baluz., II, 63.
4. *Revue des Deux-Mondes*, 1er mars 1880.

même ne tardera pas à être brisée. Les désordres de l'Église, si souvent allégués par Philippe le Bel ou ses conseillers contre Boniface VIII, seront portés à leur comble lors du schisme qui divisera bientôt la catholicité ; et le jour n'est pas éloigné où les conciles, muets depuis des siècles, demanderont enfin le retour à l'ancienne constitution de l'Église, ouvrant ainsi la voie à la Réforme qui enlèvera au Saint-Siège la moitié de l'Europe. Quant à cet ascendant que, par le seul effet du caractère dont elle était revêtue, la papauté avait exercé si longtemps sur les souverains, ce n'est plus, en réalité, qu'un souvenir. Vainement voudrait-on saisir un écho, même affaibli, de la voix qui jadis réprimandait les rois et tempérait leurs violences. Cette voix cessa de se faire entendre à partir du jour où Boniface VIII entra dans la tombe. Avec lui y entra la papauté, telle du moins que jusque-là le monde l'avait connue. Or, ce n'était pas seulement un pouvoir qui disparaissait, c'était un principe et le plus grand de ceux qui avaient régné sur les intelligences. En elle s'était incarnée la foi qui, durant des siècles, avait été la vie de l'humanité. La société se trouva ainsi frappée du même coup qui avait atteint la papauté, et désormais, comme l'a dit Michelet, il faut, pour retrouver le moyen âge, descendre avec le Dante dans la région des morts.

APPENDICE I

INNOCENT III ET OTTON DE BRUNSWICK

INNOCENT III

ET

OTTON DE BRUNSWICK

Lorsque, le 24 janvier 1077, un empereur d'Allemagne, Henri IV, venait en suppliant solliciter à Canossa le pardon de Grégoire VII, une révolution, par ce seul fait, se trouva consommée. La théocratie fut ce jour-là définitivement établie, et l'on peut dire qu'à partir de ce moment l'Église, représentée par les papes, tint dans sa main les peuples et les rois. Jusque-là les empereurs étaient intervenus dans l'élection des pontifes. Les rôles furent dès lors renversés, et les pontifes, à leur tour, prétendirent intervenir dans l'élection des empereurs. Mais l'édifice théocratique élevé par Grégoire VII ne tarda pas à s'ébranler. Dès la fin du XIIe siècle, les souverains séculiers tendaient de toutes parts à se dégager de la tutelle de Rome. En Allemagne, ces tendances offrirent un caractère de vivacité qui tenait à la rivalité de deux puissances aspirant l'une et l'autre à dominer l'Italie. Plus d'une fois les empereurs songèrent à s'emparer des États du Saint-Siège, et peu s'en fallut qu'on ne vît, dès cet âge reculé, s'écrouler le pouvoir temporel des pontifes. De là pour la papauté une double préoccupation : sauvegarder ses États, gage de son indépendance, et maintenir vis-à-vis des puissances séculières son ascendant ébranlé. Cette double préoccupation caractérise une des luttes les plus violentes que le Saint-Siège ait jamais eu à soutenir contre les pouvoirs civils et que souleva Innocent III, dans les premières années du XIII° siècle, à l'occasion de la succession à la couronne d'Allemagne. Les diverses phases de ce débat, qui durant dix ans bouleversa l'Allemagne et inquiéta la chrétienté, se trouvent consignées dans un recueil où fut transcrite, par ordre d'Innocent III, toute la correspondance échangée à ce sujet entre lui et les principaux personnages de l'Europe [1]. On sent le prix d'un genre de documents qui ne fait pas seulement assister le lecteur au développement des faits, mais qui, montrant les passions et révélant les caractères, permet de saisir l'homme même au sein des évènements. Presque aucune des lettres qui composent ce recueil n'était datée dans le texte original. Elles l'ont été récemment par un savant de Berlin, M. August Potthast [2], et l'on peut aujourd'hui retracer,

---

1. Ce recueil, dont nous avons eu occasion de parler dans notre Étude sur Innocent III, est le *Registrum super negotio Imperii Romani*. L'abbé Migne l'a inséré dans sa collection des lettres de ce pape. C'est à cette édition que nous nous reportons pour toutes les citations que nous ferons de ce précieux registre.

2. Voir le premier volume de son *Regesta pontificum*.

dans sa succession rigoureuse, un conflit qui n'est pas seulement un des plus dramatiques du moyen âge, mais où se dénote, par des traits caractéristiques, cette naissante résistance des pouvoirs civils devant lesquels devait, un siècle plus tard, succomber Boniface VIII [1].

I

Le 28 septembre 1197 expirait à Messine, à l'âge de trente-deux ans, l'empereur d'Allemagne Henri VI, de l'illustre maison des Hohenstaufen, fils et successeur de ce Frédéric Barberousse qui périt si misérablement, en Asie, dans les eaux du Cydnus. On sait que, tandis que les plus importantes couronnes de l'Europe étaient héréditaires, la couronne d'Allemagne, qui dès l'ori-

[1]. Il est superflu d'avertir le lecteur que, conformément à l'esprit qui a dirigé nos précédentes Études, nous nous sommes attaché particulièrement, dans le tableau de ces évènements, à mettre en relief l'attitude et le rôle d'Innocent III. C'est la raison pour laquelle nous nous sommes appuyé presque uniquement sur le *Registrum imperii*. Quant aux faits qui touchent plus spécialement l'Allemagne, on pourra consulter un excellent travail que vient de publier M. Édouard Winkelmann, dans les deux volumes des *Jahrbücher der deutschen Geschichte unter Philipp von Schwaben und Otto von Braunschweig*. Voy., sur ce travail, la *Revue historique* de sept.-oct. 1880, p. 118-120. On pourra trouver aussi quelques utiles indications dans un écrit de M. Scheffer-Boichorst, intitulé : *Deutschland und Philipp II August von Frankreich*, et publié par lui dans les Forschungen zur deutschen Geschichte, t. VIII, Gœttingen, 1868.

gine se transmettait au moyen de l'élection, demeura élective, en des conditions variables, jusqu'à l'avènement de François II, le vaincu d'Austerlitz. Ce n'est pas que les empereurs n'eussent tenté souvent de la rendre héréditaire. Henri VI, qui laissait à la tête du royaume de Sicile un fils âgé de trois ans, — le même qui devait s'illustrer plus tard sous le nom de Frédéric II, — avait échoué dans cette entreprise. Il voulut du moins assurer l'élection de celui qu'il ne pouvait faire son héritier; il obtint des princes allemands un serment de complaisance qu'après sa mort ils se hâtèrent d'oublier [1]. A cette époque reculée, l'élection des empereurs, à laquelle prenaient part, à des titres divers, non seulement les princes ecclésiastiques et séculiers, mais nombre de personnages d'un ordre secondaire, soulevait déjà les mêmes troubles qui, dans les temps modernes et jusqu'au XVIII° siècle, ont agité l'Allemagne à chaque vacance de l'empire [2]. Les promesses, la corruption, l'intrigue étaient mises au service d'une candidature où les questions de personne ou de parti passaient bien avant l'intérêt général du pays. On achetait les suffrages par l'argent, les distinctions, les faveurs. L'argent surtout était indispensable. Deux princes à qui, dans la circonstance dont il s'agit, on avait offert la couronne, déclinèrent cet honneur par l'impossibilité de subvenir aux frais considérables qu'allait coûter leur élection [3].

1. Lettre de Philippe de Souabe à Innocent III. Ep. 136.
2. Voyez, en ce qui concerne le XVI° siècle, le beau travail de M. Mignet sur la *Rivalité de François I*er *et de Charles-Quint*, Paris, Didier, 2 vol. in-8°.
3. Ces deux princes étaient Berthold de Zæhringen et le duc Bernard de Saxe. Voici ce que disait, à leur sujet, Philippe de Souabe

On conçoit, d'après cela, l'émotion que dut causer la mort inattendue de Henri VI. En un moment, disent les contemporains, l'Allemagne devint semblable à une mer que tous les vents ont soulevée [1].

Deux partis rivaux naquirent de cette agitation. Une portion des électeurs se déclara pour le frère puîné de l'empereur défunt, Philippe, duc de Souabe, qui, après avoir vainement tenté de ramener les suffrages sur Frédéric de Sicile, consentit à sa propre élection. Les autres électeurs, qui obéissaient à l'influence du puissant archevêque de Cologne, un ennemi des Hohenstaufen, portèrent leur choix sur Otton de Brunswick, neveu de Richard Cœur de Lion, roi d'Angleterre. Ce prince, plus connu dans l'histoire sous le nom d'Otton IV, et que devait un jour rendre célèbre en France sa défaite à la bataille de Bouvines, ne se trouvait point alors en Allemagne. Informé du choix dont il était l'objet, il arriva au lieu fixé pour l'élection avec une grande quantité d'argent et d'objets de prix que cinquante chevaux, dit-on, transportaient à sa suite [2]. Peu

---

dans une lettre au pape (Ep. 136) : « Quidam principum cum duce Bertoldo Zaringiæ tractatum habere cœperunt ut ipsi eum in regem eligerent, pro quo ipse cum eis plus quam sex millia marcarum expendit : qui, cum post multam hanc expensam in negotio processum optatum habere non posset, ipse, tanto labori et futuris expensis se subtrahens, ab incepto negotio conticuit. Tunc iidem principes cum duce Bernardo Saxoniæ consimilem cœperunt habere tractatum ; et ipse de partibus Saxoniæ... Andernacum venit, sub hac spe quod ab eis eligi deberet in regem : sed cum ipse... videret hoc non posse fieri sine pecuniæ suæ maxima effusione.... se subtraxit ab eis ingeniose. »

1. « Totam terram (Alemanniæ) non minus turbatam invenimus quam mare ab omnibus ventis posset conturbari. » Ep. 136.

2. Arn. Lub. VII, 15, *mon. germ.* SS. T. 21, p. 246.

après, il recevait la couronne, à Aix-la-Chapelle, des mains de l'archevêque de Cologne. De son côté, Philippe se faisait couronner, à son exemple, dans l'église de Mayence. Inutile de dire que chacun des deux princes distribua autour de lui les dons et les faveurs. Tandis que l'archevêque de Cologne, auteur de l'élévation d'Otton, recevait deux duchés pour son compte, le duc de Bohême, un des plus chauds partisans de Philippe, obtenait le titre de roi [1]. De cette double élection sortit la guerre civile. De premières hostilités eurent lieu sous les murs de Cologne [2], marquées au coin de cette brutalité que, dans le langage des peuples plus doux de l'Italie, on nommait déjà *la manière allemande*. Elles ne produisirent de résultat décisif pour aucun des deux partis.

Cependant, à considérer les forces respectives des deux compétiteurs, l'issue de la lutte ne pouvait être douteuse. Otton, dont la famille avait été proscrite et dépouillée par Frédéric Barberousse, n'avait presque point de possessions en Allemagne; et, sans les libéralités de Richard, roi d'Angleterre, qu'animait une rancune personnelle contre les Hohenstaufen [3], il eût même manqué des moyens nécessaires pour entretenir le zèle de ses partisans et subvenir aux besoins d'une armée. Plus heureux que son rival, Philippe joignait aux

1. Arn. Lub., VI, 1, 2.
2. Chron. Ursp. *mon. germ.* SS. T. 23, p. 367, 368. Cf. Arn. Lub., loc. cit.
3. On sait qu'à son retour de la Terre Sainte, en 1194, ce prince avait été retenu captif en Allemagne par l'empereur Henri VI. Voy. Zeller, *Captivité de Richard Cœur-de-Lion*, dans le *Journal des Savants*, décembre 1880-janvier 1881.

vastes et riches domaines des Hohenstaufen, que l'héritage des Welf devait bientôt accroître, la ressource de trésors considérables [1]; en outre, il avait pour allié le roi de France, Philippe-Auguste, qui, en hostilité lui-même avec le roi d'Angleterre, se montrait peu désireux de voir la famille de ce monarque étendre sa puissance en Europe. Enfin, tandis que Philippe était reconnu par la plupart des princes de l'Allemagne, Otton ne comptait qu'un petit nombre d'adhérents; et, parmi eux, il n'y avait guère que le duc de Brabant et Baudouin, comte de Flandre, — le futur fondateur de l'empire latin de Constantinople, — qui eussent, avec l'archevêque de Cologne, une véritable influence. Mais ce n'étaient là que les côtés apparents de la situation. D'après les traditions, l'empereur, couronné une première fois en Allemagne, le devait être une seconde fois à Rome par les mains du pape, et ce second couronnement conférait seul un titre définitif à la dignité impériale. Il avait été facile aux papes, une fois maîtres de la chrétienté, d'établir pour le Saint-Siège le droit d'approuver préalablement une élection qu'en vertu de ces traditions il lui appartenait de consommer. A l'époque dont nous parlons, ce droit d'approbation, bien que contesté déjà, avait encore toute sa force. C'était donc du pape, en somme, que dépendait la situation. Or, le pontife appelé à la résoudre n'était plus celui qui occupait le Saint-Siège à la mort de Henri VI. Depuis le 8 janvier 1198, un nouveau pape, Innocent III, était monté sur la chaire de saint Pierre.

1. Ep. 136.

Agé alors de trente-huit ans, Innocent III n'était point ce fanatique qu'on s'est accoutumé à juger à travers les souvenirs de cette guerre de ruines, de sang et de feu qu'on nomme la guerre des Albigeois. Il partageait, il est vrai, les idées de Grégoire VII, mais il n'en n'avait ni le génie ni l'ardeur passionnée. C'était un esprit réfléchi et tenace. Dans ses entreprises, une fois décidé, il allait jusqu'au bout. Mais il n'aimait à engager son autorité que sûr de réussir, et il usait de tous les ressorts de la prudence avant d'imposer sa volonté. La guerre civile avait déjà éclaté en Allemagne, qu'il n'avait rien dit encore dans le débat. Non seulement l'Allemagne, que cette lutte divisait, mais l'Italie, l'Angleterre, la France attendaient qu'il se prononçât. Se contenterait-il, en arbitre équitable, de peser la valeur de l'élection et de comparer le nombre des suffrages ; ou, subordonnant ces conditions aux avantages du Saint-Siège, voudrait-il avant tout un prince qui se montrât dévoué aux intérêts de l'Église? Dans ce dernier cas, on devait supposer qu'il n'accueillerait qu'avec défiance les concessions que les compétiteurs sembleraient disposés à lui faire; car, porté à mal juger les hommes, au point d'avoir écrit un livre, déjà célèbre, sur la bassesse humaine[1], il n'ignorait pas à quels mensonges pouvait conduire le désir du succès. Il est vrai que, malgré ces idées, il manquait de clairvoyance. Or Philippe, qui joignait à une fermeté naturelle une invincible fierté, avait un caractère peu disposé aux concessions,

1. Ce livre, un des plus connus au moyen âge et l'un des premiers imprimés à la fin du XVe siècle, avait pour titre : *De Contemptu mundi*.

mais sûr. Otton, plus jeune de quelques années que son compétiteur et porté à la mollesse, était d'un caractère flexible jusqu'à l'humilité, mais incertain[1]. Entre ces trois hommes de nature et d'humeur différentes, la lutte allait se décider. Les princes ecclésiastiques et séculiers de l'Allemagne n'avaient qu'un rôle accessoire dans ce débat, étant prêts à se diriger en un sens ou un autre selon l'impulsion des évènements.

Il était difficile au pape d'être tout à fait impartial. Malgré les réclamations réitérées de la cour de Rome, les Hohenstaufen avaient gardé les possessions italiennes auxquelles prétendait le Saint-Siège en vertu d'un legs de la princesse Mathilde si chère à Grégoire VII. A diverses reprises, Frédéric Barberousse, Henri VI et Philippe lui-même avaient envahi les États pontificaux ; ce dernier avait même été excommunié pour ce fait par le prédécesseur d'Innocent III[2]. Ajoutons que, par leur persistance à s'approprier les biens que laissaient, après leur mort, les évêques de l'empire, ces princes s'étaient également attiré la réprobation du Saint-Siège. La famille d'Otton, au contraire, avait toujours montré pour la cour de Rome une grande condescendance, et lui-même semblait prendre à cœur de suivre cet exemple[3]. Le jour où il était couronné à Aix-la-Chapelle, il jura de ne jamais élever de prétentions sur la succession des princes ecclésiastiques et de restituer à l'Église romaine

---

1. Cette différence de caractère entre les deux princes ressort manifestement de leur correspondance.
2. Le pape Célestin III, mort le 8 janvier 1198.
3. *Deliberatio domini papæ Innocentii super facto imperii.* Ep. 19.

les États dont on l'avait dépouillée. En notifiant au pape son couronnement dans un message plein de respect et de soumission, il l'informait de ce double engagement et lui demandait de soutenir son élection contre Philippe, moins en raison de ses propres mérites que parce que celui-ci était un excommunié, un ennemi du Saint-Siège [1]. Avec ce message, Innocent III reçut plusieurs lettres, que lui écrivirent les partisans d'Otton, et qui toutes insistaient sur la piété de ce prince [2]. Le roi d'Angleterre en adressa deux successivement au saint-père, en le priant de confirmer Otton dans la dignité impériale : « Il n'y a pas, lui disait-il, deux princes dans le monde qui soient plus désireux que mon neveu et moi de servir Votre Majesté, et par le ministère desquels vous puissiez plus sûrement abattre les ennemis de la paix chrétienne [3]. » L'archevêque de Cologne protestait, de son côté, qu'en fixant son choix sur Otton, il n'avait eu en vue que l'intérêt de l'Église ; et il se portait garant des dispositions de ce prince à réintégrer le Saint-Siège dans son entier patrimoine [4].

En ce qui regarde Philippe, soit que sa fierté le détournât du rôle de solliciteur, soit qu'il pensât triom-

1. Ep. 3.
2. Notamment des lettres de Baudouin, comte de Flandre, du podestat de Milan, du comte de Dagsburg et de Metz, plus une lettre collective d'un certain nombre de barons et de prélats allemands. Ep. 6, 7, 8, 10.
3. « Nec vivunt in mundo duo principes christiani qui adeo desiderabiliter vestræ majestati studeant deservire, et quorum ministerio facilius possitis totius Christianæ pacis adversarios expugnare. » Ep. 4. Cf. ep. 5.
4. « Nos, pro patrimonio Ecclesiæ romanæ conservando, pro ipso domino rege spondemus atque fidejubemus. » Ep. 9.

pher aisément de son rival, on le vit, pendant plus d'une année après son couronnement, s'abstenir de toute démarche auprès d'Innocent III. Il dut cependant avoir connaissance d'une lettre écrite au pape en sa faveur par le roi de France, Philippe-Auguste. Poussé par son inimitié personnelle contre la famille de Richard, ce monarque demandait au pontife de favoriser Philippe et de ne point consacrer de son assentiment les menées du roi d'Angleterre, qui, en semant l'argent de tous côtés, prétendait imposer son neveu à l'Allemagne[1]. Cette lettre, très courte, assez peu respectueuse et qui, sur l'article important des dispositions de Philippe à l'égard du Saint-Siège, ne contenait que de vagues déclarations, n'était pas faite pour attirer le pape au candidat du roi de France.

Quels que fussent, à l'origine, ses véritables sentiments, Innocent III n'avait pas attendu cette démarche de Philippe-Auguste pour sortir de son silence. Par une circulaire envoyée depuis peu en Allemagne, il avait exhorté les électeurs à s'en remettre au Saint-Siège du soin d'apaiser leur différend[2]. Cette mission d'arbitre qui, en laissant à la papauté un rôle prépondérant, eût terminé le débat par des voies conciliantes, plaisait à la prudence d'Innocent III. Mais il attendit vainement l'effet de ses exhortations; les princes ne se montrèrent point désireux d'abdiquer leur liberté entre les mains du pontife.

Telle était la situation, lorsque Richard vint à mou-

1. « Cum rex Angliæ per fas et nefas pecunia sua mediante nepotem suum ad imperialem apicem conetur intrudere... » Ep. 13.
2. Ep. 2.

rir¹. Bien que, par testament, il laissât à son neveu des sommes considérables pour l'aider dans sa lutte contre Philippe, Otton sentit le coup que cette mort portait à ses intérêts. Il écrivit au pape qu'il mettait désormais en lui son unique espoir²; il lui renouvela, dans les termes les plus vifs, toutes ses promesses en faveur de l'Église, protestant qu'il ne désirait la couronne que pour veiller aux intérêts du Saint-Siège. Ce n'était plus seulement du respect, mais de la tendresse que marquait son langage. « Tous les sentiments qu'un père peut souhaiter dans un fils, lui disait-il, vous les trouverez en moi. »

Otton ne se trompait pas en redoutant les conséquences de la mort de Richard. Plusieurs des princes qui avaient embrassé son parti passèrent du côté de Philippe. Celui-ci dut croire son triomphe assuré; et ce fut vraisemblablement sous l'impression de cette confiance qu'il envoya à Rome des députés chargés de s'entendre avec le pape sur les affaires de l'empire³. Le saint-père se plaignit aux députés que le différend dont souffrait l'Allemagne n'eût pas été, dès le début, déféré au Saint-Siège, leur parla longuement de la supériorité du sacerdoce sur les pouvoirs temporels, mais refusa, quant au reste, d'entrer dans aucune explication⁴. Cette démarche était appuyée d'une lettre collective qu'adressaient au pape les principaux adhérents de

1. Le 6 avril 1199.
2. « Testis nobis sit Deus quod post mortem avunculi notri regis Richardi unicum nobis estis solatium et adjutorium. » Ep. 19.
3. Voir une lettre de Philippe de Souabe. Ep. 17.
4. *Responsio domini papæ facta nunciis Philippi in consistorio.* Ep. 18.

Philippe. Cette lettre sèche, hautaine, où les noms des signataires et la pompeuse désignation de leurs titres remplissaient près de la moitié du texte, ne disait rien d'Otton, ne le nommait même pas, demandait à peine pour Philippe la bienveillance du Saint-Siège, et annonçait, en termes presque menaçants, que, sous peu, ce prince viendrait à Rome, en force et accompagné de ses partisans, pour ceindre la couronne impériale [1]. On conçoit qu'un tel message dut froisser Innocent III. Il répondit cependant, mais pour déclarer à ses auteurs que c'était à lui d'appeler à Rome le prince qui devait être couronné; qu'il connaissait ce qui se passait en Allemagne; qu'il avait déjà examiné le mérite des deux élus et les conditions de leur élection, et qu'il se réservait de décider ce qui lui semblerait le plus avantageux pour la gloire de Dieu, l'honneur du Saint-Siège et la dignité de l'empire [2].

Cette réponse et le discours adressé aux messagers de Philippe suffiraient à révéler les secrètes dispositions d'Innocent III, si l'on ne savait, par ses aveux ultérieurs, qu'il était déjà décidé pour Otton lors de la mort de Richard, et que cette mort même ne changea point ses sentiments. Le silence qu'il gardait encore sur ses dispositions n'indiquait pas qu'il eût conservé l'espoir de se voir pris pour arbitre par les princes de l'Allemagne; mais il ne croyait pas impossible de les

---

1. « Certissimè (sciatis) quod omnibus viribus quibus possumus Romam in brevi cum ipso (Philippo) domino nostro, Divinitate propitia, veniemus pro imperatoriæ coronationis dignitate ipsi sublimiter obtinenda. » Ep. 14.

2. Ep. 15.

amener à se rallier d'eux-mêmes au candidat de son choix, sans avoir besoin d'user de son autorité pour le leur imposer. Un moment il pensa réussir. Il chargea un prélat [1], en qui il avait confiance, d'opérer l'accord entre les électeurs et de les déterminer par son influence à réunir leurs sympathies sur Otton. Mais, soit que les partisans de Philippe se fussent montrés récalcitrants, soit plutôt que le délégué du Saint-Siège, favorable en lui-même à Philippe ou gagné par ses libéralités, eût agi contrairement aux intentions du pontife, tout se réduisit à de vains pourparlers [2].

Cependant le parti d'Otton faiblissait de plus en plus. L'un de ses plus puissants auxiliaires, Baudouin, comte de Flandre, était alors sur le chemin de Constantinople. En outre, de nouvelles défections avaient eu lieu. Ces défections étaient d'autant plus préjudiciables, qu'en retirant leur adhésion les princes gardaient le prix, souvent considérable, dont on l'avait achetée. Ainsi arriva-t-il pour l'archevêque de Trèves et le landgrave de Thuringe, qui, en se ralliant à Philippe, ne restituèrent point les sommes qui avaient payé leurs suffrages [3]. Un mariage projeté, dès l'origine, entre la

1. L'archevêque de Mayence.
2. Voir, à ce sujet, une lettre d'Otton au pape et une autre lettre de celui-ci à l'archevêque de Mayence. Ep. 20, 22.
3. « Gravem contra te nobis... Coloniensis archiepiscopus querimoniam destinavit, quod, cum ei juramento præstito promisisses te recepturum et habiturum pro rege quem ipse reciperet et haberet, et, ut hoc plenius observares, thesaurum Coloniensis ecclesiæ pro certa tibi pecunia obligasset, tu hactenus nec juramentum servasti, nec restituisti thesaurum. » Ep. 26 (Lettre du pape à l'archevêque de Trèves). Pour le landgrave de Thuringe, voy. Ep. 27 (Lettre du pape à l'archevêque de Mayence).

fille du duc de Brabant et Otton, mariage des plus utiles à la cause de ce prince, fut également sur le point de se rompre [1]. Enfin, malgré les avertissements de la cour de Rome, le nouveau roi d'Angleterre, Jean sans Terre, qui avait succédé à son frère Richard, ne se hâtait point d'exécuter le legs fait par ce monarque en faveur de son neveu [2].

Dans ces conjonctures, Innocent III résolut de se déclarer publiquement pour Otton. La détermination était grave. Il craignit d'en porter seul la responsabilité. Il assembla ses cardinaux, et, ouvrant avec eux une délibération sur les affaires de l'Allemagne, dicta un résumé des conclusions qui fut conservé, comme mémoire, dans les archives pontificales. Dans cet acte, le pape établissait les mérites respectifs des deux compétiteurs. Il admettait que l'élection de Philippe était seule valable, si l'on considérait l'autorité et le nombre des électeurs. Mais, ajoutait-il, ce prince a été excommunié et n'est pas encore relevé de son excommunication. En outre, il a empiété sur le patrimoine de saint Pierre; car non seulement il a osé s'intituler publiquement duc de Toscane et de Campanie, mais il a prétendu qu'il avait droit sur ces États jusqu'aux portes de Rome et que la partie même de Rome, sise au-delà du Tibre, relevait de sa juridiction. Enfin, si Philippe succède à son frère Henri, lequel a lui-même succédé à son père Frédéric, les constitutions de l'empire sont visiblement lésées, puisque, d'élective qu'elle doit être, la couronne, en fait, devient héréditaire. Or, aucune

1. Ep. 23.
2. Lettre d'Innocent III au roi d'Angleterre. Ep. 28.

de ces raisons ne peut être alléguée contre Otton, à qui l'on peut reprocher uniquement d'avoir été élu par un nombre moindre d'électeurs et de se trouver inégal en forces avec son adversaire. Otton, dévoué à l'Église et issu de princes recommandables comme lui par leur piété, doit donc être choisi à l'exclusion de Philippe[1].

Le fait d'excommunication allégué contre Philippe n'était qu'un prétexte; il y avait même telle circonstance, trop longue à rapporter, d'après laquelle ce prince pouvait se dire absous. Quant à l'argument tiré des constitutions de l'empire, il n'était pas acceptable. Le pape n'avait pas mission de les sauvegarder; et c'était aller directement contre la liberté des électeurs que d'établir, au nom de cette liberté, une catégorie d'éligibles. La véritable pensée que cachait cet argument et que le pape ne disait pas, c'était que son droit d'approbation dans l'élection des empereurs devenait purement fictif et s'annulait totalement, si l'hérédité se substituait en fait au principe d'élection. On voit qu'en somme tout se réduisait, dans l'esprit du pape, à des considérations fondées sur les dispositions des compétiteurs à l'égard du Saint-Siège. Tandis que Philippe prenait son point d'appui en Allemagne, Otton cherchait le sien à Rome. Le premier représentait le parti laïque et national, le second le parti ultramontain. Avec Otton, Innocent III atteignait un double but : il sauvegardait les États du Saint-Siège, avait même l'es-

---

1. *Deliberatio domini papæ Innocentii super facto imperii*, Ep. 29. Le texte de cette délibération comprend sept colonnes dans l'édition de l'abbé Migne.

poir de les étendre, et maintenait l'empire sous la tutelle du sacerdoce.

Au sortir de cette délibération, le pape fit rédiger, à l'adresse de tous les princes et seigneurs de l'Allemagne, une bulle où il leur enjoignait de reconnaître Otton comme souverain et déliait de leur serment ceux qui avaient juré fidélité à son rival [1]. En outre, une lettre particulière, destinée à Otton, l'informait de la faveur dont il était l'objet. Cette lettre, la première que lui eût encore adressée le Saint-Siège, portait en suscription ces mots significatifs : « *A l'illustre roi Otton, élu empereur des Romains* [2]. » L'un et l'autre message furent confiés à un notaire de la chancellerie apostolique et au cardinal Guido, évêque de Palestrine, que le pape envoya en Allemagne, à titre de légat, pour y présider en son nom à l'instauration d'Otton. A partir de ce moment, le débat entre dans une nouvelle phase. En même temps que l'intrigue se développe et s'anime, elle grandit par son objet. Il ne s'agit plus seulement de savoir à qui, de Philippe ou d'Otton, sera conservée la couronne, mais qui, de l'Église ou de la société temporelle, demeurera victorieuse. Il y avait alors trois ans que l'Allemagne était en proie aux dissensions et à la guerre civile.

1. Ep. 33 : « Universis tam ecclesiasticis quam sæcularibus principibus Alemanniæ. »
2. « Illustri regi Ottoni in Romanorum imperatorem electo. » Ep. 32. Cette lettre est du 1ᵉʳ mars 1201.

II

Les contemporains ont reproché, non sans raison, à Innocent III d'avoir sacrifié, dans ses préférences pour Otton, la paix de l'Allemagne aux intérêts du Saint-Siège. Sans l'intervention du pape, la lutte finissait. A la vérité, il ne croyait susciter qu'un trouble passager; il était persuadé que les injonctions de la cour de Rome auraient assez de force pour triompher des partis et rallier les suffrages. En attribuant cet ascendant au Saint-Siège, Innocent III se trompait. Ce pape, avec d'éminentes qualités, eut une intelligence médiocre des besoins et des tendances de son époque. Durant un pontificat de plus de dix-huit années, il s'épuisa en vains efforts pour ranimer la vivacité des premières croisades, sans se rendre compte que les imaginations désabusées cherchaient d'autres objets. Dans les nouveautés religieuses qui amenèrent le drame terrible de la guerre des Albigeois, il n'aperçut qu'une hérésie ordinaire, au lieu d'y voir un mouvement de réforme dont celui du xvi° siècle ne fut, à quelques égards, que le développement. Il se trompa de même dans les évènements d'Allemagne; il crut avoir à lutter uniquement contre des passions; il ne vit pas, dans la résistance opposée à ses desseins, les symptômes d'une révolution qui se produisait contre les idées théocratiques et qui tendait à détacher de toutes parts les gouvernements temporels du joug trop prolongé des pouvoirs spirituels.

En tout cas, c'était s'aventurer beaucoup que de ranimer la lutte sur le seul espoir que donnaient au Saint-Siège les témoignages de piété et les promesses réitérées d'Otton. Le pape eut peut-être le sentiment de cette situation. Dans la lettre qu'il avait adressée à ce prince, il disait : » Que Dieu, qui tient en sa main le cœur des rois, daigne éloigner du vôtre l'ingratitude et l'oubli, et qu'il vous inspire de consacrer votre vie à la gloire de son Église, qui ne vous a point délaissé dans l'infortune et vous a relevé au moment que vous succombiez[1]. » Les légats envoyés en Allemagne n'emportèrent pas seulement, avec cette lettre, la bulle collective destinée aux princes de l'empire; le pape leur remit en outre plus de cent lettres particulières adressées aux archevêques, évêques, ducs, margraves, comtes, nobles, à tous ceux enfin, ecclésiastiques ou laïques, qui, à un titre quelconque, pouvaient exercer quelque influence sur les affaires de l'Allemagne[2]. Dans chacune de ces

---

1. « Inspiret cordi tuo is qui corda principum habet in manu sua,... ut ea quæ acta sunt hactenus et aguntur et adhuc per nos circa te agentur in posterum fideliter in tuo corde reponas et ita memoriæ recommendas ut nec obliviosus videri valeas vel ingratus, sed ad apostolicæ sedis exaltationem potenter intendas, et ejus benevolentiam recognoscas, quæ, cum defecissent fere penitus vires tuæ, non te deseruit in adversis... » Ep. 32.

2. Ep. 30 à 46. A la fin de presque chacune de ces lettres, il est

lettres, il avait glissé les réflexions qui lui paraissaient le plus propres à persuader ou séduire celui auquel elle était destinée. A l'archevêque de Cologne il faisait sentir combien il était honorable pour lui de voir le Saint-Siège approuver un choix dont il avait pris l'initiative[1]. Au duc de Bohême il mandait que Philippe n'avait pas eu qualité pour lui conférer le titre de roi, mais que, s'il le demandait à Otton, ce prince ne manquerait pas de le lui concéder et que la cour de Rome s'empresserait de le ratifier[2]. Auprès des partisans de Philippe, il insistait sur le préjudice qu'apporterait à leurs libertés l'hérédité introduite de fait dans la transmission de la couronne. A tous il promettait de solliciter de la libéralité d'Otton les faveurs et les privilèges qu'ils pourraient souhaiter[3]. Il écrivit également aux rois de France et d'Angleterre[4]. A celui-ci il faisait valoir l'éclat qui rejaillissait sur sa personne de l'élévation de son neveu; à celui-là il disait d'avoir toute confiance dans les sentiments d'Otton, et se portait garant des bonnes dispositions de ce prince envers le royaume de France.

Munis de toutes ces lettres, les légats avaient quitté Rome au commencement de l'année 1201. A Aix-la-Chapelle, ils rencontrèrent Otton, déjà instruit de l'objet

dit, dans une note, qu'une lettre analogue a été adressée (*in eumdem modum scriptum est*) à tels princes ou prélats dont les noms sont désignés par le scribe.

1. Ep. 39.
2 Ep. 45.
3. « Eis qui super hoc monitis, consiliis et mandatis nostris humiliter acquieverint, super honoribus, dignitatibus et possessionibus suis apud prædictum regem et suos curabimus utiliter providere. » Ep. 33.
4. Ep. 47, 49.

de leur mission, et que leur arrivée transporta de joie. Invité par eux à donner au Saint-Siège un premier gage de sa reconnaissance, il se prêta de bonne grâce à cette demande. En leur présence, il jura solennellement de maintenir intacts les droits de la papauté et de la réintégrer dans ses anciens États. Il s'engagea en outre à renouveler ce serment à Rome au jour de son couronnement. Un scribe de la chancellerie pontificale, venu en Allemagne à la suite des légats, reçut par écrit cette double déclaration, en ayant soin d'y ajouter la mention nominative des États qui devaient être restitués. L'acte, ainsi dressé, fut envoyé à Rome [1]. Ce n'était là que la première partie de la tâche qui incombait aux légats. Dès leur arrivée sur les terres de l'empire, ils avaient convoqué tous les princes ecclésiastiques et séculiers à une assemblée générale, où devait être lue la bulle pontificale qui leur enjoignait de reconnaître Otton comme légitime souverain. Cologne était le lieu fixé pour l'assemblée. Très peu se rendirent à cet appel. Les uns n'avaient pas reçu l'avis de convocation, les messagers envoyés vers eux ayant été tués en route; d'autres, avertis, n'osèrent venir, à cause du peu de sûreté des chemins ou par crainte du parti qui leur était hostile; beaucoup manquèrent à dessein; les évêques de Mayence, de Spire, de Worms, allèrent jusqu'à fermer leurs villes et leurs palais aux messagers des légats [2]. Si peu nombreuse que fût l'assistance, com-

1. Voir cet acte au n° 77 du *Registrum imperii* sous ce titre : Juramentum regis illustris Ottonis in imperatorem Romanorum electi.
2. « Cum quo (Ottone) ingressi Coloniam, principes quosdam

posée presque uniquement des adhérents qu'Otton avait pu conserver encore, l'évêque de Palestrine ne laissa pas de lire la bulle pontificale, et, au nom d'Innocent III, proclama Otton empereur, avec menace d'excommunication contre tous ceux qui s'opposeraient à l'élu du Saint-Siège. Il renouvela peu après la même solennité à Corbey, sans que les princes, mandés par lui à cette seconde assemblée, eussent montré plus d'empressement à s'y rendre. Il se disposait à faire un troisième et dernier appel, résolu cette fois à frapper d'excommunication tous les absents, lorsque, sur le conseil des partisans d'Otton, il s'occupa d'une négociation dont le succès importait, d'après eux, plus que toute autre chose, aux intérêts de ce prince; c'était d'assurer son union avec la fille du duc de Brabant, lequel se montrait toujours hésitant dans ses sympathies pour Otton. Afin de produire sur l'esprit du duc une impression décisive, on prépara, dans Maëstricht, une brillante solennité où, avec plus d'appareil encore qu'on n'avait fait à Cologne et en présence d'un grand nombre de nobles mandés à dessein de divers côtés, on lut la bulle qui conférait à Otton la dignité impériale. Profitant d'un moment d'enthousiasme, le légat obtint sans peine le renouvellement des fiançailles[1]. Gagné par l'entraînement géné-

ibidem die ipsis præfixa recepimus. Ad quosdam enim mandatum nostrum pervenire non potuit; quidam, suscepto etiam mandato, penitus accedere nequiverunt, et quidem venire noluerunt : et hoc eos noluisse deprehendimus, quia, ne nostros reciperent nuntios, civitates et domus suas clausisse feruntur, Maguntinus præcipue, Spirensis et Wormaciensis. Quidam præterea nuntii, super eodem negotio a quibusdam principibus directi, suspendio perierunt. » Ep. 51 (Lettre de l'évêque de Palestrine au pape).

1. « Per juramenta nobilium ex utraque parte matrimonii fuit

ral, le duc de Brabant donna publiquement à Otton le titre de fils; et, peu après, il rendait un édit où il appelait aux armes ses proches, ses vassaux et tous les hommes de ses domaines, pour soutenir le fiancé de sa fille contre son indigne compétiteur.

Ces détails nous sont connus par un message que les légats adressèrent au Saint-Siège[1]. Le ton de ce message attestait chez ses auteurs plus de zèle que d'impartialité. D'après eux, on ne devait pas mettre en doute le succès de l'œuvre qu'ils avaient mission d'accomplir. Ils annonçaient la levée d'une armée de cent mille hommes «à laquelle aucune force ne pourrait résister[2]». Déjà, disaient-ils, plusieurs des amis de Philippe se sont ralliés à nous, et nous avons lieu de croire qu'après ceux-ci d'autres viendront. Leur confiance ne les portait pas cependant jusqu'à dissimuler au pontife l'opposition qu'ils rencontraient. De leur aveu, la colère était grande dans le parti de Philippe. Ce prince disait hautement que le pape ne le combattait avec cette violence que parce qu'il ne lui avait pas demandé la permission de régner, et que, si aucun empereur ne pouvait être élu sans la volonté du Saint-Siège, c'en était fait des libertés de l'Allemagne[3]. Ils ajoutaient qu'à

negotium confirmatum. » Ep. 52 (Lettre de Philippe, notaire apostolique, au pape).

1. Ep. 51, 52.

2. « Omnes amicos suos et consanguineos invitavit (dux Brabantiæ) ad bellum, ita quod... rex (Otto), tam cum duce quam cum domino Coloniensi et comite Palatino fratre suo,... et aliis episcopis, comitibus et magnatibus terræ, in expeditionem producet centum millia armatorum; nec creditur quod aliquis eis resistere valeat. » Ep. 52.

3. « Conqueritur de vobis dux Sueviæ et de Romana ecclesia coram

leur arrivée les esprits étaient tellement excités contre la cour de Rome, qu'il avait été un moment question d'élire un troisième empereur.

Innocent III, en félicitant ses légats de leur zèle, s'efforça de le stimuler encore. Il leur prescrivit de poursuivre leur œuvre « sans regarder en arrière », de procéder toutefois avec prudence, en ayant soin de déclarer, dans leurs discours non moins que dans leurs écrits, que le Saint-Siège n'agissait que dans l'intérêt du droit et de la liberté des princes [1]. Afin d'accélérer la tâche de ses légats, il fit de nouveau expédier par sa chancellerie nombre de lettres adressées à tous les archevêques, évêques, abbés, ducs, comtes et margraves de l'empire, avec les ordres les plus pressants de se déclarer pour Otton [2]. En même temps, il écrivait au roi d'Angleterre et l'exhortait à prêter à son neveu une assistance efficace [3]. Il écrivit à Otton lui-même, pour affermir son courage contre les difficultés. « A aucun moment ne doutez de moi, lui disait-il ; sur ce que j'ai une fois décidé, je ne reviendrai jamais [4]. »

---

ipsis, dicens quod ea sola ratione invehimini contra ipsum, quia sine licentia vestra voluerit imperare, eos intelligere faciens quod ex hoc deperit libertas eorum et nemo præter voluntatem Romani pontificis poterit imperare. » *Ibid.*

1. Ep. 56.
2. Ep. 58, 59. Ces deux lettres, adressées l'une à l'archevêque de Trèves et l'autre à l'évêque de Paderborn, sont chacune suivies de notes indiquant que des lettres semblables ont été envoyées à un nombre considérable de prélats et de barons.
3. Ep. 60.
4. « Ex quo cæpimus, usque in finem auxilium tibi præstabimus, nec unquam reprobabimus... quod semel noscimur approbasse. » Ep. 57.

Si le pape avait partagé d'abord l'entière illusion de ses légats, il ne tarda pas à être désabusé. L'archevêque de Salzbourg, envoyé à Rome par les partisans de Philippe, lui remit en leur nom un acte de protestation, rédigé dans les termes les plus vifs, contre ce qui se passait en Allemagne. A cet acte avaient adhéré personnellement les archevêques de Magdebourg et de Brême, onze évêques, trois abbés, le roi de Bohême, les ducs de Zæhringen, de Saxe, d'Autriche, de Méranie, le landgrave de Thuringe, les margraves de Moravie, de Misnie, de Brandebourg et plusieurs comtes. Les auteurs de la protestation déclaraient persister énergiquement dans le choix que, conformément à leurs droits, ils avaient fait de Philippe. N'osant adresser directement au pape les expressions de leur ressentiment, ils accusaient son principal légat, l'évêque de Palestrine, reprochaient avec force à ce prélat d'avoir voulu, contre toute légalité, intervenir comme électeur ou comme juge dans une affaire qui les concernait seuls. Puis, s'élevant au principe du débat : « Où avez-vous lu, ô souverains pontifes, s'écriaient-ils, où avez-vous appris, vous, cardinaux, que vos prédécesseurs ou leurs envoyés fussent jamais intervenus dans l'élection des empereurs? Il vous serait impossible de répondre, car vous n'ignorez pas que, selon un antique privilège de la couronne impériale, c'était au contraire l'élection des papes qui ne pouvait avoir lieu sans l'assentiment des empereurs, et que ceux-ci n'ont renoncé à ce droit d'approbation que par un effet de leur pieuse munificence[1]. » Avec cette

1. « Ubinam legistis, o summi pontifices, ubi audistis, sancti patres, totius Ecclesiæ cardinales, antecessores vestros vel

protestation, Innocent III reçut une lettre non moins vive du roi de France, qui, très peu disposé, de son côté, à souffrir l'intervention du Saint-Siège dans ses propres affaires, eût, par cette seule raison, fait cause commune avec les partisans de Philippe. « Je m'étonne, lui écrivait ce monarque, de votre insistance à protéger un prince que ses intérêts de famille rendent ennemi de mon royaume. Que Votre Sainteté le sache bien, je regarde l'élévation de ce prince, à laquelle vous vous attachez d'une manière aussi inconsidérée, non seulement comme une injure pour ma couronne, mais comme une honte pour tous les rois chrétiens. Que si vous persistez en vos desseins, je saurai, en temps et lieu, prendre les mesures nécessaires [1]. »

Innocent III ne se laissa point émouvoir par ces marques d'opposition. Il répondit d'abord à la protestation que lui avaient adressée les partisans de Philippe. Dans cette réponse, qui a l'étendue d'un véritable mémoire, il répète toutes les raisons qu'il a eues de préférer Otton, insiste sur le préjudice que l'élévation de Philippe cause à la liberté des princes, s'efforce, non sans embarras, de justifier son légat des empiétements dont on l'accuse, et, abordant à son tour le fond du débat : « Si vous avez le droit incontestable de choisir un sou-

eorum missos Romanorum regum se electionibus immiscuisse...? » Ep. 61.

1. « Vestra noscat sanctitas quod hujusmodi promotio, quam non considerata ratione intenditis facere, non tantum in injuriam regni Francorum, verum etiam in omnium regum catholicorum ignominiam noscitur redundare... Quod si in hujusmodi proposito vestro volueritis perseverare, nos ad id competens consilium pro loco et tempore curabimus adhibere. » Ep. 63.

verain et de l'élever à l'empire par vos suffrages, j'ai, de mon côté, le droit absolu de m'enquérir des mérites d'un prince qu'en ma qualité de souverain pontife je dois ensuite oindre, sacrer et couronner. Le droit d'imposer les mains implique nécessairement le droit d'enquête à l'égard de la personne sur laquelle il s'exerce; la raison se trouve en cela d'accord avec l'usage. Or, s'il vous plaisait d'élire pour empereur, à l'unanimité, un spoliateur des églises, un excommunié, un sacrilège, un hérétique ou un païen, croyez-vous que le seul fait de votre choix me pût contraindre à lui conférer la couronne[1]? » Il ne laissa pas non plus sans réponse les observations du roi de France. Par une lettre remplie de protestations d'amitié, il le rassura encore une fois sur les dispositions d'Otton, déclara qu'au besoin il le protégerait contre Otton lui-même; après quoi, la lettre finie et datée, il ajouta en *post-scriptum* une remarque qu'il jugeait victorieuse, mais qui, on doit l'avouer, attestait de sa part moins de franchise que d'habileté : « Croyez-moi, disait-il, vous avez un intérêt des plus graves à ne point voir Philippe maître de l'Allemagne : je connais son ambition ; une fois empereur, il voudra enlever la Sicile à son neveu Frédéric et tournera ensuite ses vues de conquête sur votre propre royaume[2]. »

1. « Nunquid si principes, non solum in discordia, sed etiam in concordia, sacrilegum quemcumque vel excommunicatum in regem, tyrannum vel fatuum, hæreticum eligerent aut paganum, nos inungere, consecrare ac coronare hominem hujusmodi deberemus? Absit omnino! » Ep. 62.
2. Après la lettre datée, le pape ajoute en effet : « Sunt aliæ rationes quæ serenitatem tuam a favore Philippi retrahere satis debent et ad regis Ottonis auxilium invitare. Nosti enim quod si Phi-

Le pape ne s'en tint pas là. Présumant avec raison qu'Otton avait eu connaissance de la protestation envoyée à Rome par les amis de Philippe, il l'instruisit de la réponse qu'il avait faite, afin de lui ôter toute inquiétude[1]. Il somma de nouveau le roi d'Angleterre, toujours rebelle à ses exhortations, de délivrer à son neveu le legs important de Richard[2]. Enfin il adressa les admonestations les plus sévères aux prélats qui s'opposaient à ses desseins. Plusieurs même subirent le poids des châtiments ecclésiastiques. L'archevêque de Magdebourg se vit frappé d'excommunication. Les évêques de Passau, de Spire, reçurent l'ordre de venir à Rome rendre compte de leur conduite, sous peine d'être suspendus de leurs fonctions. L'archevêque de Trèves, déjà puni d'excommunication, se vit en outre menacé de déposition si, dans un délai déterminé, il ne retournait à d'autres sentiments[3].

Innocent III voyait avec peine, d'après les informations qu'il recevait, que ses exhortations et ses menaces demeuraient sans effet. Une plus forte épreuve était réservée à sa constance. Il apprit que l'archevêque de Cologne, sur la conduite duquel, depuis quelque temps, les rapports de ses légats éveillaient sa défiance, avait fait défection. Une somme de 9,000 marcs, avec pro-

---

lippus... imperium obtineret, saltem occasione nepotis, cujus curam sibi vellet ratione sanguinis vindicare, regnum Siciliæ occuparet.. Quod si super hoc compleret... votum suum,... in superbiam jam elatus aliud cogitaret, et regnum Francorum sibi disponeret subjugare. » Ep. 64.

1. Ep. 65.
2. Ep. 69.
3. Voy. Ep. 70 à 75.

messe de le confirmer dans la possession des duchés qu'il tenait de la gratitude d'Otton, avait suffi pour le rallier à Philippe. Ce fut pour le pape un coup sensible. Dans une lettre pleine de douloureux reproches qu'il adressa au prélat sur ce sujet [1], il lui dit qu'il ne pouvait croire à une si étonnante nouvelle; qu'elle était sans doute une calomnie due aux manœuvres de ses ennemis; qu'il avait reçu de trop nombreuses preuves de son dévouement, pour ne pas être assuré de son concours dans l'achèvement d'une œuvre à laquelle ils avaient jusque-là l'un et l'autre appliqué leurs efforts. Non moins surpris qu'affligé de cette opposition des évêques, il eut un moment l'idée de convoquer un concile général [2]. Il ne voyait pas que, par cela même qu'ils étaient princes temporels en même temps que princes ecclésiastiques, les prélats aimaient tout autant complaire au maître placé près d'eux qu'obéir au Saint-Siège. De son côté, Otton, de plus en plus convaincu que la protection du pape était son unique ressource, lui envoyait messages sur messages, où il le fatiguait des expressions de sa piété et de sa reconnaissance. Le pape lui répondait, s'efforçant de soutenir son courage et lui disant qu'une affaire aussi considérable que celle qui l'intéressait, élevée par son objet au-dessus de toutes les affaires humaines, ne pouvait s'accomplir en un jour [3].

1. Ep. 80.
2. « Tua fraternitas non ignorat quod, cum multi archiepiscoporum et episcoporum fidem non teneant, juramenta non servent, et despiciant Petri claves, nobis suggeritur a plerisque ut, propter hoc et alias multas necessitates Ecclesiæ, generale concilium convocemus. » *Ibid.*
3. Ep. 81.

Cette persistance à soutenir une cause combattue de toutes parts paraissait si étrange, qu'on accusait ouvertement le pape de ne suivre que son sentiment personnel et d'agir contrairement à l'avis de ses cardinaux. Des lettres même circulèrent sous le nom de quelques-uns d'entre eux, desquelles on pouvait conclure à un complet désaccord dans l'entourage du pontife[1]. Ces lettres étaient-elles apocryphes, comme le prétendit Innocent III? On ne sait. Au dire des contemporains, la cour de Rome était loin de se montrer incorruptible; le pape avouait lui-même que des présents lui avaient été adressés à l'effet de le circonvenir, et il n'était pas impossible qu'on eût, par ce moyen, obtenu de quelques cardinaux des actes de complaisance. Innocent III coupa court à ces accusations par un écrit rendu public, où les cardinaux protestaient de leur entier accord avec les vues du Saint-Siège[2]. Peu après, se passa un fait qui obligea le pape à une démarche analogue. Philippe, qui voyait les affaires de son rival ruinées sans retour, envoya à Rome le prieur des Camaldules, afin de sonder les dispositions du pontife. Le prieur parla fortement en faveur de Philippe, assura le saint-père du désir de ce prince de se réconcilier avec l'Église; mais, malgré son insistance, il ne put arracher au pape d'autre réponse, sinon qu'il ne fermait

1. « Ipsi volentes auctoritati sedis apostolicæ derogare ac in dubium revocare quod facimus,... falsas præsumpserunt litteras exhibere, volentes quosdam ex fratribus nostris à nobis discordes ostendere, ac sic animos vestros a consiliis nostris et monitis revocare. » Ep. 85 (Lettre du pape aux princes de l'Allemagne).
2. Litteræ cardinalium ad universos tam ecclesiasticos quam sæculares principes Alemaniæ. Ep. 86.

point la voie du pardon à ceux qui rentraient dans le sein de l'Église et qu'il s'empresserait d'accueillir le repentir de Philippe. Le prieur revint en Allemagne. Peut-être exagéra-t-il les termes de bienveillance dont le pape s'était servi. Quoi qu'il en soit, le bruit se répandit que le pape avait chargé secrètement le prieur des Camaldules d'offrir l'empire à Philippe[1]. Ce bruit prit une telle consistance, qu'Innocent III se vit contraint d'écrire à Otton pour le démentir ; il déclara que, tout entier au service de Dieu, il n'était pas homme à suivre deux chemins à la fois et qu'il persévérait plus que jamais dans ses premiers desseins[2].

Sur ces entrefaites, Innocent III était tombé dangereusement malade. L'inutilité de ses efforts, l'étonnement, l'irritation de voir ses ordres méprisés, son impuissance à comprimer des hostilités sans cesse renaissantes entre les partis rivaux, tout cela, joint aux reproches, aux injures même qui lui étaient adressées et dont l'écho arrivait jusqu'à lui, ne semble pas avoir été étranger à son mal. La fausse nouvelle de sa mort ne tarda pas à pénétrer en Allemagne. Déjà on parlait de son successeur, d'un prétendu Clément, lequel allait sans doute intervenir avec de tout autres vues dans les affaires de l'empire[3]. La notification de son retour à la

---

1. « Sueviæ dux Philippus... fecit per Teutoniam divulgari quod priorem Camaldulensem ad ejus præsentiam miseramus, eum ad coronam imperii evocantes. » Ep. 90 (Lettre du pape à l'archevêque de Salzbourg).
2. Ep. 91.
3. « Crediderunt quidam ex infirmitate nostra se nocendi materiam assumpsisse, ac, nos mortuos mentientes, confinxerunt etiam quod nobis alius fuerat substitutus ; quem, ut eorum crederetur am-

santé arrêta toutes ces suppositions. A l'en croire, d'heureuses nouvelles qui lui parvinrent sur Otton hâtèrent sa guérison. Il sut que le roi d'Angleterre, sortant enfin de son inertie, s'était engagé par un traité à soutenir son neveu en hommes et en argent. Déjà lui-même avait obtenu précédemment la neutralité du roi de France. Indépendamment de ces avantages, le hasard des armes venait de donner à Otton quelques succès. Ce fut assez pour ramener à celui-ci des partisans. Instruit de ces circonstances, Innocent III, qui était encore convalescent, écrivit aussitôt aux princes les plus considérables de l'Allemagne, pour leur dire que les affaires d'Otton prospéraient, que son parti grandissait, et que, s'ils voulaient obtenir de ce prince quelques faveurs, ils devaient se hâter de lui rendre hommage, sans quoi, se présentant parmi les derniers, ils risquaient de voir déjà taries les sources de sa libéralité [1].

Les messages transmis par Otton justifiaient, dans l'esprit du saint-père, ce retour d'espérance. A la fin de l'année 1203, ce prince lui annonçait qu'il ne doutait plus du succès; qu'à cette heure il avait pour lui le roi de Bohême, le landgrave de Thuringe, le margrave de Moravie; que, dans quelques mois, il devait recevoir l'hommage des ducs d'Autriche et de Bavière, et que dès lors tout serait terminé. Cette lettre dut faire impression sur le pontife, non moins par l'importance des faits qui s'y

---

plius falsitati, vocavere pro sua voluntate Clementem; cui etiam cudentes novam bullam et litteras componentes, substitutionem illius nisi sunt per Teutoniam divulgare. » Ep. 96 (lettre du pape aux princes de l'Allemagne).

1. Ep. 97 à 102.

trouvaient rapportés, que par le ton d'enthousiaste confiance dont elle était animée. « Après Dieu, écrivait Otton, c'est à vous, ô saint-père, que je dois tout ; sans vous, sans votre constante faveur et votre inébranlable bonté, mes espérances n'eussent été que cendre et mes projets fussent tombés en poussière ; jusqu'à ma dernière heure, vos bienfaits seront sans cesse présents devant mes yeux [1]. »

Otton, comme Innocent III, se faisait illusion. Le roi d'Angleterre n'exécuta rien de ses engagements, et le sort des armes se montra de nouveau favorable à Philippe. Moins d'une année s'était écoulée depuis le moment où Otton avait cru atteindre au terme de ses vœux, que le duc de Brabant, trahissant encore une fois ses serments, refusait de lui accorder sa fille, et, par un traité passé avec Philippe, la promettait au neveu de celui-ci, Frédéric de Sicile [2]. Peu après avait lieu un évènement plus grave. L'archevêque de Cologne, qui le premier avait choisi Otton, qui l'avait couronné, qui, dans sa propre église, à Cologne, vêtu de l'étole et le cierge en main, avait été présent aux menaces d'excommunication proférées par le légat du pape contre les adversaires de ce prince, couronna publiquement Philippe à Aix-la-Chapelle. Ce fut un coup terrible porté à la cause

1. « Cum post Deum, Pater sancte, vos semper habeamus propitium et benignum, sicut exaltatio et sublimatio honoris nostri manifeste declarat, et honorem nobis divinitus collatum Deo et vobis semper velimus ascribere, cum in cinerem et favillam negotium nostrum redactum fuisset si manus vestra vel auctoritas Beati Petri in partem nostram non declinasset, hoc semper præ oculis habebimus quoad usque vixerimus. » Ep. 106.
2. Ep. 111 (Lettre du pape au duc de Brabant).

d'Otton. Dans le premier instant où il apprit cette nouvelle, le pape lança contre l'archevêque les foudres ecclésiastiques et ordonna aux fidèles de l'église de Cologne d'élire un autre pasteur. Puis il se ravisa, et, tout en maintenant sa sentence, en retarda l'exécution. Il sentait que si, par sa sévérité, il achevait de s'aliéner ce puissant prélat, c'en était fait de son protégé [1].

Cet évènement produisit les résultats qu'on en pouvait attendre. Les défections se succédèrent rapidement dans le parti d'Otton. Aucune considération ne retint les princes qui, depuis quelque temps, semblaient s'être rattachés à sa fortune. Le roi de Bohême, qui, pour prix de son adhésion, avait obtenu du pape la confirmation de son titre de roi concédé par Philippe, le landgrave de Thuringe déjà une fois infidèle à Otton et revenu ensuite vers lui, l'abbé de Corbey dont le pape avait récompensé les services en ajoutant pour lui le droit de porter l'anneau au droit de porter la mitre, enfin Henri, comte palatin du Rhin et propre frère d'Otton, se rallièrent successivement à Philippe [2]. Sous l'impression de tristesse que lui causaient ces défections rapides, Innocent III écrivait : « Les princes allemands sont semblables au roseau de l'Écriture ; ils plient au vent de la fortune, et le culte du succès tient chez eux la place de l'honneur [3]. »

Le pape ne laissa pas de se sentir à son tour moins

1. Voir Ep. 116, 117, 118.
2. Ep. 120, 121, 122, 123.
3. « Non est amicus hominis, sed fortunæ, qui sicut arundo vento, sic fortuitis casibus agitatus, ei cui arridet in prosperis, deficit in adversis. » Ep. 119 (Lettre du pape aux princes de l'Allemagne).

ferme dans ses résolutions. Pourtant il essaya de lutter encore. Il adressa, coup sur coup, trois lettres des plus pressantes au roi d'Angleterre, le conjurant de fournir à son neveu, en troupes et en argent, les secours dont il avait besoin [1]. Il manda par lettres particulières aux barons et à tous les évêques d'Angleterre d'user de leur ascendant sur l'esprit du roi pour le déterminer à ce qu'il désirait de lui [2]. En même temps, il écrivait à Otton d'avoir courage et de ne point se laisser abattre par la mauvaise fortune [3]. On peut croire qu'un dernier sentiment de fidélité à ses propres desseins lui dicta ces démarches; car il semblait avoir perdu toute espérance. Dès ce moment, en effet, il renonçait pour Otton à l'idée d'un mariage dont il avait jusque-là poursuivi la réalisation avec la plus vive sollicitude. Il fit savoir à ce prince qu'il devait attendre avec patience que la fille du duc de Brabant eût atteint l'âge nubile, et que, si l'on persistait alors à la lui refuser, il pourrait contracter toute autre union qui paraîtrait lui convenir [4]. Dès ce moment aussi, ses lettres à Otton deviennent rares, brèves et presque froides. Enfin, ce qui était un signe non moins caractéristique de ses nouvelles dispositions, il se mit pour la première fois en rapport avec Philippe. Il pria le patriarche d'Aquilée, qui jouissait d'une grande faveur auprès des Ho-

1. Ep. 129, 131. 132.
2. Ep. 132, *in fine*.
3. Ep. 133.
4. « Cum puella ipsa ætati nubili sit vicina, monemus serenitatem tuam et exhortamur attentius quatenus usque ad nubilem ejus ætatem exspectes, et, si pater ejus eam tibi tradere noluerit requisitus, extunc libere cui volueris... nubas. » Ep. 128.

henstaufen, de parler à ce prince au sujet de quelque évêque illégalement institué [1]. Au fond, il voulait essayer de se rapprocher de Philippe. Celui-ci ne s'y trompa point; et, en répondant au pape sur ce qu'il demandait, il lui adressa un long mémoire justificatif de la conduite qu'il avait tenue depuis le commencement des évènements.

Ce mémoire faisait honneur au caractère du prince qui en était l'auteur. Philippe y reprenait les faits un à un, avec un accent de sincérité difficile à méconnaître et un esprit de modération qu'on n'eût pas dû attendre. Il parlait d'Otton en termes brefs, mais sans amertume ni injure. Toutefois, s'il faisait preuve de dignité, il montrait aussi son orgueil. « Vous avez cru sans doute, disait-il au pape, que je convoitais la couronne par ambition, par goût du faste et du pouvoir, par désir d'augmenter mes richesses. Qu'avais-je à faire de tout cela? Je n'ai pas à vous apprendre que, parmi les princes de l'empire, aucun n'était alors plus riche, ni plus puissant, ni plus illustre que moi. J'avais des États immenses et des forteresses nombreuses et inexpugnables. J'avais des châteaux, des villes, des bourgs, des domaines de toute sorte et des plus florissants. A peine aurais-je pu compter le nombre de mes officiers et de mes serviteurs. Je possédais des trésors considérables en or, en argent et en joyaux. A mes biens personnels, Dieu m'avait permis d'ajouter de splendides héritages. Avec tout cela, était-il nécessaire que je fusse un ambitieux pour obtenir l'empire? On me l'a dé-

---

1. Ep. 137, 138.

cerné, parce que nul mieux que moi ne pouvait en soutenir le fardeau, et je l'ai accepté parce que j'ai vu que mon refus allait livrer la couronne à un ennemi de ma personne et des Hohenstaufen [1]. » Cette épître, où se manifestait, avec un désir sincère de conciliation, un sentiment marqué de déférence à l'égard du Saint-Siège, ne déplut pas au pape, qui chargea le patriarche d'Aquilée de retourner vers Philippe et de préparer les voies à une trêve entre lui et Otton. La mission tout officieuse du patriarche comportait vraisemblablement d'autres objets. Du moins, l'on prétendit que le pape l'avait autorisé à faire certaines ouvertures à Philippe. Innocent III s'en défendit, mais faiblement. Les propositions du patriarche n'étaient sans doute pas de nature à satisfaire Philippe, car il ne consentit pas à la trêve. Peu après, de nouveaux succès militaires achevaient de rendre ce prince maître de toute l'étendue de l'empire, et Otton, qui un instant avait failli tomber entre les mains de son rival, se voyait réduit à ses États héréditaires. Dès lors, convaincu de son impuissance à prolonger la lutte, le pape n'hésita plus

---

1. « Indubitanter credere potestis, imo vere scire quod tunc inter omnes principes imperii nullus nobis fuerit ditior, nullus potentior, nullus gloriosior. Habuimus enim amplissimas et diffusas possessiones, habuimus etiam castra plurima et fortissima et inexpugnabilia. Habuimus etiam tot ministeriales quod nos eos sub aliquo certo numero vix comprehendere potuimus. Habuimus castella, civitates, villas, burgenses ditissimos. Habuimus pecuniam multam nimis in auro et argento et in multis gemmis pretiosis... Hæreditas multa ceciderat nobis...; ideoque necesse nobis non fuit ut nos ambitiose laboraremus pro imperio obtinendo. » Ep. 136.

et envoya en Allemagne deux de ses principaux cardinaux, avec pleins pouvoirs sur les moyens de rétablir la paix [1].

Conformément à leurs instructions, les légats commencèrent par relever Philippe de son excommunication, après avoir reçu de lui le serment de faire satisfaction au pape sur certains points déterminés. Ce prince s'engagea en outre à licencier l'armée avec laquelle il se disposait à envahir les États d'Otton, et accepta une trêve pour l'espace d'une année. Averti par ses légats, le pape adressa aussitôt une lettre à Philippe, pour le féliciter de son retour à la communion de l'Église et l'assurer de sa bienveillance [2]. C'était la première lettre qu'il envoyait à ce prince ; et, bien qu'elle ne portât en suscription que les simples mots : « *A Philippe, duc de Souabe,* » ce n'en était pas moins une démarche considérable. Mais, par ces premiers résultats, les légats n'avaient rempli que la moindre partie de leur mission. Ce qui leur demeurait à faire offrait de plus graves difficultés, et la trêve demandée par eux n'avait d'autre objet que de leur accorder le temps nécessaire au reste de leur négociation. Il leur fallait régler définitivement et à tout prix la question de la couronne. Après de nombreux pourparlers avec Otton et Philippe, les légats s'arrêtèrent à la combinaison suivante : Otton devait épouser Béatrix, fille aînée de Philippe, et recevoir en dot le duché d'Allemanie [3] ; en retour, il renoncerait à la dignité impériale et reconnaîtrait Philippe comme sou-

---

1. Ep. 141, 142.
2. « Philippo duci Sueviæ. » Ep. 143.
3. Chron. Ursperg., anno 1207.

verain. Bien que cette combinaison laissât encore à Otton une situation considérable, puisqu'elle faisait de lui, après Philippe, le premier personnage de l'empire, il résistait, autant par dépit de se voir privé de la couronne que par l'espoir d'obtenir de plus amples dédommagements. Cependant l'année de la trêve s'avançait. Les cardinaux revinrent à Rome rendre compte de l'état des choses. Instruit par eux de tous les détails de la négociation, le pape vit bien qu'il fallait se résigner au total abandon de ses projets. Il approuva les propositions qu'avaient faites ses légats et renvoya ceux-ci en Allemagne, avec ordre de tout terminer sur ces bases. Les légats partirent de Rome pour aller offrir la couronne à Philippe. Ils avaient déjà traversé une partie de l'Italie, lorsqu'ils apprirent une nouvelle qui arrêta brusquement leur voyage. Philippe venait d'être assassiné.

III

Laissons l'un des deux cardinaux-légats raconter lui-même, dans une lettre à Innocent III, le tragique évènement :

« Je me trouvais à Mantoue, retenu depuis quelques jours par une indisposition de mon collègue, lorsque de vagues rumeurs sur la mort de Philippe arrivèrent jusqu'à moi. Dans le même moment, des marchands, qui revenaient du duché de Souabe où un seigneur les avait dévalisés, vinrent me demander des lettres de recommandation pour obtenir la restitution de leurs effets ; ils m'apprirent que Philippe avait été assassiné par le comte palatin de Bavière. Peu après, des lettres de l'évêque de Trente au patriarche d'Aquilée, qui, se trouvait avec nous à Mantoue, confirmèrent le même fait, ajoutant que de tous côtés commençaient les pillages et les dilapidations, signe trop certain du crime qui avait été commis. M'étant dirigé avec le patriarche jusqu'à Vérone en vue d'obtenir des nouvelles plus précises, nous rencontrâmes un messager qu'un baron d'Allemagne envoyait en toute hâte à l'un de ses proches et qui disait venir du lieu même où le meurtre s'était accompli. D'une voix émue, il nous raconta l'évènement tel à peu près que le mentionnait une seconde lettre de l'évêque de Trente à qui j'avais expédié un courrier. Peu de temps avant l'expiration de la trêve, nous dit-il, Philippe, qui prévoyait un renouvellement des hostilités, avait rassemblé une armée sous les murs de Bamberg. Le samedi qui précédait la fête de Saint-Jean-Baptiste, — jour auquel se terminait la trêve, — ce prince, ayant laissé son armée dans ses campements, entra dans la ville avec quelques personnages de sa suite. Il prenait du repos dans le palais épiscopal, lorsque, vers la neuvième heure, le comte palatin de Bavière, — à qui Philippe avait jadis refusé sa fille en mariage après la lui avoir promise, — pénétra dans le palais, accompagné du duc de Bavière, du margrave d'Istrie et de dix hommes armés. Il frappa à la porte de la chambre où se trouvait Philippe. On l'introduisit. Philippe s'attendait à l'un de ces mots plaisants qu'il était accoutumé à entendre de sa bouche, quand il le vit tirer brusquement de sa ceinture une épée. Il lui défendit de jouer avec cette arme. « Ce ne sera pas un jeu pour toi ! » répondit le comte ; et incontinent il le perça de son épée. Le sénéchal de l'empire, qui était présent, ayant voulu s'interposer, le meurtrier le frappa du fer qu'il tenait à la main, et, retournant vers le prince qu'il avait tué, il lui enfonça de nouveau son épée dans la gorge. Il s'évada ensuite, aidé par ses complices. Tel est le récit qui nous a été fait de cet évènement. Ma mission devenant désormais sans objet, je vais faire en hâte mes dispositions pour reprendre le chemin de Rome et retourner auprès de Votre Sainteté[1]. »

Ainsi mourut Philippe, le 21 juin 1208, au moment où, reconnu dans toute l'étendue de l'empire et réconcilié avec le pape, il allait, après une lutte de dix ans, jouir enfin de la couronne. La nouvelle de cette mort produisit une émotion immense en Allemagne. En moins d'un mois, elle se répandit en Italie, en France, en Angleterre. L'armée campée sous les murs de Bamberg s'était aussitôt dissoute ; chacun des princes avait regagné ses États en hâte, incertain de la tournure qu'allaient prendre les évènements. Sur le passage de cette armée débandée, des villes furent pillées, d'autres livrées aux flammes ; et les populations de l'empire,

1. Ep. 152. Cf. Arn. Lub., VII, 12.

qui croyaient toucher enfin au terme de leurs maux, se virent de nouveau rejetées dans l'anarchie. Otton eut-il part à un crime qui vraisemblablement allait relever sa fortune? Qu'il fût satisfait, joyeux même de la disparition de son rival, cela ressort des lettres qu'il écrivit au lendemain de l'assassinat; mais on doit lui rendre cette justice que, sans le croire tout à fait innocent, ses contemporains ne portèrent sur lui que de faibles soupçons, et il demeure à peu près acquis à l'histoire que ce meurtre fut l'œuvre d'une vengeance particulière. Quant à Innocent III, il ne montra pas, ce semble, toute l'indignation que ce crime aurait dû soulever dans son esprit. Bien qu'à plusieurs reprises le souvenir de cet acte lui ait inspiré contre son auteur des mots de sévérité, on s'aperçoit, dans sa correspondance, qu'il est avant tout dominé par la pensée du secours apporté à l'accomplissement de ses vœux. Il vit en cette mort le signe que Dieu approuvait des efforts si ardemment poursuivis dans l'intérêt de son Église, et peut-être un châtiment pour ce prince orgueilleux qui avait osé s'élever contre les volontés du Saint-Siège [1].

Rendu en un moment à toutes ses espérances, Otton, au lendemain même du meurtre, s'était empressé de solliciter du pape une intervention énergique et définitive auprès des princes de l'Allemagne. « Achevez, lui disait-il, achevez une élévation qui est votre ouvrage. Ce que j'ai été, ce que je suis à cette heure, je le dois à votre munificence; je veux vous devoir tout ce que

---

[1]. Les sentiments que nous attribuons ici à Innocent III, se manifestent visiblement dans les lettres écrites par lui après l'évènement.

je puis être encore[1]. » Innocent III avait devancé sa prière. Dès que lui était parvenue la nouvelle de l'évènement, il avait écrit à tous les princes de l'empire, leur défendant, sous peine d'anathème, de prolonger les maux de l'Allemagne par l'élection d'un troisième empereur : Dieu, qui venait de manifester son affection pour Otton en frappant son rival, désignait lui-même à leur piété le prince qu'ils devaient choisir[2]. Par un autre message, il mandait à Otton de sortir de sa torpeur; que trop souvent il avait dormi quand le Saint-Siège veillait pour lui; que c'était à lui maintenant de veiller et d'agir[3]. Le roi de France, informé de ces démarches, tenta de s'y opposer. Il envoya des députés répéter au pape avec insistance combien l'élévation d'Otton était dangereuse pour sa couronne. Il paraît même qu'il fit conseiller secrètement au duc de Brabant de solliciter l'empire. Le pape avait prévu de longue date une opposition de ce genre. Bien avant la mort de Philippe, il s'était fait délivrer par Otton la promesse écrite de garder la paix avec le roi de France et conservait cet acte dans ses archives. Il le montra aux envoyés du roi et coupa court à toute observation, en ajoutant que leur maître pouvait fixer lui-même les

---

1. « Quod hactenus fuimus, quod sumus aut erimus,... totum vobis et ecclesiæ Romanæ post Deum debentes,... pro omnibus vestræ gratiæ beneficiis uberrimas sanctitati vestræ referimus actiones... » Ep. 160.
2. Ep. 154 à 158. Chacune de ces lettres, adressées à des princes ou à des archevêques, est suivie de notes indiquant que des lettres semblables (*in eumdem modum*) ont été envoyées à nombre de personnages ecclésiastiques ou séculiers de l'Allemagne.
3. Ep. 153.

conditions de la paix et que le Saint-Siège s'engageait d'avance à obtenir d'Otton un plein assentiment[1].

Les démarches sollicitées par Otton n'étaient point nécessaires. Les princes et les évêques allemands prouvèrent par leur conduite que le pape les avait bien jugés en les comparant au roseau de l'Écriture. Après un moment d'hésitation, venant du trouble inévitable où les avait jetés la mort soudaine de Philippe, ils s'étaient tournés aussitôt vers celui que semblait dès lors favoriser la fortune. Des archevêques, des évêques, plusieurs princes allèrent trouver Otton à Brunswick et l'assurer de leur adhésion. D'autres lui écrivirent, s'excusant de ne pouvoir se présenter eux-mêmes. En Souabe, pays dévoué à Philippe, nombre d'évêques, d'abbés, de barons se hâtèrent de faire acte de fidélité. Chaque jour de nouvelles adhésions parvenaient à Brunswick. Il n'y eut pas jusqu'au roi d'Angleterre qui ne fît savoir à Otton qu'en dépit des apparences il l'avait toujours soutenu et qu'il était temps d'établir entre l'oncle et le neveu une plus étroite alliance [2].

Quelques mois après la mort de Philippe, au jour de la Saint-Martin 1208, une brillante assemblée, composée de cinquante princes, auxquels s'étaient joints un grand nombre de seigneurs et de nobles, et telle qu'on n'en avait pas vu depuis de longues années, se réunis-

1. « Non tua requisitione jamdudum, sed affectu quem circa te gerimus provocati, indemnitati tuæ ac regni tui super hoc curavimus præcavere, certa promissione ab eodem Ottone recepta sub aurea bulla scripto pariter et juramento firmata quod de pace vel concordia tecum componenda et observanda nostro per omnia parebit arbitrio et mandato. » Ep. 165 (Lettre du pape à Philippe-Auguste).
2. Ep. 160 (Lettre d'Otton au pape).

sait à Francfort, à l'effet de pourvoir par une élection définitive à la vacance du trône. Otton fut proclamé à l'unanimité. A voir cet accord spontané, remarque naïvement un contemporain, on eût dit qu'un même esprit dirigeait les suffrages. Comme dernier hommage rendu à la mémoire de Philippe, on mit au ban de l'empire son meurtrier et ses complices, qu'on déclara déchus de leurs dignités et de leurs biens. Comblé dans ses désirs, Otton distribua autour de lui les grâces et les faveurs, rendit des édits, reçut les députés des villes qui vinrent avec les insignes et les clefs d'or de leurs cités lui faire soumission, exerça, en un mot, toutes les prérogatives de la souveraineté[1]. Aussitôt après la diète de Francfort, Otton avait fait part de son élection au saint-père et, conformément aux usages, lui avait envoyé des députés pour solliciter l'honneur d'être couronné par ses mains. Innocent III lui transmit ses félicitations dans une lettre qui dénotait les sentiments d'une véritable joie et montrait tout ce qu'il attendait d'un avènement qui remplissait ses vœux. « Béni soit le Très Haut, écrivait-il, qui, dans son infinie miséricorde, a daigné accomplir jusqu'ici la plus grande partie de mes désirs envers vous et va bientôt sans doute consommer une œuvre aussi glorieuse pour son nom que profitable à l'Église, à l'empire et aux peuples chrétiens! O très cher fils, nous voilà donc unis dans une même âme et un même cœur! Qui pourra désormais nous résister, à nous qui portons ces deux glaives que les apôtres montrèrent un jour au Seigneur, di-

---

1. Arn. Lub., VII, 14.

sant : *Voici deux épées*, et desquelles le Seigneur répondit : *Il suffit?* Non, rien ne peut dire les immenses bienfaits qui naîtront de cette union ; la plume est impuissante à les écrire, la langue à les exprimer, et l'esprit lui-même est hors d'état de les imaginer [1]. »

Une solennité non moins importante que celle de Francfort rassembla bientôt à Wurzbourg les prélats de l'Allemagne, avec la plupart des ducs et des princes de l'empire, pour assister aux fiançailles d'Otton et de Béatrix, fille de Philippe [2]. Otton s'était résolu à cette union le jour où la disparition de son rival lui avait rendu l'espoir de la couronne. Indépendamment des richesses et des importantes possessions que Béatrix lui apportait en dot, il pensait, par cette alliance, se concilier plus sûrement les partisans de la maison de Souabe ; il espérait aussi dissiper les soupçons qui avaient pu l'atteindre lors de la mort de Philippe. Cependant, au milieu de sa nouvelle fortune, Otton ne négligeait pas les moyens qui lui avaient si bien réussi jusqu'alors auprès d'Innocent III. Exagérant ses protestations de reconnaissance et de pieuse humilité, il se servait dans ses lettres d'une formule encore inusitée dans la chancellerie impériale. Il s'intitulait : « *Roi et Auguste par la grâce de Dieu et du Pape* [3]. » Un fait dont il fut informé augmenta son impatience de se voir cou-

1. « Ex quo quanta speretur utilitas proventura, nec calamus sufficit scribere, nec lingua referre, nec etiam animus cogitare. » Ep. 179.
2. Arn. Lub., VII, 17.
3. « Reverendo in Christo patri ac domino charissimo Innocentio... summo pontifici, Otto Dei gratia et sua Romanorum rex et semper Augustus... » Ep. 160; cf. ep. 187.

ronné à Rome et confirmé dans sa dignité d'une manière définitive. Il apprit que le fils de Henri VI, Frédéric, qui avait alors atteint sa quatorzième année, se présentait à son tour comme candidat à l'empire [1]. Bien que le pape lui transmît, à cette occasion, des déclarations capables de le rassurer [2], il ne crut pas inutile de prouver, par un acte public, son constant dévouement aux intérêts de l'Église. Il fit rédiger, dans les formes les plus solennelles, un écrit, scellé du sceau d'or de l'empire et contre-scellé par son archichancelier, où il ajoutait encore à tous les serments qu'il avait prêtés jusqu'alors au Saint-Siège. Aux termes de cet écrit, il renonçait à toute intervention dans les élections ecclésiastiques, s'engageait à ne jamais entraver dans leurs cours les appels en cour de Rome, réitérait sa promesse de n'élever aucune prétention sur la succession des évêques décédés, enfin s'engageait de nouveau et sans réserve à réintégrer le Saint-Siège dans son antique patrimoine. Comprenant l'importance capitale que ce dernier article avait aux yeux du pape, il ne se borna pas à spécifier les États qui devaient faire l'objet de cette restitution. Avec une libéralité que le Saint-Siège n'eût osé espérer, il énuméra toutes les possessions que, dans sa plus grande étendue, ce patrimoine avait jusqu'à ce jour notoirement comprises, ratifiant même d'avance les diverses additions dont on pourrait trouver la trace dans les plus anciens diplômes des rois et des empereurs. Cet écrit

1. Ep. 187.
2. Ep. 188.

fut ensuite envoyé à Rome, où il produisit l'effet que s'en promettait son auteur [1].

Otton se prépara dès lors au voyage du couronnement, qu'il résolut de faire avec tout le faste possible. Les princes et les prélats les plus considérables de l'Allemagne se proposèrent pour lui servir d'escorte. Accompagné de ce brillant cortège et à la tête d'une armée imposante, il traversa l'Allemagne et passa enfin les Alpes. En Italie, plusieurs villes lui firent une réception pompeuse; mais, au dire des contemporains, il devait ces ovations moins à la sympathie dont il était l'objet qu'à la crainte qu'inspirait son armée. Parvenu sur les bords du Pô, il envoya une ambassade à Rome avertir le pape de son approche [2]. Innocent III, désireux de conférer avec Otton avant le jour du couronnement, se rendit à Viterbe au-devant de ce prince qui s'y porta de son côté. Quand ils se virent réunis pour la première fois, après avoir subi l'un et l'autre tant de déceptions et d'épreuves, ils ne purent, dit-on, retenir leurs larmes. Pendant deux jours, ils demeurèrent ensemble, après quoi le pape retourna dans Rome. Il n'est pas douteux que, dans cette entrevue, Otton n'ait réitéré tous ses engagements à l'égard du Saint-Siège. Il ne tarda pas d'arriver à son tour sous les murs de Rome et campa, avec son armée, près du Monte-Mario. Ce n'était pas sans appréhension que les Romains voyaient si près d'eux ces Allemands, qui pas-

---

1. Voy. au n° 189 cet écrit enregistré sous ce titre : « Sacramentum fidei ab Ottone exhibitum. »
2. Ep. 190 (Lettre d'Otton au pape), Cf. ep. 191 (Lettre du pape à Otton).

saient, aux yeux des peuples de l'Italie, pour des espèces de barbares. On redoutait leur brutalité, leur goût traditionnel du vol et du pillage. Eux-mêmes ne dissimulaient pas l'impatience mêlée de convoitise qu'ils ressentaient à la vue de cette cité superbe qui allait s'ouvrir devant eux. Pour calmer ces appréhensions, Otton se vit obligé de donner un écrit par lequel il garantissait la sûreté des personnes et des propriétés pendant tout le temps que lui et sa suite séjourneraient dans la ville[1].

Le dimanche 4 octobre 1209, jour fixé pour la cérémonie, Otton entra dans Rome. Une foule immense remplissait les abords de l'église de Saint-Pierre et tous les endroits où devait passer le cortège. Le pape, avec ses cardinaux, attendait au haut des marches qui conduisaient à Saint-Pierre, non loin de ces trois tables d'airain qui ornaient l'un des murs du portique et sur lesquelles étaient inscrits les noms de tous les royaumes, provinces, villes et îles tributaires de l'Église romaine. Otton baisa respectueusement les pieds du pontife, et, après avoir satisfait aux questions d'usage qui lui furent adressées, pénétra avec lui dans l'intérieur de l'église qu'on avait décorée avec magnificence. On revêtit d'abord le prince d'habits ecclésiastiques, à titre

---

1. Cet écrit, daté du lieu même où campait Otton, est conçu dans les termes suivants : « Notum fieri volumus universis præsentem paginam intuentibus quod nos juramenta securitatis venerabilibus patribus nostris Innocentio papæ et cardinalibus sanctæ Romanæ Ecclesiæ et rerum ipsorum et totius populi Romani in coronatione nostra, illuc eundo, ibi stando, et inde redeundo, quæ principes, comites, barones, nobiles et alii imperii fideles de mandato nostro et in nostra fecerunt præsentia, rata habemus... » Ep. 192.

de chanoine de Saint-Pierre, dont il sollicita et obtint la dignité, et l'un des cardinaux l'oignit avec l'huile sacrée; après quoi le pape, accompagnant chacun de ses actes des prières ordinaires, lui présenta l'anneau, le ceignit de l'épée, posa sur son front la couronne impériale et lui mit à la main le sceptre, insigne du commandement. Des chevaux richement caparaçonnés étaient disposés pour le pape et l'empereur aux portes de l'église. Otton, ayant quitté ses vêtements ecclésiastiques et chaussé l'éperon, tint l'étrier au pontife et lui présenta la bride, et tous deux, au chant des prêtres et au son des cloches, se rendirent processionnellement au palais de Latran, pendant que, sur leur passage, des officiers de l'empereur jetaient des pièces d'argent à la foule. Un festin où Otton était assis à la droite du pape acheva la cérémonie qui donnait définitivement un souverain à l'Allemagne [1].

Tout en paraissant s'abandonner avec confiance aux hommages dont il était l'objet, Otton n'avait pas laissé de prendre des précautions pour sa propre sûreté. Il savait que le peuple romain lui était hostile, que quelques cardinaux même avaient, jusqu'au dernier moment, tenté de s'opposer à son couronnement. Dans la crainte d'une sédition, il avait posté dans les rues des chevaliers et des hommes d'armes, l'épée à la main, prêts à tout évènement. Il avait également envoyé des troupes garder le pont du Tibre, qui était le point le

---

1. Arn. Lub., VII, 21. Cf. Murat. Antiq., I, p. 102 et suiv. On trouvera tous les détails de cette cérémonie dans Hurter : *Histoire d'Innocent III et de ses contemporains* (trad. par A. de Saint-Chéron, Paris, 1867, in-8°, t. II, p. 484-487).

plus important. Cette attitude des Allemands, jointe à divers actes de violence, et les réquisitions excessives auxquelles ils se livrèrent, alléguant une convention qui obligeait le pape à défrayer l'empereur et sa suite pendant le temps du couronnement, provoquèrent une émeute dans laquelle plusieurs nobles Allemands perdirent la vie, et avec eux, un grand nombre d'hommes d'armes. Otton se fit rendre compte des détails de l'évènement. On estima à onze cents la quantité de chevaux tués dans la bagarre. Son mécontentement se traduisit par un procédé qu'on n'eût pas dû attendre. Il ne craignit pas de réclamer au pape, qui venait de lui donner un trône, une indemnité équivalente au prix des chevaux qu'il avait perdus. Le pape ayant refusé, il quitta Rome transporté de colère[1].

Ce n'était là que le commencement d'évènements plus graves. Une fois hors de Rome et sûr de sa couronne, Otton jeta le masque et se montra ce qu'il était, un homme sans conscience. Vrai type de ces princes allemands qu'on a vus plusieurs fois, dans l'histoire, appuyer sur une prétendue légalité les abus de la force et l'oubli de la justice, il ne se borna pas à méconnaître tous ses serments ; il demanda à des légistes complaisants de démontrer qu'il avait raison de les trahir. On lui prouva que les États qu'il s'était engagé de restituer au Saint-Siège appartenaient à l'empire,

---

[1]. Excerpta ex Jord. chron. Murat. Antiq., IV, 988. — Rayn., *Annal. eccl.*, I, 284. Il résulte de deux lettres échangées entre Otton et Innocent III (Ep. 193, 194) que ce prince, après son départ de Rome, demanda au pape une entrevue que celui-ci refusa. Ces deux lettres sont les dernières du *Registrum imperii*.

qu'en promettant de les rendre il avait, par ignorance, outrepassé son droit, et qu'il était tenu, en conscience, à ne les point restituer ; on lui prouva, en outre, que, bien loin d'avoir été dépouillée, la papauté, mettant à profit les désordres de l'Allemagne, s'était approprié des terres qui revenaient de droit à la couronne impériale et qu'il était du devoir de l'empereur de ne les point abandonner. Conformant sa conduite aux déclarations de ses légistes, Otton, qui se trouvait encore en Italie, envahit les États du pape et s'empara d'une partie de son territoire. Innocent III lui adressa des remontrances, le menaça même d'excommunication ; ce fut en vain[1].

Il serait difficile de dire l'étonnement, l'indignation, la douleur que souleva dans le cœur du pontife la trahison d'un prince qui lui devait tout, et pour lequel il se reprochait peut-être d'avoir livré, pendant dix ans, des populations entières à l'anarchie et à la guerre civile. Une lettre qu'il écrivit à l'archevêque de Ravenne donnera une idée des sentiments qui bouleversaient son âme. « A Dieu et à vous, disait-il, je me plains de l'empereur ; de l'empereur qui, méconnaissant mes bienfaits et oublieux de ses promesses, m'a rendu le mal pour le bien, la haine pour l'affection, l'injure pour l'honneur ; de l'empereur que l'Église romaine aimait, vous le savez, d'une tendresse toute maternelle, qu'elle a élevé au trône malgré une opposition presque universelle et par des efforts inouïs, et qui, fils dénaturé,

---

1. Excerpta ex Jord. chron. — Chron. Foss. nov. apud Murat. Scr., VII, 889, 890. — Chron. Ursp., anno 1210, 1211.

poursuit maintenant de ses outrages celle dont il a tout reçu. Et voici qu'à cette heure beaucoup m'insultent, disant que j'ai mérité ce que je souffre, et que j'ai forgé de mes mains le glaive qui me blesse si cruellement. Qu'à ma place le Très Haut réponde à mes insulteurs, lui qui connaît toute la pureté de mon âme et qui a dit un jour de lui-même : *Je me repens d'avoir fait l'homme* [1] ! »

Cette lettre nous amène à la fin des évènements dont nous avons entrepris le récit. Poursuivant ses desseins d'usurpation, Otton alla jusqu'à déclarer ouvertement son intention de soumettre à sa couronne tout le domaine temporel du pape et de ne laisser à celui-ci que le domaine spirituel. Après avoir usé inutilement de nouvelles remontrances, Innocent III lança contre lui les foudres de l'excommunication [2]. Une année seulement s'était écoulée depuis le jour où ce prince avait été couronné dans l'église de Saint-Pierre. Méprisant le châtiment dont il était frappé, Otton ne se borna pas à s'emparer des États pontificaux; il voulut encore soumettre toute l'Italie et dépouiller du royaume de

---

1. « Deo et vobis de imperatore conquerimur qui, beneficiorum nostrorum ingratus et promissionum suarum oblitus, retribuit nobis mala pro bonis, odium pro dilectione, offensam pro gratia, injuriam pro honore, tanquam filius indevotus a persecutione piæ matris incæpit, quæ ipsum contra communem penè omnium voluntatem toto conamine studuit ad imperium sublimare... multis insultantibus nobis quod merito ea patimur, cum nos fecerimus gladium de quo graviter vulneramur; sed insultatoribus nostris respondeat pro nobis Altissimus, qui puritatem animi nostri plene cognoscit, nec sine causa legitur de se ipso dixisse : *Pœnitet me fecisse hominem.* » Ep. XIII, 210.
2. Ep. XIII 193; XIV, 74.

Sicile le fils de Henri VI dont il avait promis jadis, par l'un de ces serments qui lui coûtaient si peu, de respecter les possessions. Innocent III, à qui la mère de Frédéric avait confié, en mourant, les intérêts de son fils, se vit réduit à demander au roi de France de le soutenir contre le prince « excommunié et maudit » qu'il refusait désormais de reconnaître comme empereur. « Que n'ai-je été clairvoyant comme vous, disait-il dans son message au roi de France, sur le caractère du prince dont je vous signale les projets envahisseurs ! Ce n'est pas sans honte que je vous fais part de mes craintes, car bien des fois vous m'avez averti. Je ne puis même vous dire que, du moins vis-à-vis de vous, il maintient ses assurances de paix ; il m'a déclaré sans pudeur que je pouvais laisser dans mes archives la promesse écrite qu'il m'en avait donnée [1]. »

A l'honneur de l'humanité, il faut dire que l'odieuse conduite d'Otton souleva contre lui, même en Allemagne, le mépris de plusieurs de ses contemporains. Ces sentiments ne furent pas étrangers à la scission qui, sous l'impulsion du Saint-Siège, ne tarda pas à s'opérer parmi les princes de l'empire. Le roi de Bohême, le landgrave de Thuringe et quelques-autres se rappelèrent le serment qu'ils avaient prêté à Frédéric, lorsqu'il était encore au berceau ; nombre de prélats, à l'égard desquels, par haine du pape et de l'Église, Otton manifestait une hostilité particulière, ne dissimulèrent point leurs anciennes sympathies pour les

---

[1]. *Not. et extr. des mss.* II, 282-284. Cette lettre est du 1er février 1211.

Hohenstaufen; d'ailleurs, en frappant Otton d'excommunication, le pape avait délié de leur serment de fidélité tous les sujets de l'empire[1]. Bref, un parti se forma, semblable à celui qui jadis avait appelé au trône Philippe de Souabe. On déclara Otton déchu de la couronne et, à sa place, on élut Frédéric. Innocent III, faisant taire sa vieille rancune contre les Hohenstaufen, approuva l'élection. Mais Otton n'entendit pas céder aux injonctions du pape, comme il avait voulu qu'autrefois y cédât Philippe de Souabe. A son tour, il invoqua les libertés de l'empire, prétendit qu'elles étaient outragées, si on laissait le pape déposer l'empereur selon son bon plaisir, et, rassemblant contre son nouvel adversaire toutes les forces dont il pouvait disposer, mit l'Allemagne en feu. S'imaginant que Philippe-Auguste, qui n'avait cessé de s'opposer à son élévation, était le principal instigateur de l'hostilité du pape, il entra avec ardeur dans la ligue que le roi d'Angleterre, uni au comte de Flandre, formait alors contre la France. On sait ce qui arriva; on sait que, se croyant déjà sûr de la victoire, Otton se partageait d'avance avec ses alliés les États de Philippe-Auguste. La bataille de Bouvines, en terrassant son orgueil, ruina du même coup sa fortune en Allemagne, et Frédéric, son nouveau rival, fut couronné à Aix-la-Chapelle.

En recevant la couronne, Frédéric II reprit à son compte et prêta solennellement tous les mêmes serments qu'Otton avait trahis. Innocent III, dont la mort

---

1. Excerpta ex Jord. chron. Murat. Antiq., IV, 988. — Chron. Foss. nov. Murat. Script., VII, 892. — Chron. Ursp. anno 1212.

suivit de près cet évènement, put emporter la pensée que, dans cette longue et ardente lutte de la papauté contre l'empire, Rome avait deux fois triomphé : une première fois contre Philippe dans la personne d'Otton, une seconde fois contre Otton dans la personne de Frédéric II. S'il eût vécu quelques années de plus, il eût reconnu que c'était là une nouvelle erreur. La victoire apparente de l'Église ne changea point les idées, qui furent mises encore une fois au service des passions. Frédéric II ne se contenta pas d'assurer l'Église romaine de son entier dévouement ; il jura de surpasser sur ce point tous ceux de ses prédécesseurs qui avaient montré le plus d'attachement et de respect au siège apostolique. Il ne se borna pas non plus à promettre au pape la restitution intégrale de ses États, il les restitua en effet. Mais, comme Otton, il donna ces preuves de dévouement avant d'être couronné à Rome, et, dès qu'il le fut, sa conduite devint autre. Non seulement il reprit au Saint-Siège tous les États qu'il venait de lui rendre ; à l'exemple d'Otton, il annonça publiquement son dessein d'anéantir le pouvoir temporel des papes, allant jusqu'à vouloir fixer le siège de l'empire au centre de l'Italie. Il fit plus, il s'attaqua au pouvoir spirituel de la papauté ; il voulut, à l'imitation des souverains grecs et musulmans, réunir en sa personne la puissance spirituelle et la puissance temporelle, et fut sur le point d'accomplir dans le vaste empire d'Allemagne la réforme que Henri VIII devait réaliser plus tard en Angleterre[1].

1. Voir, pour ce que nous disons de Frédéric II : Huillard-Bréholles, *Histoire diplomatique de Frédéric II,* introduction, in-4º, Paris, Plon, 1852-1861.

APPENDICE II

LES REGISTRES DES PAPES ET LE *REGESTA
PONTIFICUM* DE JAFFÉ

LE REGISTRE DE GRÉGOIRE VII ET LES
MONUMENTA GREGORIANA

LES REGISTRES D'INNOCENT III

LES REGISTRES DES PAPES

ET

LE *REGESTA PONTIFICUM* DE JAFFÉ

I

Une coutume de la chancellerie pontificale au moyen âge, coutume encore observée de notre temps, était de transcrire sur des registres les actes expédiés au nom de la cour de Rome. Ces registres étaient conservés dans les archives du Saint-Siège. Nous avons indiqué, dans nos Études précédentes [1], le but de cette transcription. Indépendamment des copies qu'on délivrait, au besoin, sur la demande des personnes intéressées, on recourait aux pièces ainsi transcrites pour constater certains faits, pour continuer une correspondance, pour contrôler les lettres pontificales dont on suspectait l'authenticité. Depuis 1198, date de l'avènement d'Innocent III, jusqu'à nos jours, la série des registres ne pré-

---

1. Voir, dans ce volume, nos études sur Nicolas Ier et sur Innocent III.

sente, pour ainsi dire, pas de lacunes. D'Innocent III à Pie V, ils forment un ensemble de 2,016 volumes. Si la valeur historique de ces registres n'a pas besoin d'être démontrée, encore moins est-il nécessaire de signaler celle des registres plus anciens, appartenant à une époque où les documents sont moins nombreux et où l'histoire de l'Église représente en quelque sorte celle du monde. Malheureusement il ne nous est demeuré des siècles qui ont précédé Innocent III que le registre des actes de Grégoire Ier (590-604), un fragment de celui de Jean VIII (872-882) et le registre ou plutôt une transcription incomplète du registre de Grégoire VII (1073-1085).

Il n'est pas douteux que ces trois registres ou fragments de registres antérieurs à 1198 ne soient les restes d'un ensemble aujourd'hui perdu. Nous savons, par la correspondance de Nicolas Ier, que ce pontife gardait lui-même sur un registre le double des actes expédiés en son nom, et que, de son aveu, il ne faisait que suivre, à cet égard, une coutume déjà ancienne de l'Église romaine. D'un autre côté, dans la collection de canons du cardinal Dieudonné, contemporain de Victor III (1086-1087), on trouve mentionnés, outre les registres de Grégoire Ier, de Jean VIII et de Grégoire VII, dont nous venons de parler, ceux des papes Honorius Ier, Grégoire III, Zacharie, Étienne VI et Alexandre II, qui ont occupé le Saint-Siège aux viie, viiie, ixe et xie siècles. Enfin Honorius III et Grégoire IX, qui ont gouverné l'Église de 1216 à 1241, se réfèrent, dans plusieurs de leurs lettres, aux registres de Pascal II, Gélase II, Luce II, Eugène III, Anastase IV, Adrien IV et

Alexandre III, tous papes du xiie siècle[1]. Ces indications, et d'autres analogues[2], que nous pourrions ajouter, prouvent que, de Grégoire Ier à Innocent III, ou, en d'autres termes, de la fin du vi[e] siècle à la fin du xiie, l'usage des registres existait à la chancellerie romaine. Cet usage était-il déjà en vigueur dans les temps qui précédèrent Grégoire Ier? C'est ce qu'on ne saurait démontrer d'une manière péremptoire, les documents antérieurs à ce pontife ne contenant aucune mention précise de ces sortes de registres. Il est du moins certain que de bonne heure, et en vue des affaires toujours plus considérables qu'ils avaient à diriger, les papes avaient senti la nécessité de garder par-devers eux, sous une forme ou une autre, la transcription de leurs actes. En 419, le pape Boniface Ier, rappelant des lettres de l'un de ses prédécesseurs, Innocent Ier (402-417),

1. Pertz, *Archiv*, V, p. 29-32 et 87-89. Hannover, 1821, in-8°. — Jaffé, *Regesta*, Præfatio, p. iv. — Dans les lettres d'Honorius III et de Grégoire IX, il est également fait mention des registres d'Urbain II, qui fut pape de 1088 à 1099.
2. Dans sa chronique du Mont-Cassin, Pierre Diacre, qui vivait au xiie siècle, dit qu'il a eu entre les mains les registres de Grégoire VII et de ses successeurs : « Ea quæ conscribenda sunt ex registris Romanorum pontificum Gregorii septimi et successorum ejus... decerpsimus. » (*Monumenta Germaniæ*, SS. VII, p. 755.) Ajoutons qu'Innocent III, à divers endroits de sa correspondance, mentionne les registres d'Eugène III, d'Alexandre III et de Luce III (Ep. I, 99, 448, 540, 549; X, 212; XII, 42). Rappelons aussi qu'en tête du *Liber censuum*, livre rédigé en 1192 sous Célestin III, Cencius dit avoir puisé les éléments de son travail dans divers documents, dont il donne la désignation, et, en particulier, dans les registres des papes tant anciens que modernes (in voluminibus regestorum antiquorum pontificum Romanæ ecclesiæ et modernorum). Murat., *Antiq. ital.*, V, 852.

ajoutait ces mots significatifs : « Ut scrinii nostri monimenta declarant[1]. » Vers 402, saint Jérôme, écrivant à Rufin qui l'accusait d'avoir fabriqué une lettre du pape Anastase Ier (398-400), disait : « Si vous me soupçonnez d'être l'auteur de cette lettre, que ne la cherchez-vous dans les archives (*chartario*) de l'Église romaine[2]? »

A quelle époque et par suite de quelles circonstances une collection si précieuse a-t-elle ainsi disparu? Sur cette question très obscure, on est réduit à des conjectures. Il y a lieu de penser que la perte de cette collection n'est pas due à un évènement unique, et que des accidents divers et successifs en ont été la cause. Les déclarations du cardinal Dieudonné prouvent qu'une partie notable des registres antérieurs au pontificat de Grégoire VII subsistait encore à la fin du xie siècle[3]; mais, par cela même qu'il ne mentionne qu'un certain nombre de ces registres, — alors que d'autres eussent pu lui fournir, pour son recueil de canons, des matériaux importants, — on doit croire que quelques-uns étaient déjà détruits[4]. Il serait d'ailleurs surprenant que, dans les désordres dont Rome fut le théâtre depuis le com-

---

1. Jaffé, *Regesta*, p. 30, epist. CXLII.
2. Hieron. adv. Ruf., lib. III. — Voir aussi les *Origines de l'Église romaine*, par les Bénédictins de Solesmes, 1836, in-4°, p. 311 et suiv.
3. Il ressort d'un recueil manuscrit récemment découvert au British museum, et dont il sera parlé ci-après, que les registres de Léon IV, d'Étienne VI et d'Alexandre II existaient encore au commencement du xiie siècle (*Neues Archiv*, Hannover, 1880, t. V, p. 327, 340, 343, 376, 400).
4. On peut ainsi supposer que le registre de Nicolas Ier n'existait plus à l'époque du cardinal Dieudonné, lequel ne cite en effet, dans son recueil, qu'une lettre de ce pape.

mencement du xe siècle et qui amenèrent tant de pontifes indignes sur la chaire de saint Pierre, les archives apostoliques n'eussent pas éprouvé des dommages. Ce qui semble hors de doute, c'est qu'en 1239 la série des registres dont il s'agit offrait déjà des lacunes. Dans une lettre qu'à cette date l'archevêque de Tolède adressait à Grégoire IX, ce prélat demandait l'expédition de tous les titres relatifs à son église qui pouvaient avoir été transcrits sur les registres du Saint-Siège, craignant, disait-il, que « si ces registres venaient à périr par suite de vétusté ou par quelque accident imprévu, le droit de son église ne pérît avec eux [1] ». Grégoire IX lui délivra en effet des lettres de privilège tirées des registres d'Urbain II et qui reconnaissaient aux archevêques de Tolède la primatie des Espagnes. Or, n'est-il pas manifeste que ce prélat n'eût pas exprimé ces craintes, si des pertes notables, dues soit à des faits accidentels, soit à l'action du temps, ne les eussent justifiées?

Nous avons dit que, dans les lettres d'Honorius III et de Grégoire IX, il était fait mention des registres de presque tous les papes qui avaient occupé le Saint-Siège au xiie siècle. Il n'est pas probable que ces derniers registres, ni, avec eux, ceux des époques précédentes qui avaient pu être conservés jusque-là, aient

[1]. « Ne, regestis ipsis perditis casu fortuito aut vetustate consumptis, jus ipsius ecclesiæ contingat cum pereuntibus deperire. » Rayn. *Annal. eccles.*, II, p. 225. Cette lettre est également citée par Pertz (*Archiv.*, t. V. p. 31); mais, à la place du mot « pereuntibus, » il écrit « parentibus », ce qui rend la phrase incompréhensible.

été détruits au xiiie siècle. Tout semble témoigner que, d'Innocent III à Clément V, c'est-à-dire pendant tout le cours du xiiie siècle, les archives pontificales étaient tenues dans un bon ordre et l'objet d'une surveillance attentive [1]. Au contraire, au commencement du xive siècle, eurent lieu des évènements qui apportèrent nécessairement du trouble en ces archives. Nous voulons parler de la translation du Saint-Siège à Avignon. On sait que les archives apostoliques suivirent les papes en France, et plus tard revinrent avec eux de France en Italie. Il y a toutefois des raisons de croire que les papes n'emportèrent d'abord en France que les archives dont ils avaient le plus besoin, c'est-à-dire les actes des derniers papes auxquels ils succédaient, tandis que le reste fut laissé provisoirement, sinon à Rome même, du moins en Italie. Ce qui est certain, c'est qu'une partie de ces archives fut alors transférée à Assise, dans le couvent des Frères Mineurs. En 1325, en effet, Jean XXII ordonnait qu'on lui transmît un état des archives du Saint-Siège qui avaient été portées à Assise [2], et, en 1338, des tabellions transcrivirent dans

---

1. Voy. le Mémoire de M. L. Delisle *sur les actes d'Innocent III.* On a lieu de croire qu'au xiiie siècle on possédait encore le registre original des actes de Grégoire VII, et dont celui que nous avons n'est qu'une copie incomplète, bien que contemporaine de ce pape. Voir, plus loin, ce que nous disons de ce registre.

2. Voy. Gaetano Marini, *Memorie istoriche degli archivi della Santa Sede*, Roma, 1825 (ouvrage publié après la mort de l'auteur par le cardinal Maio). A la page 12 de ce mémoire, Marini mentionne une lettre de Jean XXII du 13 janvier 1325 (*Reg. secr. Joh., XXII*), par laquelle ce pontife ordonnait qu'on lui transmît un état des archives déposées à Assise et, en particulier, des registres des papes, voulant, disait-il, être pleinement fixé sur ce point (volentes de regestris

ce dépôt, sur l'ordre de Benoît XII, nombre de pièces anciennes, dont les copies furent ensuite envoyées à Avignon[1]. D'un autre côté, il paraît qu'à la mort de Clément V, en 1314, on trouva à Carpentras, où ce pape résidait, non seulement les registres du propre pontificat de Clément, mais ceux de Boniface VIII et de Benoît XI, qui, avec d'autres objets précieux, faisaient partie du trésor pontifical[2].

D'après un mémoire de Gaetano Marini, préfet des archives du Vatican au commencement de ce siècle, les documents déposés à Assise sous la garde des Frères Mineurs y auraient été transférés sur la fin du pontificat de Clément V[3]. En 1339, on commença de diriger ces documents sur Avignon, où ils ne furent réunis en totalité que sous Urbain V en 1366[4]. Or il résulte d'un texte cité par Marini que, dans le transport opéré en 1339, était comprise une quantité notable de registres[5].

antiquis Romanorum pontificum, quæ sunt in thesauraria Assisii, habere certitudinem pleniorem).

1. « Ne Romanæ ecclesiæ jura... lapsu temporum obsolescerent, sollicitus pontifex... Joanni de Amelio, cameræ apostolicæ clerico, injunxit ut Assisium se conferret, ac, duobus vel pluribus tabellionibus adhibitis, vetera monumenta in thesauro Romanæ ecclesiæ in Assisinate sacrario asservato recondita perquireret atque exscribenda curaret, confectaque exempla mitteret deferretve... quæ res ab illo perfecta summa cum diligentia. » (Rayn. Annal. eccl., VI, p. 129). Voir aussi un mémoire de M. Huillard-Bréholles sur les *Rouleaux de Cluny*, publié dans les notices et extraits des Mss., t. XXI, 2e partie, p. 273.

2. Gaetano Marini, mémoire cité, p. 10.

3. G. Marini, *ibid.*, p. 10 et 11.

4. Voir dans Murat., *Antiq. ital.*, VI, p. 76-190, un inventaire dressé à cette date sur l'ordre de ce pape.

5. Ce texte est emprunté à un registre de Benoît XII. Il y est dit

Au siècle suivant, les archives rassemblées à Avignon, — tant celles qui provenaient de l'ancien dépôt d'Assise que celles qui s'étaient formées successivement depuis Clément V, — reprirent la route de l'Italie. Encore ce retour ne s'opéra-t-il pas en une fois. Lorsque le dernier pape d'Avignon, Benoît XIII, autrement dit Pierre de Luna, contraint en 1408 de quitter la France, se réfugia en Catalogne, il emporta avec lui une partie des archives pontificales. Déposées au château de Peniscola, celles-ci ne revinrent à Rome qu'en 1429, après la renonciation de l'antipape Clément VIII (Gilles de Mūnos) qui avait succédé à Benoît XIII. Trente tonneaux, remplis de registres des papes, furent alors dirigés sur Rome [1]. A cette date, une certaine quantité de documents restait encore au palais d'Avignon; car, par un acte du 20 juin 1441, Eugène IV ordonnait d'inventorier tout ce qui pouvait s'y trouver encore de livres, de privilèges ou d'autres titres intéressant l'Église romaine [2].

---

que le marchand ou voiturier chargé de ce transport reçut 40 florins « de expensis per ipsum factis pro portatura *quorumdam fardellorum plenorum regestris summorum pontificum* ac libris aliis, privilegiis et scripturis dominum nostrum papam et romanam Ecclesiam tangentibus, per ipsum receptoris in Assisio de sacrestia superiori Fratrum minorum. » G. Marini, *ibid.*, p. 13.

1. « Receptisque regestris plurimorum romanorum pontificum in eodem castro repertis usque ad numerum XXX botarum ex illis impletarum. » Bibl. nat. ms. lat. 4242, fol. 515 ; L. Delisle, *Cabinet des manuscrits*, t. I, p. 494. Deux registres d'Innocent III, qui avaient été confondus avec des livres, ne furent point compris dans ce transport et restèrent aux mains du cardinal de Foix, envoyé en Espagne par Martin V pour obtenir de Clément VIII la renonciation au schisme. *Bibl. de l'Éc. des Chartes*, année 1873 : L. Delisle, *Lettres inédites d'Innocent III.*

2. G. Marini, mémoire cité p. 17. Il paraît même que jusqu'au

On conçoit que, dans ces transports répétés, les archives du Saint-Siège ont dû être endommagées ou se perdre en partie. On conçoit aussi que la surveillance des papes, rendue difficile par ces déplacements successifs, a dû se porter principalement sur les lettres ou registres de leurs prédécesseurs immédiats, tandis que les documents plus anciens demeuraient exposés davantage aux chances de destruction. Outre les causes de dommage que nous venons de signaler, il faut tenir compte des dilapidations qui eurent lieu plus d'une fois à ces époques troublées. En 1320, les habitants d'Assise, pour subvenir aux frais de la guerre qu'ils soutenaient contre la population de Pérouse, pillèrent dans le couvent des Frères Mineurs les richesses pontificales qui se trouvaient jointes en ce dépôt aux archives venues de Rome [1]. Des violences de même sorte avaient déjà été commises dans Carpentras, à la mort de Clément V [2]. Enfin un certain nombre de documents disparurent sans doute lors de l'incendie qui, en 1308, détruisit la basilique de Saint-Jean de Latran et s'étendit à toutes les constructions voisines [3]. Le palais de Latran avait

xviiie siècle il y eut des pièces envoyées d'Avignon à Rome. Le lecteur désireux de connaître le sort des archives pontificales, lors de leur translation à Paris sous Napoléon Ier, pourra consulter une brochure de M. Gachard, intitulée : *les Archives du Vatican*, Bruxelles, 1874.

1. G. Marini, *ibid.*, p. 11.
2. « Direptus est pontificius thesaurus a multis. » (Rayn. *Annal. eccl.*, VI, p. 24.)
3. Voici ce que dit de cet incendie un contemporain cité par Rayn., *Ann. eccl.*, IV : « Ipso anno (1308) ignis successus est in palatio S. Johannis Lateranensis in Urbe, combussitque omnes habitationes canonicorum ejus, ac totam ecclesiam, et domus omnes

été en effet, dès l'origine, le lieu de dépôt des archives du Saint-Siège [1]. Il l'était encore au XIIe siècle, ainsi que l'atteste l'acte d'élection de l'antipape Anaclet II du mois de février 1130[2]. D'un autre côté, le cardinal Rasponi, qui publia en 1656 une histoire de la basilique de Saint-Jean de Latran [3] et était en situation de recueillir des informations précises, dit formellement que les archives pontificales demeurèrent au palais de ce nom jusqu'à l'avènement de Clément V, et que ce ne fut qu'au retour des papes à Rome qu'elles furent installées au Vatican, où elles sont aujourd'hui. Si, comme on a lieu de le croire, les archives apostoliques étaient encore au palais de Latran lors de l'incendie de 1308, nul

per circuitum. Solum remansit illæsa capella quæ dicitur Sancta Sanctorum, quæ testudinata erat et ubi capita apostolorum Petri et Pauli cum reliquiis aliorum sanctorum quiescebaut; undè maxima jactura secuta est ex rebus consumptis ibi ab igne et edificiis destructis. »

1. « Fecit bibliothecas duas in baptisterio Lateranensi. » (Anast. Biblioth., *In vita S. Hilarii*. Muratori, *Rer. ital.*, III, p. 121.) — « Fecit tratactus et hymnos... qui hodie in bibliotheca et ecclesiæ archivo reconditi tenentur. » (Idem, *in vita S. Gelasii*, p. 122.) — « Fecit ante scrinium Lateranense porticum atque turrem, ubi et portas æneas atque cancellos instituit. » (Idem, *in vita Zachariæ, ibid.*) — Anastase le Bibliothécaire emploie indifféremment dans le même sens les mots *archivum, bibliotheca* ou *scrinium*.

2. « Hoc a nobis decretum, factum et manuum nostrarum suscriptionibus roboratum, in archivo sanctæ Ecclesiæ Romanæ, scilicet in sacro Lateranensi scrinio, pro futuri temporis cautela recondi fecimus. » *Uldarici codex : Monumenta Bambergensia*, edidit Jaffé, p. 419. — Léon d'Ostie (XIIe siècle) parle de deux reliquaires donnés par le pape Benoît VIII, en 1023, à l'église du Mont-Cassin, et qui provenaient des archives de Latran, « de archivo Lateranensis palatii ». Leo ost., lib. III, c. LXXX, *Chron. monast. Casin.* Murat. *Rer. ital.*, IV, p. 448.

3. *De Basilica et patriarchio Lateranensi*, 1656, in-f°.

doute qu'elles n'aient gravement souffert; et peut-être faut-il voir dans cet évènement l'une des raisons qui décidèrent le Saint-Siège à transférer ces archives à Assise [1].

II

Ainsi durent disparaître, à des dates et par des causes diverses, les registres des papes embrassant les six siècles écoulés entre la mort de Grégoire Ier et l'avènement d'Innocent III. L'érudition moderne a prouvé que cette perte n'était pas tout à fait irréparable. Un savant consciencieux, un diplomatiste éminent, qu'une fin tragique et prématurée a enlevé à la science, Philippe Jaffé [2], s'est imposé la tâche de restituer à l'histoire ces trésors disparus. Les registres des pontifes n'étant, comme nous l'avons dit, que la transcription des actes expédiés par le Saint-Siège, il était possible de suppléer à ces registres en recherchant, dans les archives de l'Europe, les expéditions elles-mêmes, expéditions que le temps a sans doute détruites en grand nombre, mais dont beaucoup nous sont néanmoins

1. Il est remarquable que, dans son mémoire, G. Marini ne fasse pas mention de cet incendie. Il se contente de dire (p. 9) que Clément V fit transporter les archives pontificales à Assise, parce qu'il ne les jugeait pas en sûreté à Rome dans l'absence du Saint-Siège.
2. Jaffé est mort le 3 avril 1870; voir, dans le *Journal des savants*, décembre 1870 — janvier 1871, notre notice sur sa vie et ses œuvres.

parvenues soit en original, soit en copie. C'est ce qu'a compris Jaffé. Dans cette vue, il ne se borna pas à s'enquérir, par les divers moyens offerts à sa disposition, des textes manuscrits que contenaient les principaux dépôts d'archives; il dépouilla les documents imprimés où avaient déjà pu être publiées des lettres du Saint-Siège. Enfin, supposant que l'usage des registres ou tout au moins des transcriptions avait été établi dès l'origine de l'Église, il s'attacha, pour rendre son œuvre plus complète, à rassembler les actes des pontifes depuis l'apôtre Pierre lui-même jusqu'à Innocent III.

Le nombre de lettres ainsi recueillies par Jaffé, — lettres proprement dites, bulles, diplômes ou décrétales, — dépasse le chiffre de 10,000. Comme on le doit penser, il n'en a donné que l'analyse, en sorte que son recueil, malgré le titre de *Regesta pontificum* sous lequel il l'a désigné, représente moins les registres des papes des douze premiers siècles de l'Église, qu'une table, ou, pour mieux dire, un sommaire de ces registres. Le sujet d'un tel travail a vraisemblablement été inspiré à Jaffé par une publication de Böhmer, le *Regesta imperii*[1]. Il y a en effet une analogie manifeste entre ces deux ouvrages, et l'on peut croire que Jaffé a voulu faire pour le Saint-Siège ce que Böhmer avait fait pour l'empire d'Allemagne. Quant à la méthode d'après laquelle Jaffé a disposé son travail, quelques mots suffiront pour en faire ressortir le mérite.

Dans ce volumineux recueil, les lettres des papes,

---

1. *Regesta imperii, ab anno* MCCLVI *usque ad annum* MCCCXIII, Stuttgart, 1844, in-4º.

quelle qu'en soit la nature, ont été classées dans l'ordre chronologique, — qui était le seul à choisir, — et toutes sont numérotées[1], ce qui facilite les renvois. Quand la lettre est inédite, elle est ordinairement reproduite *in extenso*. Les lettres déjà publiées sont résumées en quelques lignes, mais de telle manière que l'objet important en ressorte toujours, et des fragments en sont parfois cités. Jaffé a relevé jusqu'aux actes dont on n'a que des indices, tels que des passages inscrits dans d'autres lettres; mais il a pris le soin de marquer d'un astérisque cette classe de documents. A la fin de chaque sommaire on trouve, avec la source d'où la lettre est extraite, les deux ou trois premiers mots du texte de la lettre : ce qui permet de contrôler en un instant l'identité de documents qu'on aurait sous les yeux. Outre l'indication, en haut des pages, de l'année à laquelle se rapportent les lettres, deux colonnes règnent en marge des sommaires et contiennent, l'une la date du mois et du jour, l'autre celle du lieu[2]. Les lettres émanées d'un même pape forment comme autant de chapitres, au commencement et à la fin desquels une courte notice est consacrée au pape dont il s'agit. Dans cette notice, on a la date de son avènement et de sa mort, avec des indications sur la légende de son sceau, sur la manière dont il compte les années de l'incarnation et de l'indiction, enfin les noms des car-

---

[1]. De 1 à 10,749 pour les lettres authentiques, et de I à CCCCXII pour les lettres fausses, qui ont été rejetées à la fin de l'ouvrage.

[2]. Jaffé a donné, concurremment avec les lettres, une analyse sommaire des conciles ou synodes tenus par les papes et qu'il a classés, comme les lettres, par ordre chronologique.

dinaux qui souscrivent ses bulles, ainsi que les noms des chanceliers ou des notaires qui les écrivent et les datent.

C'est dans la partie chronologique de son travail que Jaffé a montré toute la sûreté de son érudition. Toutes les dates ont été ramenées par lui au style moderne après des vérifications minutieuses. On sait que les itinéraires des papes offrent un des moyens les plus sûrs de fixer la date de leurs lettres. Jaffé a relevé dans les chroniques et les chartes les passages capables d'établir ces itinéraires [1]. Cette étude approfondie des dates lui a permis d'indiquer les divers systèmes de chronologie usités à la chancellerie de la cour romaine. Il les a exposés en détail dans la préface de son ouvrage [2]. Les règles sévères qu'il a tracées sur ce point doivent faire désormais partie de tout bon traité de diplomatique pontificale.

D'après ces brèves considérations, on conçoit toute la valeur de l'œuvre de Jaffé. Outre que le *Regesta pontificum* peut être regardé comme la restitution d'un des monuments les plus importants à étudier pour l'histoire générale du moyen âge, et, en particulier, pour l'histoire ecclésiastique, il représente le travail le plus complet qui ait jamais été fait sur la chronologie pontificale, et on peut s'en servir, avec une sécurité

---

1. On se rendra compte du degré de savoir et de sagacité qu'a exigé ce travail sur la chronologie, en suivant, dans le mémoire déjà cité de M. Léopold Delisle, les procédés analogues employés par ce savant pour dater les actes d'Innocent III.

2. Voy. le résumé que M. Léopold Delisle a fait de cette exposition dans la *Biblioth. de l'Éc. des chartes*, série III, p. 480, 481.

presque entière, soit pour dater les lettres de papes qu'on rencontre dans les textes, soit pour en contrôler l'authenticité. Si on ajoute à cela l'heureux effet d'une méthode qui rend le *Regesta* d'un usage si facile aux érudits, on comprendra la réputation que cet ouvrage a value à son auteur, réputation qui, franchissant les limites de l'Allemagne, s'est étendue en France, en Italie et en Angleterre.

Si considérable, si substantiel que fût son travail, Jaffé ne se flattait point de la pensée qu'il dût être définitif; et, présumant qu'après lui on pourrait vouloir en combler les lacunes, il mit en tête de son ouvrage un index détaillé de tous les documents qu'il avait consultés, en vue d'épargner aux savants le soin d'entreprendre des recherches déjà faites. Ses prévisions se sont réalisées. A l'heure où nous écrivons, se prépare en Allemagne, sous la direction de l'éminent professeur de Berlin, G. Wattenbach, une nouvelle édition du *Regesta pontificum*. Indépendamment de la correction d'un certain nombre d'erreurs qui étaient inévitables dans une œuvre aussi étendue, cette seconde édition, dont les premiers fascicules ne tarderont pas à paraître[1], se recommandera par l'addition de 2 à 3,000 lettres. C'est principalement sur la période écoulée entre la mort de Jean VIII et l'avènement d'Innocent III (882-1198) que portera cette addition[2]. Deux importantes publications, dont la date est toute récente, offriront un secours précieux aux nouveaux éditeurs. La première a pour

1. A Leipsig, chez Veit et Comp.
2. Cette partie du travail a été confiée à un jeune et consciencieux érudit, le Dr Lowenfeld.

auteur M. J. Harttung, qui a mis au jour 453 lettres inédites, au moins pour la majeure partie, et appartenant toutes, sauf quelques-unes, aux papes du xiie siècle [1]. La seconde publication, qui mérite une mention particulière, est due à l'heureuse découverte faite au British Museum d'un recueil manuscrit, renfermant des lettres ou fragments de lettres d'un certain nombre de pontifes qui ont occupé la chaire apostolique de la fin du ve siècle à la mort d'Urbain II. Ce recueil, qui date du commencement du xiie siècle, paraît avoir été composé à Rome même d'après les pièces ou les registres conservés dans les archives du Saint-Siège. M. Ewald, dans un savant travail, a donné le texte ou l'analyse de ces lettres, dont 233 ne semblent pas avoir été connues jusqu'à ce jour [2].

1. *Acta pontificum Romanorum inedita*, Tübingen, 1880, in-4°. Les 453 lettres publiées par M. Harttung s'étendent de l'année 748 à l'année 1198. Mais, hormis 12 lettres antérieures au xie siècle et 62 qui datent du xie, toutes les autres, au nombre de 379, appartiennent au xiie. Contrairement au titre de ce recueil, nous disons que ces lettres sont inédites pour la majeure partie, et non pas toutes, parce qu'en effet l'auteur n'a pas pris garde qu'un certain nombre avaient été déjà mises au jour.
2. *Neues Archiv*, in-8°, Hannover, 1880, t. V, p. 277-414 et 505-596. M. Ewald a eu à sa disposition, non le manuscrit lui-même, mais une copie de ce manuscrit faite par M. Bischop à qui revient le mérite de cette découverte. Il paraît toutefois que Pertz, dans ses voyages en Angleterre, avait eu déjà connaissance de ce recueil et en avait fait quelques extraits; mais ces extraits n'ont été publiés que lorsque la copie de M. Bischop était totalement terminée (voy. *Neues Archiv*, t. IV, p. 337). On a des raisons de croire que ce recueil avait été composé en vue d'un de ces travaux sur le droit canon qui ont été si nombreux à la fin du xie et dans le cours du xiie siècle. D'après M. Bischop, il serait l'œuvre de différentes mains. A côté de textes défectueux, obscurs, et qui sont vraisem-

Avant que la nouvelle édition, dirigée par M. Wattenbach, eût été commencée, l'œuvre de Jaffé avait déjà donné lieu à une autre publication. Le D*r* August Potthast, de Berlin, a voulu faire pour le xiiie siècle ce que Jaffé avait fait pour les douze premiers siècles de l'Église. Sous le même titre de *Regesta pontificum*, et en suivant à peu de chose près la même méthode, il a donné l'analyse de toutes les lettres des papes depuis et y compris le pontificat d'Innocent III jusqu'à l'avènement de Clément V, — de toutes celles du moins qui se trouvaient éparses dans les collections imprimées ou contenues dans des publications particulières[1]. Comme les registres correspondant à cette période sont conservés au Vatican, on peut contester, à certains égards, l'utilité de ce travail. Du moins cette utilité subsistera tant que les registres dont il s'agit ne seront pas

blablement le fait de copistes inhabiles, il en est d'autres très corrects et d'une grande importance. Ajoutons que ce recueil est resté sans usage connu et qu'on n'en trouve la mention dans aucun document contemporain. Quant aux papes de qui émanent les lettres contenues dans ce manuscrit, ce sont Gélase Ier, Pélage Ier, Pélage II, Léon IV, Jean VIII, Étienne VI, Alexandre II et Urbain II. Sur 134 lettres ou fragments de lettres provenant des deux derniers papes, 87 ne semblent pas jusqu'ici avoir été connues; 66, qu'on a également lieu de croire inédites, proviennent des trois premiers; le reste se répartit entre Léon IV, Jean VIII et Étienne VI. Il importe de noter que M. Harttung, dans l'ouvrage dont nous avons parlé ci-dessus, ne donne aucune lettre de Léon IV ni d'Étienne VI. Il en donne une pour Jean VIII, 9 pour Alexandre II et 18 pour Urbain II. Aucune de ces 28 lettres ne se trouve répétée parmi celles que M. Ewald a mentionnées, comme inédites, sous le nom de ces trois derniers papes.

1. *Regesta pontificum Romanorum inde ab a. post Christum natum* MCXCVIII *ad a.* MCCCIV, *edidit* Augustus Potthast, 2 vol. in-4º Berolini, 1873-1874.

mis au jour. Déjà l'on possède le texte des registres d'Innocent III [1]. Ceux qui concernent le pontificat d'Innocent IV, un des plus importants du xiiie siècle, vont également être livrés à la publicité. Un élève de l'école française de Rome, M. Berger, admis à dépouiller ces registres aux archives du Vatican, a recueilli 8,600 pièces dont l'impression, commencée à cette heure, ne comportera pas moins de trois volumes in-4°[2]. La libéralité que montre à cet égard la cour de Rome donne lieu d'espérer que la science ne tardera pas à s'enrichir d'autres publications, et qu'aux registres d'Innocent III et d'Innocent IV viendront s'ajouter les registres, non moins précieux, de Grégoire IX et de Boniface VIII [3].

1. Voici ci-après ce que nous disons des registres d'Innocent III.

2. Séance de l'Académie des inscriptions et belles-lettres du 13 novembre 1880 ; discours de M. E. Leblant. M. A. Potthast, dans son ouvrage, ne signale que 4,519 lettres d'Innocent IV.

3. Comme complément de ces informations, nous devons dire qu'un ecclésiastique, M. Horoy, a entrepris récemment la continuation de la *Patrologie* de l'abbé Migne depuis la mort d'Innocent III jusqu'à l'époque du concile de Trente. Quelques volumes ont été imprimés, contenant les œuvres et une partie de la correspondance d'Honorius III. Malheureusement cette entreprise, qui méritait d'être encouragée, paraît interrompue. Voici le titre des volumes publiés, lesquels, au point de vue de la critique, laissent, il faut le reconnaître, beaucoup à désirer : *Medii ævi bibliotheca patristica seu ejusdem temporis Patrologia ab anno MCCXVI usque ad concilii Tridentini tempora...*, recognoscente et annotante Horoy, sacerdote e Bellovacensi diœcesi oriundo; Honorii III tomus secundus. Paris, imprimerie de la Bibliothèque ecclésiastique, 1879, in-4°. Voy., sur ces deux premiers volumes, un compte-rendu de M. Ulysse Robert, *Bibl. de l'Éc. des chartes*, année 1879, p. 478-482.

LE REGISTRE DE GRÉGOIRE VII

ET

LES *MONUMENTA GREGORIANA*

Le registre de Grégoire VII, que Jaffé a publié en 1865 dans ses *Monumenta gregoriana*[1], n'était connu jusqu'alors que par des éditions fautives. Jaffé en a donné un texte entièrement conforme au manuscrit du Vatican, en se servant d'un exemplaire collationné sur ce manuscrit par Giesebrecht. Nous avons eu l'occasion de dire que ce registre n'était pas le registre original, ou, pour parler plus exactement, qu'il n'était qu'une transcription incomplète faite, à l'époque de Grégoire VII, du véritable registre. Diverses considérations mettent ce fait hors de doute. Conformément à un usage qu'on voit constamment suivi à la chancellerie romaine à partir du xiiie siècle et qui vraisemblablement existait déjà avant Grégoire VII, le registre qu'a publié Jaffé est distribué par livres dont chacun correspond à une

[1]. *Monumenta gregoriana*, edidit Ph. Jaffé, in-8º, Berolini, 1865.

année du pontificat de Grégoire[1]. Or ce registre ne renferme que huit livres sur douze qu'il devrait contenir en rapport avec les douze années de ce pontificat. C'est une première présomption que, dans le manuscrit du Vatican, nous ne possédons que la copie incomplète d'un registre perdu. En outre, on trouve réunies sans ordre, à la fin du huitième livre, un certain nombre de lettres, non datées pour la plupart, dont les unes se rapportent à la huitième année du pontificat et les autres aux années ultérieures; insertion vicieuse qui, au cas où le registre serait original, ne paraît pas se concilier avec la succession méthodique des sept premiers livres et ne peut provenir que d'additions confuses de quelques scribes. Une irrégularité d'une autre sorte et qui conduit à la même conclusion, c'est que, parmi les lettres placées ainsi à cet endroit du registre, il en est deux qui reproduisent mot pour mot des lettres déjà insérées dans la première partie du même livre[2]. Enfin, — et ici l'argument nous semble décisif, — une main du xiiie siècle a joint à certaines de ces lettres des remarques telles que celles-ci : « Hæc epistola, hic errore scriptoris posita, debuit inferius scribi; » et plus loin : « Hæc similiter epistola debuit in superioribus scribi[3]. » Des corrections aussi pré-

---

1. Le registre de Grégoire Ier est de même divisé par livres, mais chacun de ces livres, au lieu de correspondre à une année du pontificat, correspond à une période indictionnelle.
2. Une main du xve siècle a écrit en marge d'une de ces lettres : « Ista epistola est superius posita libro; » et, en marge de la seconde : « Ista eadem epistola et sub eadem Data de verbo ad verbum conscripta posita lib. VIII ep. 16. » *Mon. greg.*, 486, 496, notes.
3. *Mon. greg.*, p. 487, 496.

cises n'eussent pu vraisemblablement être indiquées, si leur auteur n'eût connu le registre original. Il y a plus ; mention est faite de ce registre original sur le registre dont nous parlons. Fixant la véritable place de l'une des lettres insérées à tort dans le huitième livre, une autre main a écrit : « Ex libro VIIII registri ejusdem Gregorii ; » et ailleurs : « Incipit liber X », correction que la même main a modifiée ensuite en substituant le chiffre XI au chiffre X[1].

On voit, par ces détails, que le registre du Vatican n'est, comme nous l'avons dit, que la copie partielle d'un registre antérieur. De là le nom de *registrum minus* sous lequel Jaffé désigne le premier, par opposition à l'autre qu'il appelle *registrum majus*. Non seulement nous ne possédons qu'un fragment, à la vérité très important, du véritable registre; mais il y a lieu de penser que plusieurs des livres qui composent le *registrum minus* ne sont eux-mêmes qu'un abrégé du texte primitif. Le premier livre contient en effet 86 lettres et le second 77, tandis qu'on n'en compte que 21 dans le troisième et 28 dans le quatrième. Une telle disproportion, — alors surtout que la troisième et la quatrième année du pontificat de Grégoire furent signalées par les plus graves évènements, — serait inexplicable, si l'on ne supposait une copie écourtée à dessein par le scribe chargé de cette transcription. La même réflexion peut être appliquée aux cinquième et sep-

1. *Mon. greg.*, p. 469, 516. Jaffé n'a pas indiqué la date de ces deux dernières corrections; il s'est borné à dire, d'après Giesebrecht, qu'elles étaient dues à une main plus moderne (manus posterior) que celle qui avait écrit les lettres du registre.

tième livres, qui renferment l'un 23 lettres et l'autre 28.

Si à ces considérations l'on ajoute que le registre du Vatican date visiblement du xi⁰ siècle, on peut conclure, ce semble, que cette transcription a été exécutée lorsque le registre original n'avait pas encore ses huit premiers livres achevés, — c'est-à-dire avant le 30 juin 1081 où commence la neuvième année du pontificat [1], — et que les lettres introduites confusément à la fin du huitième livre l'ont été ultérieurement, d'après différentes sources et sans le secours du registre type. On peut croire en outre que cette copie a été terminée vers la fin de mars 1081 ; car c'est peu après une lettre de cette date que se rencontrent, avec les signes de désordre que nous avons remarqués, les corrections manuscrites dont nous avons parlé. Admettant, — comme tout paraît le démontrer, — que le *registrum minus* a été écrit du vivant de Grégoire, Jaffé a pensé qu'il avait dû l'être sur l'ordre de ce pape. Il n'est pas impossible en effet que Grégoire ait voulu adresser une copie de sa correspondance à quelque prélat éloigné, afin que celui-ci, éclairé sur toutes les idées du pontife, combattît plus sûrement les ennemis du Saint-Siège. La longue lettre qu'au mois de mars 1081 Grégoire envoyait à l'évêque de Metz, Hermann, — sorte de mé-

[1]. Grégoire compte les années de son pontificat à partir du 30 juin, jour de sa consécration ; en sorte que chaque livre du registre, pour l'année à laquelle il correspond, commence, au plus tôt, le 30 juin, pour finir, au plus tard, le 29 juin de l'année suivante. Il convient de remarquer que cette règle, observée dans tous les livres (à l'exception du premier qui commence au jour de l'élection, 22 avril), ne l'est pas dans le huitième, dont les sept premières lettres appartiennent par leurs dates au livre précédent.

moire où étaient consignées toutes les raisons qu'on pouvait opposer à ceux qui déniaient au pape le droit d'excommunier Henri IV [1], — paraît se rattacher à un dessein de cette nature. Ajoutons qu'à Rome même le registre de ce pontife était communiqué à de zélés partisans du Saint-Siège, lesquels cherchaient sans doute, dans cette lecture, des lumières propres à diriger leurs efforts. C'est du moins ce qu'on peut inférer d'un passage de la chronique de Bernold, où ce moine, parlant en 1085 de la mort alors toute récente de Grégoire, disait de ce pape : « Apôtre ardent de la religion et défenseur intrépide de la liberté de l'Église, il a voulu non seulement que le clergé fût affranchi de la sujétion des séculiers, mais qu'il les dominât par la dignité de ses fonctions et la pureté de ses mœurs; c'est là une vérité que ne saurait nier quiconque a lu le registre de ce pontife [2]. » Si l'on admet que la transcription dont il s'agit ait été exécutée dans le but que nous supposons, on comprend dès lors que le scribe chargé de cette transcription ait eu quelque intérêt à l'abréger, et qu'après avoir copié intégralement, pour une raison ou pour une autre, les deux premiers livres du registre original, il ait voulu hâter son travail en ne prenant, dans les livres suivants, que les lettres importantes.

A la suite de ce précieux registre, Jaffé a inséré, dans

1. Ep. VIII, 21, *Mon. greg.*, p. 453-467.
2. Pertz, *Mon. germ.* SS. V, 444. Ce Bernold, religieux au monastère de Saint-Blaise (monastère situé sur la rive droite du Rhin et dépendant du diocèse de Constance), était présent au concile de Rome de 1079 où l'on condamna Bérenger; ce fut vraisemblablement à cette époque qu'il eut communication du registre de Grégoire.

ses *Monumenta Gregoriana*, cinquante et une lettres de Grégoire recueillies de divers côtés, et dont trois étaient restées jusqu'alors inédites. Depuis leur publication, trois autres ont été découvertes par M. Léopold Delisle au dépôt des manuscrits de la Bibliothèque nationale[1]. Toutes ces lettres s'étendent de l'année 1073 à l'année 1084; un très petit nombre sont datées des dernières années du pontificat. Si à celles-ci on ajoute celles que contient le registre du Vatican à la fin de son huitième livre, on se trouve ne posséder qu'une cinquantaine de lettres pour les quatre dernières années du pontificat de Grégoire. Il y a là une lacune à laquelle de futures découvertes permettront peut-être d'apporter quelque remède[2].

Le registre de Grégoire et ces cinquante et une lettres additionnelles (*Epistolæ collectæ*) constituent la partie la plus considérable des *Monumenta gregoriana*. Jaffé a terminé cet important recueil par la publication d'un traité émané d'un des plus ardents partisans de Grégoire : le *Liber ad amicum* de Bonitho ou Bonizo, évêque de Sutri, traité qui a surtout pour objet l'histoire des démêlés du Saint-Siège et de l'Empire. A la place d'un opuscule déjà imprimé plusieurs fois[3], nous

---

[1]. *Bibliothèque de l'École des Chartes*, série VI, t. I, p. 558-561.
[2]. Nous tenons d'une obligeante communication de M. Lowenfeld que quatorze lettres de Grégoire, — y compris les trois mises au jour par M. L. Delisle, — seront ajoutées, dans la nouvelle édition du *Regesta pontificum*, à celles qu'a publiées Jaffé. Notons que M. Harttung, dans ses *Acta inedita pontificum Romanorum*, a donné neuf lettres de ce pape. Sur ces neuf lettres, deux seulement sont postérieures au 30 juin 1081.
[3]. En 1763, par Œfele, et, en 1862, par Watterich.

aurions préféré une édition critique des principaux biographes de Grégoire. Ce traité n'est assurément pas dépourvu d'intérêt. Néanmoins on ne doit accepter qu'avec les plus grandes réserves les récits de Bonizo, et, de l'aveu même de Jaffé, il convient de n'ajouter foi à ses assertions que pour les faits de peu d'importance. Cet écrit offre en effet, à plusieurs endroits, un témoignage sensible de ces falsifications historiques auxquelles se portèrent alors les hommes du parti grégorien.

LES REGISTRES D'INNOCENT III

Les registres qui contiennent la correspondance d'Innocent III ont été divisés, comme celui de Grégoire VII, en un certain nombre de livres dont chacun correspond à une année du pontificat. Ce pape ayant occupé le Saint-Siège durant une période de dix-huit ans et demi, de 1198 à 1216, sa correspondance a dû remplir dix-neuf livres. De ce nombre, quatorze sont parvenus jusqu'à nous, savoir les livres I-III, V, VI et VIII-XVI, avec le *Registrum super negotio imperii Romani* ou recueil des lettres sur les affaires de l'Empire. Dès 1543, le cardinal Sirlet publiait les deux premiers livres, et, en 1635, les livres XIII-XVI étaient mis au jour par François Bosquet[1]. Baluze entreprit de compléter les travaux de Sirlet et de Bosquet; et, en 1682, il donnait une collection des lettres d'Innocent III renfermant, avec les deux premiers livres, les livres X-XVI et le *Registrum imperii*[2]. Le reste parut en 1791 par les soins

---

1. Ces livres remplissaient un registre dont on a perdu la trace depuis la publication qu'en a faite Fr. Bosquet.
2. Cette collection renfermait aussi une partie du livre V. Le tout parut sous ce titre : *Epistolarum Innocentii III libri undecim,*

de La Porte Du Theil, qui avait eu à sa disposition une copie des livres III, V, VI, VIII et IX conservés au Vatican [1]. En 1855, l'abbé Migne rassembla en un seul corps d'ouvrage les textes édités par ces deux illustres savants [2]. M. Léopold Delisle, dans son *Mémoire sur les actes d'Innocent III*, mémoire imprimé en 1858, a donné l'historique de ces diverses publications [3].

Les livres ainsi publiés ne nous sont pas tous parvenus intégralement. Nous n'avons qu'une très petite partie du livre III. Il n'offre que 57 lettres, tandis qu'on en compte 600 dans le premier livre et que chacun des autres livres en contient généralement de 200 à 250 et quelquefois 300. Le livre V, où l'on ne rencontre que 162 lettres, est probablement incomplet. Enfin le livre II présente des déficit certains, bien qu'il renferme près de 300 lettres. M. L. Delisle cite en effet deux lettres dont ce livre ne contient aucune trace et que l'on sait, par le témoignage d'Innocent III, avoir fait partie du deuxième livre [4]. Baluze parle aussi d'une lettre de ce

---

Parisiis, ap. Fr. Muguet, 1682, in-f°. Les livres x-xii, imprimés dans cette collection, sont aujourd'hui en Angleterre dans la bibliothèque de lord Ashburnham. Voy. L. Delisle, *Lettres inédites d'Innocent III*, Bibliothèque de l'École des Chartes, année 1873, 4e livraison.

1. *Diplomata, chartæ*, t. II et III, Parisiis, ap. J. Nyon, 1791, in-f°. Les livres I et II, de même que les livres publiés par La Porte Du Theil, sont encore aujourd'hui au Vatican.

2. *Innocentii III Opera omnia*, quatuor tomis distributa, accurante J. P. Migne, 1855, in-4° (*Patrologiæ latinæ cursus completus*, t. CCXIV-CCXIX).

3. *Mémoire sur les actes d'Innocent III*, Paris, Durand, 1858, in-8°.

4. L. Delisle, mémoire cité, p. 6.

pape, qu'au dire de Roger de Hoveden un évêque, venu d'Angleterre à Rome, aurait fait transcrire sur le deuxième livre, et qu'on ne retrouve pas dans celui que nous possédons [1]. Quant aux livres IV, VII et XVII-XIX, qui n'ont pas été publiés, ils sont vraisemblablement perdus. Ce n'est pas qu'on ne possède sur ces livres quelques informations. Déjà La Porte Du Theil avait fait connaître un fragment de table extrait des archives du Vatican et paraissant se rapporter aux livres XVII, XVIII et XIX [2]. De son côté, M. L. Delisle a trouvé un texte en date du mois de juin 1283, attestant que le livre XVIII était alors conservé dans les archives pontificales [3]. Une heureuse découverte est venue compléter ces premières indications. Le P. Theiner a retrouvé parmi les registres d'Innocent VI et a publié en 1863 [4] un inventaire détaillé de 766 lettres que renfermaient les livres III, IV, XVIII et XIX, et dont 275 appartenaient au livre III. Depuis cette découverte, il ne reste plus que les livres VII et XVII sur le contenu desquels aucune notion certaine n'a encore été recueillie.

Bien que, par les seuls livres qui nous ont été conservés, nous possédions le texte de 3,702 lettres, nous

1. Migne, *ibid.*, t. I, col. 856, note.
2. *Diplomata, chartæ*, t. II, p. viij.
3. *Mémoire sur les actes d'Innocent III*, p. 7. Ajoutons que l'existence du livre IV est attestée par un passage d'une lettre d'Innocent III : « Ut in illa (epistola) quæ fit comiti Celanensi in regesto quarti anni domini Innocentii (Ep. V, 30). »
4. Dans l'ouvrage intitulé : *Vetera monumenta Slavorum meridionalium historiam illustrantia.* Voy. *Bibliothèque de l'École des Chartes*, 5ᵉ série, IV, 440.

sommes loin, comme on le voit, de connaître toutes celles qui remplissaient les registres. On sait d'ailleurs qu'il n'était pas dans les usages des officiers de la chancellerie de garder copie de tous les actes expédiés par le Saint-Siège. Des recherches faites à diverses époques et continuées jusqu'à ce jour ont permis d'augmenter la somme des lettres transmises par les registres. Déjà Baluze avait enrichi sa publication d'une soixantaine d'actes qu'il ajouta, sous forme d'appendices, à chacun des livres édités par ses soins. On doit également à La Porte Du Theil l'addition de 85 pièces. L'abbé Migne, de son côté, a donné un supplément d'environ 250 lettres extraites par lui de divers recueils imprimés. Enfin le P. Theiner, ainsi que nous l'avons dit, a fait connaître, sinon le texte, du moins la substance de plus de 700 lettres appartenant aux livres qui nous manquent[1]. En 1873, M. August Potthast, ajoutant aux travaux de ces divers savants le résultat de ses propres investigations, a pu donner, dans son *Regesta pontificum*[2], l'analyse de 5,316 lettres. M. L. Delisle estime que, par de nouvelles recherches opérées dans les dépôts d'archives, ce chiffre pourra être augmenté de plusieurs centaines de pièces. Lui-même a publié le texte de 21 lettres dont M. August Potthast n'a connu que le sujet[3].

1. Il faut en effet retrancher des 766 lettres, dont le P. Theiner a donné le sommaire, les lettres que nous connaissons du livre III.
2. *Regesta pontificum Romanorum, inde ab anno post Chr. nat. MCXCVIII ad annum MCCCIV*, edidit Augustus Potthast. Berolini, MDCCCLXXIII, in-4°.
3. *Lettres inédites d'Innocent III*, Bibliothèque de l'École des Chartes, année 1873, 4e livraison, p. 402-419. Dans son *Mémoire*

En somme, grâce à ces différentes publications, on possède aujourd'hui, à peu de chose près, tous les matériaux d'une édition définitive des actes d'Innocent III. Celle-ci toutefois ne répondrait qu'imparfaitement aux besoins de la science, si elle n'était en même temps une édition critique. Or ce travail ne laisse pas que de présenter plus d'une difficulté. A l'égard des lettres manuscrites qui viendraient à être découvertes et dont le texte ne se trouve pas dans les registres, il faut, d'une part, distinguer les lettres authentiques des lettres apocryphes, et, d'autre part, éviter de confondre les actes d'Innocent III avec ceux d'Innocent II et d'Innocent IV. En ce qui concerne les lettres fausses, la défiance est d'autant plus nécessaire, que, de l'aveu d'Innocent III, — ainsi que nous l'avons indiqué dans une étude précédente, — leur nombre était considérable [1]. Quant aux erreurs où l'on peut tomber en confondant les actes d'Innocent III avec ceux d'Innocent II et d'Innocent IV, on a également lieu de les redouter ; car d'illustres savants, tels que Mabillon, Duchesne, Baluze, Bréquigny, La Porte Du Theil et quelques autres, n'ont pas toujours su les éviter.

Pour ce qui est des lettres transmises par les registres, la plus récente publication qui en a été faite, celle de l'abbé Migne, laisse, on doit le dire, totalement à désirer. Par la source dont elles proviennent, il n'y a pas de doutes à établir sur leur authenticité ; mais ces

sur les actes d'Innocent III, M. L. Delisle annonçait la publication d'environ 200 lettres inédites de ce pape ; on ne saurait trop regretter que le savant académicien n'ait pas donné suite à son dessein.

1. Voir notre Étude sur Innocent III.

lettres sont presque toutes à dater. On peut suivre, dans le Mémoire de M. L. Delisle *sur les actes d'Innocent III*, les nombreuses irrégularités que présente, à cet égard, le texte des registres. Non seulement le scribe ne donne jamais que des dates incomplètes ; mais, pour une lettre de même date qu'une autre déjà transcrite, ce qui est un cas très fréquent, il se borne à mettre *Data eadem* ou *Dat. ut supra*. Or la lettre immédiatement antérieure est rarement celle à laquelle il convient de recourir pour rétablir la date qui a été omise. Il arrive même souvent que deux lettres qui se suivent sont de dates différentes, contrairement à l'indication *Dat. ut supra* qui accompagne la dernière. Ajoutons qu'il n'est pas toujours vrai qu'une lettre appartienne par sa date au livre où elle se trouve enregistrée [1].

M. L. Delisle, dans son Mémoire, a abordé ces diverses difficultés et établi des règles pour les résoudre. Il a déterminé les formules de suscription et quelques-unes des particularités paléographiques des lettres d'Innocent III, fixé la chronologie des chanceliers ou

[1]. Innocent III commençait les années de son pontificat au jour de son sacre, qui eut lieu le 22 février 1198, et non, comme on l'a cru longtemps, au jour de son élection survenue le 8 janvier de la même année. L'édition Migne, où les années du pontificat ont été confondues avec des années ordinaires, est donc aussi à corriger sur ce point. Nous remarquerons, à ce propos, que plusieurs savants, se basant sur le texte des registres, ont pensé que les actes d'Innocent III étaient ordinairement expédiés sans date, ou du moins sans la date de l'année du pontificat. M. L. Delisle (*Mémoire*, p. 12) a pu démontrer l'inexactitude de cette opinion par la mise au jour d'expéditions originales datées régulièrement et reproduites sans date dans les registres.

vice-chanceliers chargés de délivrer les privilèges, donné le nom des cardinaux appelés à les souscrire, indiqué les types divers employés pour la bulle, et précisé le système de dates en usage (lieu, jour, indiction, années de l'incarnation et du pontificat); enfin il a tracé avec un soin minutieux les itinéraires d'Innocent III et d'Innocent IV, ressource des plus précieuses pour discerner les lettres appartenant à l'un ou l'autre de ces papes. Par sa clarté, son exactitude, par le nombre de questions qu'il résout, le Mémoire de M. L. Delisle, qu'on peut considérer comme le traité le plus important qui ait été écrit sur la diplomatique pontificale, se trouve être la préface nécessaire de toute édition critique des actes d'Innocent III. Nul doute que M. August Potthast ne se soit servi des règles formulées dans ce Mémoire pour dater la plupart des lettres qu'il a signalées dans son *Regesta pontificum,* et notamment les lettres qui proviennent des registres [1]. Mais, outre qu'il est un certain nombre de lettres qu'il n'a datées que d'une manière très approximative, les dates qu'il a fixées pour les autres ne présentent pas toutes un égal degré d'exactitude, et, si estimable que puisse être son travail sous ce rapport, il convient d'en contrôler avec soin les résultats [2].

1. M. August Potthast ne dit rien de ce mémoire. En revanche, cet ouvrage a été utilement mis à contribution et est cité nombre de fois dans un travail publié en langue danoise sur les archives pontificales par le Dr Storm, et que M. Lowenfeld vient de traduire en allemand sous ce titre : *P. A. Munch, Aufschlüsse über das Papstliche Archiv herausgegeben von Dr G. Storm; aus dem Dänischen übersetzt von Dr Lowenfeld.* Berlin, 1880.
2. M. L. Delisle, dans les *Lettres inédites d'Innocent III*, a fourni

Indépendamment de ce qui regarde la date, les registres offrent des incorrections qui ne sauraient être reproduites dans une édition définitive. Nous voulons parler des lacunes que présente le texte des registres. Le plus souvent, en effet, les lettres transcrites sur les registres, loin de reproduire les actes originaux, n'en étaient que l'abrégé. On ne copiait guère que les parties importantes du texte. Pour peu que la pièce à transcrire offrît des passages identiques à ceux d'une lettre déjà enregistrée, on se bornait à en rappeler les premiers termes accompagnés de l'indication *ut supra*. Si le passage était, non pas identique, mais analogue, on ajoutait à cette indication les mots *in fere eundem modum*. Malheureusement il arrive, pour les passages ainsi omis, de même que pour les dates, que l'indication *ut supra* se rapporte rarement aux lettres immédiatement antérieures. A l'égard des préambules, dispositifs, clauses, et généralement de toutes les formules insérées dans le corps de l'acte, le scribe, les supposant connues, se contentait habituellement d'en reproduire le premier mot et le dernier, séparés l'un de l'autre par le signe *et cætera* ou le terme *usque*[1]. Inutile de faire re-

plusieurs preuves de l'inexactitude des dates fixées par Potthast. Ajoutons que le savant allemand n'a pas mentionné toutes les lettres d'Innocent III qui étaient imprimées avant la publication de son travail. C'est ainsi qu'on ne trouve pas dans son ouvrage une bulle de ce pape que M. l'abbé Chauffier avait découverte dans le onds du chapitre de Vannes et qu'il a publiée dans la Bibliothèque de l'École des Chartes de l'année 1872.

1. Voir, comme spécimen de ces abréviations, les lettres 2 et 4 dont M. L. Delisle a donné le texte dans les *Lettres inédites d'Innocent III*.

marquer qu'en rétablissant ces formules et en les distinguant selon la nature des actes auxquels elles se rapportent, on aurait un formulaire à peu près complet de la chancellerie pontificale à cette époque. Ajoutons que, dans leur propension à tout abréger, les scribes omettaient parfois des déclarations importantes. L'un d'eux, transcrivant une lettre de privilège où étaient désignées un certain nombre d'églises avec leurs dépendances, se borne à en nommer quelques-unes, après quoi il écrit : *et plures alias quas brevitatis causa prætermitto*[1].

L'on voit, d'après ces remarques, que, sans offrir de graves difficultés, la reconstitution du texte des registres dans son intégrité exige du moins des soins très minutieux. Terminons en disant que ces abréviations sans règle, ces renvois défectueux, ces dates mal indiquées, ces lettres enregistrées hors de leur place, tout cet apparent désordre des registres, en un mot, ne doit pas être imputé, comme le paraît croire Baluze[2], à la négligence accidentelle de quelques scribes. A la vérité, les registres d'Innocent III, tels que nous les connaissons, ne sont pas tous originaux. Les livres XIII, XIV et XV, en particulier, semblent être une copie de la fin du xve siècle[3]. Selon M. L. Delisle, il y a lieu de penser que le livre II n'est également qu'une copie[4].

1. Ep. V, 163.
2. Voir sa préface dans Migne, t. I des *Œuvres d'Innocent III*, p. v, vj.
3. Nous tenons ce renseignement de Dom Pitra, cardinal-bibliothécaire de l'Église romaine. Le savant prélat a depuis longtemps annoncé un travail sur les registres d'Innocent III, qui n'a pas encore paru.
4. *Mémoire sur les actes d'Innocent III*, p. 6.

On peut dès lors supposer que ces transcriptions de seconde main n'ont pas été faites avec le soin désirable. Mais, outre que cette supposition n'est applicable qu'à quelques livres, il convient de prendre garde que le registre de Grégoire VII ne présente pas les imperfections que l'on rencontre dans les registres d'Innocent III. Il y a donc là un fait nouveau, qui doit sans doute s'expliquer par cette multiplicité des affaires et ces occupations hâtives qui, nées de l'extension du pouvoir apostolique, étaient venues, en quelque sorte, surprendre la papauté à la fin du XIIe siècle [1].

[1]. Les abréviations continuent, il est vrai, dans les registres des successeurs d'Innocent III, mais sans offrir les mêmes irrégularités. Tout ce semblant de désordre que présentent les registres de ce pape est déjà sensiblement diminué dans ceux d'Innocent IV et ne se montre plus dans ceux de Boniface VIII. Il reparaît dans les registres de Clément V ; mais cela tient vraisemblablement aux troubles apportés dans la chancellerie par le déplacement du Saint-Siège. Quant aux registres de Jean XXII, ils sont remarquables de régularité. Notons au reste, pour ce qui regarde l'époque d'Innocent III, que le genre d'imperfections dont témoignent les registres de ce pape n'était pas particulier à la chancellerie pontificale, ainsi que le démontre la disposition des rôles de Jean sans Terre et celle des registres de Philippe-Auguste. Voir *Rotuli chartarum in turri Londinensi asservati*, Duffus Hardy, 1837, in-f°. Voir aussi Introduction au *Catalogue des actes de Philippe-Auguste*, par M. L. Delisle, Paris, 1856, in-8°.

FIN.

TABLE DES MATIÈRES

	Pages.
Préface.	VII-XII

NICOLAS Ier.

I. — Mouvement dont Rome est le centre au milieu du IXe siècle. — Les *legati* ou *missi* et les *portitores*. — Expédition et mode de transmission des lettres. — La chancellerie pontificale. — Falsifications des actes. — Lettres et registres des papes antérieurs à Nicolas Ier, conservés dans les archives du Saint-Siège. 3-22

II. — Coup d'œil sur la situation de l'Église. — La papauté tend à dominer les élections. — Autorité naissante des légats. — Institution de l'appel; affaire Rothade. — Prépondérance du pape dans les conciles. — Les décisions du Saint-Siège font déjà loi pour le clergé. — Prétentions de Nicolas Ier à régner sur l'Église. — Les Fausses Décrétales. — Mouvement d'opinion qui porte l'Église vers la monarchie. 23-53

III. — Efforts de Nicolas Ier pour rendre l'Église indépendante des pouvoirs séculiers. — Affaire Photius. — Nicolas Ier met le sacerdoce au-dessus de la royauté. — Se fait juge de la conduite des rois et ordonne en certains cas de leur désobéir; affaire Lothaire. — Considérations générales sur ce pontificat; il prépare et annonce celui de Grégoire VII. — Caractère de Nicolas Ier.. 54-74

GRÉGOIRE VII.

Pages.

I. — Incertitude sur l'époque de sa naissance. — Son influence dans l'Église sous le nom d'Hildebrand. — Cette influence, qui commence avec Léon IX, devient prépondérante sous Alexandre II. — Ses sentiments révélés par sa correspondance. — Redoute pour lui-même le fardeau du pontificat ; état troublé de la société. — Ses premières tentatives de réformes. — S'efforce d'affranchir l'élection des papes de l'intervention des empereurs. — Décret de 1059. — La papauté indépendante des empereurs lorsque Hildebrand est promu au pontificat en 1073. 77-99

II. — Caractère général de ce pontificat. — Grégoire soumet le monde à l'Église et l'Église à la papauté. — Son activité extraordinaire. — Malgré la hardiesse de ses réformes, repousse la qualification de novateur. — Ne voit pas à quels périls l'application de ses idées expose la société. — Se croit en communion avec l'Apôtre. — Procède par voie d'autorité ; ton impérieux de ses lettres. — Importance qu'il donne à l'institution des légats. . . 100-114

III. — Intervention de Grégoire dans l'élection des évêques ; prépare la future servitude du clergé. — Les *Dictatus papæ*. — Leur date présumée et faits auxquels ils se rattachent. — Source d'où ils paraissent avoir été tirés. — Les Fausses Décrétales. — Falsifications de l'école grégorienne. — Grégoire porté à imposer ses vues par la violence ; il devance et annonce Innocent III. — Son rôle dans l'invasion de l'Angleterre. — Particularités de son caractère. 115-135

INNOCENT III.

I. — État de la chancellerie pontificale ; multiplicité croissante des affaires. — Expédition et enregistrement des actes. — Attributions des divers fonctionnaires. — Comment se décide l'enregistrement. — Objet et importance des registres. — Falsifications. — Comment se distinguent les lettres qui représentent la pensée personnelle du pape. — Le Saint-Siège centre d'une immense correspondance. — Le pape apparaît comme le chef d'un empire qui embrasse toute la chrétienté. 139-151

II. — Classification des lettres d'Innocent III relatives à l'Église. — Lettres litigieuses ; les procès à Rome. — Lettres de privilèges. — Lettres décrétales. — Puissance énorme de la papauté; extension de l'appel. — Abaissement des évêques. — Le pape commence à s'emparer des bénéfices mineurs et à disposer des élections. — Conciles de plus en plus effacés. — Effets démoralisants que produit sur l'Église le pouvoir croissant de la papauté. — Naissance de la *Curie*. — En même temps que l'Église penche vers la décadence, la papauté dévie de sa voie.— Caractère d'Innocent III. 152-180

III. — En dehors des affaires ecclésiastiques, les principaux évènements qui signalent le pontificat d'Innocent III font également prévoir la chute de la théocratie. — Querelle du sacerdoce et de l'Empire; diminution de l'ascendant du Saint-Siège. — Rapports du pape avec Philippe-Auguste ; tendance à la séparation du pouvoir temporel et du pouvoir spirituel. — Affaires de la Terre Sainte ; divergence d'idées et d'aspirations entre la société civile et l'Église. — Guerre des Albigeois; caractères de l'hérésie du xiiie siècle; scission dans les croyances. — Par l'extermination de l'hérésie, Innocent III accélère la désorganisation de l'Église et aide à la ruine du pouvoir qu'il avait cru maintenir. 181-288

BONIFACE VIII.

I. — Situation de l'Église dans la seconde moitié du xiiie siècle. — Influence des ordres mendiants au détriment du clergé séculier. — La papauté dispose de toutes les charges de l'Église. — Omnipotence du Saint-Siège et avilissement de l'épiscopat. — Désordres de la curie et décadence générale de l'Église. — Vœux de réforme. — La papauté, déjà attaquée par les souverains séculiers, se trouve, par suite de l'abaissement du clergé, seule exposée à leurs coups. — Caractère de Boniface VIII. — Conditions fâcheuses dans lesquelles il parvient au pontificat. 211-237

II. — La bulle *Clericis laicos.* — Erreur des historiens qui ont vu dans cette bulle le point de départ du différend de Boniface avec Philippe le Bel. — Preuves des amicales relations du pape et du roi de France en 1297 et 1298. — Changement survenu dans les dispositions de Boniface. — Causes de ce changement. — Le Jubilé. — Les Flamands et le cardinal d'Acqua-Sparta. — Boniface laisse éclater son ressentiment. — Bulle *Ausculta fili.* . 238-261

III. — Philippe le Bel brûle la bulle *Ausculta fili.* — États du 10 avril 1302. — Bulle *Unam sanctam.* — Le roi se décide à rompre avec le Saint-Siège. — Assemblée du 13 juin 1303. — Adhésions à un concile général recueillies dans toute la France; procédés violents de Philippe le Bel. — Bassesse et inertie du clergé. — Le drame d'Anagni contre-partie du drame de Canossa. — Il indique une révolution opérée dans les esprits; cette révolution prouvée par les écrits de Pierre du Bois. — Depuis la mort de Boniface, l'histoire de la papauté devient celle de son abaissement et parfois de sa servitude. — Benoît XI et Clément V. — Fin de la théocratie et approche de la Réforme. 262-291

APPENDICE I.

INNOCENT III ET OTTON DE BRUNSWICK.

I. — État de l'Allemagne à la mort de Henri VI. — Philippe de Souabe et Otton de Brunswick élus l'un et l'autre rois des Romains. — Forces respectives des deux compétiteurs. — Leurs démarches auprès d'Innocent III. — Après avoir espéré vainement d'être pris pour arbitre par les princes de l'Allemagne, le pape se décide ouvertement en faveur d'Otton. 295-311

TABLE DES MATIÈRES.   393
Pages.

II. — Efforts d'Innocent III pour rallier toute l'Allemagne à Otton. — Résistance des partisans de Philippe. — Défections dans le parti d'Otton. — Manque de clairvoyance du pape. — Nouvelles défections. — Innocent III entre en pourparlers avec Philippe. — Il renonce à ses desseins, quand Philippe est assassiné. 312-333

III. — Récit de la mort de Philippe. — Otton élu de nouveau roi des Romains. — Joie du pape. — Couronnement d'Otton à Rome. — Sa trahison envers le Saint-Siège.— Est excommunié et déposé.—Frédéric II, fils de Henri VI, élu roi des Romains. — Mort d'Innocent III. 333-350

APPENDICE II.

LES REGISTRES DES PAPES ET LE *Regesta pontificum* DE JAFFÉ.

I. — Époque à laquelle remonte l'usage des registres. — Ce qui nous reste des registres antérieurs à Innocent III. — Causes diverses de la disparition de ces registres. — Les archives des papes à Avignon et leur retour à Rome. 353-363

II. — Le *Regesta pontificum* de Jaffé. — Considérations critiques sur cet ouvrage. — Nouvelles publications auxquelles il a donné lieu. 363-370

LE REGISTRE DE GRÉGOIRE VII et les *Monumenta gregoriana*. 371-377

LES REGISTRES D'INNOCENT III. 378-387

Paris. — Typ. G. Chamerot, 19, rue des Saints-Pères. — 10809.

PUBLICATIONS NOUVELLES
DE LA
LIBRAIRIE ACADÉMIQUE DIDIER ET Cie

J. ZELLER
Histoire d'Allemagne au Moyen Age. 1° *Origines de l'Allemagne*, 1 vol. 2° *Fondation de l'Empire germanique*, 1 vol. 3° *L'Empire germanique et l'Église au Moyen Age*, 1 vol. 4° *L'Empire germanique sous les Hohenstauffen*, 1 vol. — 4 vol. in-8°, ornés de cartes color. ... 30 fr.

VILLEMAIN
Histoire de Grégoire VII, précédée d'un Discours sur l'histoire de la Papauté jusqu'au xie siècle. 2e édit., revue. 2 vol. ... 15 fr.

AM. THIERRY
Nestorius et Eutychès. Les grandes Hérésies d'Orient. 1 vol. in-8° ... 7 fr. 50
Saint Jérôme. 2e édit., revue. 1 vol. in-8° ... 8 fr.
Saint Jean Chrysostome et Eudoxie. 1 vol. in-8° ... 8 fr.

H. DE LÉPINOIS
Le Gouvernement des Papes et les Révolutions dans les États de l'Église. 2° édit. 1 vol. ... 3 fr. 50

J. VALFREY
Hugues de Lionne, ses Ambassades en Italie (1642-1646) 1 vol. in-8° ... 7 fr. 50
— Ses Ambassades en Allemagne et en Espagne. La Paix des Pyrénées. 1 vol. in-8° ... 7 fr. 50

R. CHANTELAUZE
Louis XIV et Marie Mancini. 1 vol. in-8° ... 7 fr. 50
Le cardinal de Retz et l'Affaire du Chapeau. 2 vol. in-8° ornés d'un joli portrait et de fac-simile. (*Prix Gobert de l'Académie française*) ... 16 fr.
Le cardinal de Retz et ses missions diplomatiques. 1 vol. in-8° ... 8 fr.

F. BOURELLY
Le maréchal de Fabert, étude historique d'après de nouveaux documents. 2 vol. in-8° ornés d'un beau portrait ... 15 fr.

B. ZELLER
Le connétable de Luynes. — La Valteline, Montauban. 1 vol. in-8° ... 6 fr.

MARIUS TOPIN
Louis XIII et Richelieu, étude historique accomp. de lettres inédites (*Ouv. couronné par l'Académie française*). 1 vol. in-8° ... 7 fr. 50

Paris. — Typ. G. Chamerot, 19, rue des Saints-Pères. — 10809.

www.ingramcontent.com/pod-product-compliance
Lightning Source LLC
Chambersburg PA
CBHW071908230426
43671CB00010B/1518